全国教育科学"十三五"规划 2017 年度单位资助
教育部规划课题项目（课题批准号：FIB170508）

贵州应用本科校政企耦合型
社会服务模式构建研究

侯长林　李周珊　张　杰　著

重庆大学出版社

图书在版编目（CIP）数据

贵州应用本科校政企耦合型社会服务模式构建研究 /

侯长林, 李周珊, 张杰著. —— 重庆：重庆大学出版社,

2024. 9. —— ISBN 978-7-5689-4779-4

Ⅰ. G647.2

中国国家版本馆CIP数据核字第2024HD6722号

贵州应用本科校政企耦合型社会服务模式构建研究
GUIZHOU YINGYONG BENKE XIAOZHENGQI OUHE XING SHEHUI FUWU
MOSHI GOUJIAN YANJIU

侯长林　李周珊　张　杰　著

策划编辑：唐笑水

责任编辑：黄菊香　　版式设计：叶抒扬
责任校对：谢　芳　　责任印制：赵　晟

*

重庆大学出版社出版发行
出版人：陈晓阳
社址：重庆市沙坪坝区大学城西路21号
邮编：401331
电话：（023）88617190　88617185（中小学）
传真：（023）88617186　88617166
网址：http://www.cqup.com.cn
邮箱：fxk@cqup.com.cn（营销中心）
全国新华书店经销
重庆新生代彩印技术有限公司印刷

*

开本：720mm×1020mm　1/16　印张：13.5　字数：252千
2024年9月第1版　2024年9月第1次印刷
ISBN 978-7-5689-4779-4　定价：68.00元

目 录
CONTENTS

第五章 探索与重构：贵州省应用型本科校政企耦合型社会服务模式
构建研究

第六章 实践与检视：贵州省应用型本科校政企耦合型社会服务模式
构建的实践效果研究

绪　论

一、问题提出

（一）顺应我国高等教育改革发展大势

高等教育发展进程从精英化向大众化与普及化发展的进程逐步加快，促进了我国高等教育由大众化向普及化演变。近年来，国家层面有6个文件提到了应用转型：一是2014年5月2日颁布的《国务院关于加快发展现代职业教育的决定》，做出了引导一批普通本科高等学校向应用技术类型高等学校转型的战略选择。二是2014年6月16日教育部等六部委联合制定的《现代职业教育体系建设规划（2014-2020年）》，提出支持定位于服务行业和地方经济社会发展的本科高等学校实行综合改革，向应用技术类型高校转型发展的策略，并指出"应用技术类型高等学校是高等教育体系的重要组成部分，与其他普通本科学校具有平等地位"。三是2015年10月21日发布的《教育部 国家发展改革委 财政部关于引导部分地方普通本科高校向应用型转变的指导意见》，对引导部分地方普通本科高校向应用型转型发展做出了全面部署，并提出按照试点一批、带动一片的要求，确定一批有条件、有意愿的试点高校率先探索应用型高校（含应用技术大学、学院）发展模式的基本思路及类型定位。四是2017年2月4日发布的《教育部关于"十三五"时期高等学校设置工作的意见》，指出以人才培养定位为基础，我国高等教育总体上可分为研究型、应用型和职业技能型三大类型，明确"应用型高等学校主要从事服务经济社会发展的本科以上层次应用型人才培养，并从事社会发展与科技应用等方面的研究"。五是2017年12月19日发布的《国务院办公厅关于深化产教融合的若干意见》，做出了开展高水平应用型本科高校建设试点等工作安排，关注到了应用型本科高校及应用型人才培养体系的完善。六是

2019 年 1 月 24 日国务院颁发的《国家职业教育改革实施方案》，提出"完善高层次应用型人才培养体系"。由上述内容可以看出，应用转型是在宏观层面国家发展战略部署的背景下，基于大学分类管理体系，在类型定位上对地方本科院校发展目标做出的规定性要求，最终转向应用型大学。在高等教育的三大职能中，社会服务职能是最能与"应用"直接挂钩的一大职能，因此，研究应用型本科高校的社会服务职能势在必行。

（二）探索贵州省应用型人才供给侧结构性改革路径

贵州省地处中国西南地区，位于云贵高原，地势西高东低，自中部向北、东、南三面倾斜，平均海拔 1100 米。受地理环境因素制约，早期贵州省的交通极其不便，所以贵州省的经济一直处于低迷状态。2012 年以来，国家步入全面小康社会的攻坚阶段，贵州经济的发展受到国家的高度重视，为此，国务院还在 2012 年颁布了加强贵州发展的《国务院关于进一步促进贵州经济社会又好又快发展的若干意见》（国发〔2012〕2 号）。《教育部关于"十三五"时期高等学校设置工作的意见》明确指出，应用型高等学校主要从事服务经济社会发展的本科以上层次应用型人才培养，并从事社会发展与科技应用等方面的研究。地方高校是地方人才聚集高地，也是和地方直接挂钩的高等教育机构。国家要发展，离不开人才，尤其是高端技能型人才；地方经济的发展也一样，需要人才作为支撑，尤其需要应用型高级人才。应用型本科高校作为高等教育应用转型的产物，必然承担着应用型高级人才培养的重任，因此，要带动贵州省经济的快速发展，应充分利用好贵州省应用型本科高校的社会服务职能，尤其要发挥校企耦合社会服务模式的作用。比如教师在带着学生团队开展社会服务的过程中，首先要给学生讲授完成项目的相关知识、技能和方法，然后通过"项目引领，任务驱动"的方式开展"真题真做"的现场教学。学生们既从实际项目经验中学习，增加了直觉思维，也会在完成任务的过程中遇到平时理论学习时没有遇到过的实际困难和问题，这就"倒逼"学生为了解决这些困难和问题主动去寻求方法或路径。这样的过程，不仅能使学生解决问题、完成任务，还能培养学生独立思考、创新创造和团结协作的能力和素质。师生们在开展社会服务的过程中，会积累一个又一个用理论知识解决实际问题、完成实际任务的案例。这些案例真实客观，与地方经济社会结合紧密，是应用型人才培养教学资源库的重要素材，可以为相关专业教师编著教材、准备授课提供重要参考，正所谓"引社会服务之水，灌人才培养之田"。

（三）寻找地方本科院校应用转型发展突破口

我国高等教育毛入学率已经从 1978 年的 1.55% 提高到 2021 年的 57.8%，这种"毛入学率"大幅提高会带来什么变化？这必然会引起大家的反思，思考"扩招"是否会带来高等教育质量的下降，思考"大学的课程如何吸引绝大多数学生"等。《中国青年报》记者李剑平在2013年10月发表题为《一些地方新建本科贡献大量"失业者"》的文章，指出：一些地方新建本科高校盲目追求高层次发展，规模大，条件差，办学定位与经济社会发展需求严重脱节，应用型人才培养目标大打折扣。如何解决这些问题？2015年3月，国务院政府工作报告中提出"引导部分地方本科高校向应用型转变"；同年10月，教育部、国家发展和改革委员会、财政部联合发文，要求引导部分地方普通本科高校向应用型转变；2016年10月，在全国新建本科院校联席会议暨第十六次工作研讨会上，教育部高等教育教学评估中心原主任吴岩做了题为《从新建大学走向新型大学——中国新建本科大学应用型发展道路》的报告，诠释了新型大学的新常态、新格局和新判断，这与约翰·S.布鲁贝克（John S. Brubacher）提出的"'无墙大学'新型机构"的理念一脉相承。

那么，应用转型该怎么做？"无墙大学"该怎么建设？笔者认为，社会服务是最有效的突破口。何谓社会服务？社会服务是高校的职能。广义的社会服务是指高校为社会作出的所有直接和间接贡献；狭义的社会服务是指高校在保证正常的人才培养和科学研究外，利用资源优势，参与并解决地方社会经济发展的现实问题。无论是广义的还是狭义的社会服务，都凸显了高校社会服务的重要性和不可替代性。甚至有学者认为，社会服务在某种意义上已经上升为高校的"统摄性"职能。笔者认为，不管是高校的三大职能之一也好，还是上升为高校的统摄性职能也罢，无可置疑的是，随着社会的进一步发展，高校与社会、政府、行业、企业等的关系越来越紧密，社会服务已经成为架构这些关系的一座重要桥梁。

社会服务是"双师型"教师队伍建设的突破口。教师是学校人才培养的主导者，地方本科院校应用转型要重视"双师型"教师队伍建设。应用型高校教师大多数从学术型高校而来，对所学专业领域的系统性理论知识掌握相对较好，而对地方经济社会情况不甚了解，也缺乏培养应用型人才所需要的专业实践技能。正如李剑平所言，这类教师"将理论转换为技术、把技术变为产品和商品的实践能力差"，那培养出来的学生也就"从事理论研究功底不深，实际操作动手能力不足"。教师如果走出校门，结合学科专业知识，通过政策研究、决策咨询、科技成果转化、项目委托、技术指导等形式，为地方提供服务，在服务过程中了解地方，融入地方，将理论转换为技术，自己在服务过程中就能够成长为高水平的"双师型"教师。正如威斯康星大学校长查尔斯·范海斯（Charles Van Hise）所言"鞋子上沾满牛粪的教授是好教授"。

社会服务是地方本科院校应用型学科建设的突破口。应用型高校主要从事"社会发展与科技应用等方面的研究"，学科建设通常采用跨学科研究方法，以应用型学科为主。学科建设的逻辑起点是应用性高深专门知识，学科建设过程既要依靠学科自身的逻辑发展，也应重视学科的实践功能和社会功能。地方本科院校开展社会服务，教师将行业、企业生产一线实际需求作为科技创新选题的主要来源，在研究过程中与行业、企业合作，围绕产业关键技术、核心工艺和共性问题等开展协同创新，产出具有创造性的成果。这既是应用型学科建设的路径范式，是高水平的社会服务，也是提升教师科技创新水平的有效方法。

当今大学与外界社会的联系越来越紧密，处于转型发展过程中的地方本科院校只有主动走出象牙塔，充分利用学术资源集聚地优势，与政府、行业、企业等结成利益共同体，开展高水平的社会服务，才能提升办学综合水平。布鲁贝克在《高等教育哲学》一书中借用怀特海（Whitehead）的话说："小心翼翼地保护一种大学，使其独立于周围世界各种活动之外，是扼杀兴趣、阻碍进步的最有效途径。独身不适于大学，它必须与行动结为伴侣。"他的真知灼见为仍然"闭关自守"、封闭于"象牙塔"中的地方高校敲响了警钟。

二、研究设计

（一）研究对象

被试对象：铜仁学院、贵州工程应用技术学院、黔南民族师范学院、六盘水师范学院、凯里学院。

内容对象：一是应用型本科校政企耦合型社会服务模式的理论基础；二是目前贵州省应用型本科高校社会服务的现状及存在的问题；二是国外高校社会服务模式的演进历史、特点及其对我国应用型本科高校社会服务模式的启示；三是构建贵州省应用型本科校政企耦合型社会服务模式的理论路径及实践探索。

（二）研究思路

笔者先提出研究问题，查询研究的理论基础，明确贵州省应用型本科高校社会服务的现状及存在问题，然后在此基础上，借鉴国外高校社会服务模式的特点，构建贵州省应用型本科校政企耦合型社会服务模式。

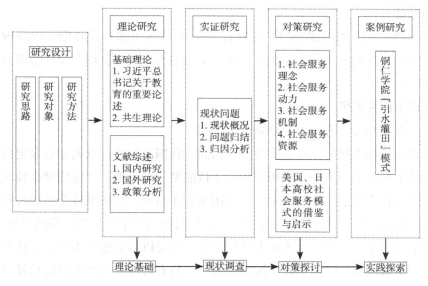

图 0-1 技术路线和实施步骤

（三）研究方法

文献研究法。本书课题组通过查阅本课题的相关文献资料和国家关于应用型本科高校社会服务的相关政策及国外高校社会服务的研究，掌握本课题研究的背景和现状，保障文献资料的时效性，阐述国内外针对应用型本科高校社会服务模式的研究内容、研究方法和研究视角等，进而分析本课题研究的背景及意义，提出应用转型背景下贵州省应用型本科高校社会服务模式发展对策。

实地调查法。本书课题组立足已具备的调研基础，选择贵州省内应用型本科高校，对其社会服务的主要内容、社会服务的运作模式等内容进行问卷调查，并进行实地深入调研，先采用半结构式访谈的形式随机对个别教师和部门进行调查，从高校的社会服务理念、社会服务动力、社会服务机制、社会服务资源等方面，深层次地了解问题，获取更有价值的信息，然后进行材料收集和整理分析，梳理贵州省应用型本科高校社会服务的发展现状，最后找出存在的问题和产生问题的原因。

逻辑分析法。本书课题组运用演绎、对比、推理等逻辑方法，着眼布鲁贝克的高等教育哲学观的现实观照，基于共生理论，从应用型本科高校的实践逻辑、学科哲学基础、学科成长逻辑等多个方面，对贵州省应用型本科校政企耦合型社会服务模式研究的理论进行推理分析，以指导模式构建。

比较法。他山之石，可以攻玉。本书课题组通过了解国外高校社会服务模式演变历史及其发展特点（以美国、日本为例），借鉴学习这些国家高校社会服务模式发展的相关经验，为构建出贵州省应用型本科校政企耦合型社会服务模式奠定经验基础。

案例研究法。本书课题组从贵州省 13 所新建地方本科院校中，选取铜仁学院作为案例，开展行动研究，探索贵州省应用型本科校政企耦合型社会服务模式的实践经验。

（四）研究价值

1. 本课题相对已有研究的独到学术价值

理清应用型本科高校社会服务模式内涵。我国高等教育以人才培养定位为基础，总体上可分为研究型、应用型和职业技能型三大类型，"应用型高校主要从事服务经济社会发展的本科以上层次应用型人才培养，并从事社会发展与科技应用等方面的研究"（《教育部关于"十三五"时期高等学校设置工作的意见》）。因此，应用型本科高校的人才培养和科学研究都是以社会服务为目的，社会服务在应用型本科高校的职能中处于统摄性地位。只有理清应用型本科高校社会服务模式内涵，才能理清应用型本科高校社会服务发展思路。

明晰贵州省应用型本科高校社会服务的现状及存在的问题。目前，我国地方新建本科院校绝大多数都在朝应用型方向发展，每一所应用型高校都在强化社会服务职能。这就从理论和实践的层面给高校社会服务模式的构建提出了迫切要求。只有把应用型本科高校社会服务的现状及存在的问题搞清楚，才能更好地构建贵州省应用型本科校政企耦合型社会服务模式，发挥应用型本科高校的社会服务职能。

构建贵州省应用型本科校政企耦合型社会服务模式。社会服务模式是应用型本科体系中的重要组成部分，贵州省的应用型本科高校要长足发展，离不开所处区域。基于贵州省的发展特点，贵州省应用型本科高校的社会服务主要在于构建一种校政企耦合型社会服务模式。

2. 本课题相对已有研究的应用价值

促进贵州省应用型本科高校社会服务职能更好地发挥。本课题通过构建贵州省应用型本科校政企耦合型社会服务模式，进而促进贵州省应用型本科高校更好地发挥社会服务职能，更好地满足贵州省地方经济社会发展的需求。

对贵州省应用型本科高校转型发展有积极的指导作用。本课题选取贵州省的应用型本科高校为研究对象，描述并分析当前贵州省应用型本科高校社会服务的现状并找出问题，在此基础上，结合国外高校社会服务模式，以铜仁学院为案例，积极构建贵州省应用型本科校政企耦合型社会服务模式，这将对贵州省应用型本科高校转型发展有较强的指导和参考价值。

第一章　透析与归纳：应用型本科校政企耦合型社会服务模式构建的研究综述

一、核心概念界定

（一）应用型本科

自 20 世纪 90 年代以来，伴随我国高等教育大众化的快速推进，一批地方新建本科院校提出的"应用型本科"概念开始进入社会视野，并成为我国相当一部分地方普通本科院校的办学追求。2014 年，国家明确提出要引导地方本科高校向应用技术型高校转型，应用型本科成为我国 600 多所地方普通本科高校转型发展的导引方向。相关学者对应用型本科的概念界定也处于不断探索发展中。2017 年《教育部关于"十三五"时期高等学校设置工作的意见》将应用型高等学校明确地界定为"主要从事服务经济社会发展的本科以上层次应用型人才培养，并从事社会发展与科技应用等方面的研究"。根据应用型本科的概念发展演变，本书将应用型本科界定为"1998 年至今，在我国高等教育大众化阶段设置的，以本科教育为主，面向区域经济社会，以学科为依托，以应用型专业教育为基础，以社会需求为导向，培养高层次应用型人才，产出高水平应用型科研成果的院校"。

（二）耦合

"耦合"作为一个合成词，最初用于物理学概念中，指两个或两个以上的电路元件或电网络的输入与输出之间存在紧密配合与相互影响的关系，并通过相互作用彼此互通有无、传输能量。其后，耦合又应用于计算机科学、化学、数学、电子学等理工学科领域和社会科学领域。应用型本科高校社会服务的耦合是指服务与被服务的双方或多方紧密配合和相互支持。对这类院校的社会服务而言，牵涉学校与企业或行业双方或多方利益，只有双方或多方在服务与被服务的过程中形成了利益共同体，才能可持续发展，否则将会昙花一现或中途夭折。而耦合型社会服务模式正好考虑了服务与被服务双方或多方的利益，强调双方或多方的紧密联系、深度融合与相互支持。

目前，应用型本科高校耦合型社会服务模式的主要体现是校政企耦合型，具体包括应用型本科校政耦合社会服务模式、应用型本科校企耦合社会服务模式和应用型本科校政企耦合社会服务模式3种类型。每一种类型模式还可以进一步划分：应用型本科校政耦合社会服务模式可以划分为学校主导、政府参与的校政耦合社会服务模式和政府主导、学校参与的校政耦合社会服务模式两种类型；应用型本科校企耦合社会服务模式可以划分为学校主导、企业参与的校企耦合社会服务模式和企业主导、学校参与的校企耦合社会服务模式两种类型；应用型本科校政企耦合社会服务模式可以划分为学校主导、政府和企业参与的校政企耦合社会服务模式和政府主导、学校和企业参与的校政企耦合社会服务模式，以及企业主导、学校和政府参与的校政企耦合社会服务模式3种类型。

（三）社会服务模式

模式实际上是解决某一类问题的方法论。社会服务模式具体指以直接满足社会需求为目的，在社会服务领域探索出来的一套行之有效的服务规则、服务内容和服务程序等。应用型本科高校社会服务模式主要指以满足地方经济社会需求为目的，在地方社会服务领域探索出来的一套行之有效的服务规则、服务内容和服务程序等。

二、应用型本科与校政企耦合社会服务模式的研究综述

国外在应用型本科高校研究方面已经做了比较深入的探索，形成了较为典型的应用型高等教育理论体系。比如，美国以服务型大学、创业型大学为主的应用型高等教育理论以及德国和瑞士以应用技术型大学为主的应用型本科高校理论。我国也非常重视应用型本科高校理论研究，尤其是在2014年2月国务院常务会议上，时任总理李克强提出"要引导一批普通本科高校向应用技术型转型"之后，应用转型成为研究热点。

（一）国外相关研究综述

国外学者对高校的社会服务比较关注。总体来说，国外的研究主要表现在以下两方面。

1. 对高校社会服务职能的研究

国外对高校社会服务的研究自美国大学诞生以来就成为学界探讨的话题。美国康奈尔计划和威斯康星思想为高校社会服务职能的确立奠定了基础。自此，高校社会服务职能作为高等教育的第三职能引起了人们的重视，但是不同的学者对

该职能的看法各异，威斯康星大学校长查尔斯·范海斯致力于将大学教育的积极影响渗入社会各个角落，系统提出"州的边界就是大学的边界"的思想，并将社会服务使命提升为与教学和研究同等重要的使命。厄内斯特·博耶提出的学术模式将服务性学习、基于社区的研究和专业服务作为大学教师的三项任务，促使社会服务被纳入大学教师的社会化、工作考核、奖励体系、绩效评估体系以及大学的影响力评估当中，进一步强化了社会服务工作。劳伦斯·维赛从历史的角度分析，认为社会服务是 1862 年至 20 世纪初期的进步主义时期美国高等教育改革的成果。总体来说，对大学职能扩张的态度可以分为两个派别，即批判主义和接受主义。批判主义者认为大学职能的扩展有损大学的本真，比如克拉克·克尔（Clark Kerr，2008）在《大学之用》一书中用"多元化巨型大学"来形容现代大学职能的扩张；比尔·雷丁斯（Bill Readings，2008）在《废墟中的大学》一书中认为大学职能的增长看作大学没落的开始，用"废墟中的大学"来表达对大学这种变化的不满；大卫·科伯（David Kirp，2008）也在《高等教育市场化的底线》一书中阐述了他对高等教育职能扩展的忧思。相反，也有学者欣然地接受这种改变，比如德里克·博克（Derek Bok）在他的《走出象牙塔：现代大学的社会责任》一书中谈到"现代美国多元化大学为什么能够存在？历史可以给我们一个答案；与周围社会环境的和谐相处则是另一个答案"，这表达了他对大学职能的这种变革的认同。布鲁贝克（2001）在《高等教育哲学》一书中认为在 20 世纪，大学确立它的地位的主要途径有两种，即存在着两种主要的高等教育哲学，一种哲学主要以认识论为基础，另一种哲学则以政治论为基础，强调认识论的人，在他们的高等教育哲学中趋向于把"闲逸的好奇"精神追求知识作为目的，而强调政治论的人则认为人们探讨深奥的知识不仅出于闲逸的好奇，还因为它对国家有着深远的影响。这些在高等教育领域内颇有造诣的学者们在他们的著作中都阐述了对高等教育第三职能产生带来的思考。

2. 对高校校企合作的研究

1906 年，美国辛辛那提大学赫尔曼·施奈德（Heman Shneider）教授首次提出了一种新的产学研合作教育模式，并在实施中取得巨大成功，获得社会的广泛认可，被称为辛辛那提模式。斯坦福研究园的创建标志着美国的产学研合作进入成熟和繁荣阶段。埃利泽·盖斯勒（Eliezer Geisler）和安东尼奥·富里诺（Antonio Furino）（1993）确定了产学研合作研究的三大主流：①产学研合作的互动、结构和过程研究；②选定维度的研究；③选定案例进行研究。我们提出了一个全面的研究议程，包括合作研发理论的发展，以及这种合作对工业企业经营绩效和经济竞争力影响的实证研究，讨论了方法问题，提出了解决方法。[1]阿尔伯特·N.林克（Albert N.Link）和格雷戈里·塔西（Gregory Tassey）（1989）认为作为工业和大学之间关系及工业和政府之间关系的对抗性特点，由于全球竞争的现实在美国浮出水面，这种显著的冷漠在 20 世纪 80 年代迅速消失了。工业和政府领导人都阐明了一些重建我们在世界市场竞争力的构想。在这个新的竞争时代，更为宽松的战略之一是合作。虽然合作研究的例子已经存在了几十年，但随着企业、大学和政府采纳这一战略，合作研究的数量和种类在 20 世纪 80 年代迅速扩大。由两家或三家公司组成的合资企业从 20 世纪 70 年代每年不足 200 家增加到 20 世纪 80 年代中期每年超过 400 家。多公司合作是 20 世纪 80 年代才出现的现象，1984 年美国颁布的《国家合作研究法案》（*National Cooperative Research Act*）使之成为可能。到 1988 年中期，根据 1984 年法案的规定，这些工业一级的财团中有 81 个已经成立。合作研究与实验发展（简称"研发"，R&D）的迅速增长主要是对国际竞争压力的反应。合作研发作为一种企业战略，满足企业短期资产需求，实施应对竞争加剧的新途径。[2]D.A. 阿伯克龙比（D. A. Abercrombie）(1993) 以合作大学 / 政府 / 产业教育与研究为例，介绍了作者的经验与观点。作者认为，最有效的技术转让是通过人们的交流和教育进行的。合作教育和研究系统在培养恢复美国半导体工业的国家和国际竞争力所需的高素质人才和先进技术方面起着重要作用。具体的第一手经验和意见讨论如下：克莱姆森大学与通用电气微电子中心合作办学、半导体研究公司研究生项目、北卡罗来纳州立大学先进电子材料加工中心的研究生研究、半导体研究公司的导师计划哈里斯半导体，概述了摩托罗拉公司内部的合作项目。[3]阿基夫·阿希尔·布尔加克（Akif Asil Bulgak），何立全（1996）从国际合作的角度对中国江苏省南京市东南大学与加拿大魁北克省蒙特利尔市康考迪亚大学在先进制造技术（AMT）方面的创新国际合作项目设计进行了研究。该项目的主要目标是人力资源开发和培训，通过加拿大和中国合作伙伴参与的大学 / 行业 / 政府合作，满足中华人民共和国快速变化的行业的优先事项和需求。[4]

（二）国内相关研究综述

从文献检索中发现，潘懋元、刘献君、余东升、徐绪卿、黄达人、胡天佑、

［1］GEISLER E，FURINO A. University-industry-government cooperation: research horizons[J]. International Journal of Technology Management, 1993，8（6-8）：802-810.

［2］ALBERT N LINK，GREGORY TASSEY. Cooperative research and development: the industry, university, government relationship[M]. Boston: Kluwer Academic Publishers, 1989.

［3］ABERCROMBIE D A. A case study of cooperative university/government/industry education and research [M] . Research Triangle Park, NC: Proceedings of the Tenth Biennial University/Government/Industry Microelectronics Symposium, 1993: 41-45.

［4］BULGAK A A, LIQUAN H. New Paradigms in International University/Industry/Government Cooperation: Canada-China Collaboration in Advanced Manufacturing Technologies[J]. Industry and Higher Education, 1996: 285-292.

刘振天、陈锋、张应强、董立平、钟秉林、张大良、刘向兵等的研究均涉及这个热点。目前主要集中于对"应用型高校定位、本科应用转型内涵以及地方高校如何向应用型本科转型"等问题的探讨，如潘懋元对应用型本科高校定位的理解，刘献君、余东升、徐绪卿等对应用型大学中的重要类型"教学服务型大学"的系列讨论，黄达人等一批学者对应用型本科转型内涵的解读，胡天佑对建设应用型大学的逻辑与问题的研究，刘振天对地方高校转型发展要克服恐惧症的忠告，陈锋对部分普通本科高校转型发展的若干问题进行了探讨，张应强对地方高校转型的若干思考，董立平关于地方高校转型发展与建设应用技术大学关系的分析，钟秉林对高校转型如何才能名副其实的看法，张大良对构建具有区域特色现代应用型高等教育体系以及建设应用型新型大学的设想，刘向兵等对应用型大学内部治理结构变革的法理依据与模型建构的探讨等，有很多真知灼见，值得认真学习领会。总体来说表现在以下 4 个方面。

第一，关于高校社会服务职能的研究。高校社会服务职能的理念和实践都起源于美国，是高等教育的第三大职能，它的出现打破了欧洲大陆的传统办学模式，是使高校从"象牙塔"迈进社会的核心力量。我国对高校社会服务职能也进行了比较深入的研究，主要从"社会服务的概念、社会服务职能的解读以及社会服务的机制构建"等方面进行了研究，如倪明胜等解读了社会服务概念，张瑞、刘哲和王旭东等讨论了高校的社会服务职能，王锡宏对区域高校社会服务机制的构建进行了思考，眭依凡等系统研究了我国高校社会服务职能的 30 年发展实践，曹如军探讨了高校教师社会服务能力的内涵与生成逻辑，陈凡等考察了社会服务型大学的分类。从相关文献的搜索来看，关于高校社会服务职能的研究在国内已具有一定的成果，研究的范围也甚广，涉及对政治、经济、文化等各方面的服务。

相关文献主要从宏观、中观、微观 3 个方面对高校社会服务职能进行了研究。从宏观上看，主要从整体上对高校社会服务职能的内涵进行研究，比如对高校社会服务职能的思考、高校社会服务职能探析、论高等教育的社会服务职能、如何提升高校社会服务职能、高校科学践行社会服务职能的思索等。另外，还体现在对国外高校社会服务职能的研究上，主要集中在对美国高校社会服务职能的研究上，对其他国家高校社会服务职能的研究还很缺乏，研究的内容还不够深入，主要表现在对国外高校社会服务职能的历史演变、基本特征和启示的研究，以及对其服务机制、模式等的研究还比较缺乏。从中观上看，主要是对不同高校社会服务职能的研究，涉及的高校包括地方高校、区域高校、应用型高校、新建本科院校等，其中以地方高校为研究主体的文献比较多，研究主要涉及地方高校社会服务现状、能力、体系、特点、意义、策略的研究，且以现状研究的文章偏多。但对区域高校、应用型高校的研究相较于地方高校数量少得多，且研究也比较表面，不够深入，仅仅涉及对区域高校社会服务现状的研究。从微观上看，主要是对高校的档案、教师、哲学社会科学、产学研合作的社会服务研究。

第二，关于耦合的研究述评。耦合是一个物理学的术语，该词的研究主要涉及物理、电子技术、电气工程、信息通信、控制工程、交通运输、汽车工程、计算机等学科。耦合是指两个或两个以上的电路元件或电网络的输入与输出之间存在紧密配合与相互影响的关系，并通过相互作用从一侧向另一侧传输能量的现象。校企耦合具体指校政企两两紧密配合，相互影响，并通过相互作用从一侧向另一侧传输能量的现象。

高等教育领域中耦合的研究现状：相较于物理、电子技术、电气工程等领域，将该词运用于教育学领域的研究居少，但也有学者将"耦合"一词运用于高等教育领域，笔者筛选和剔除一些相关性不大的文献后对 78 篇文献进行了分析。分析表明，高等教育领域中耦合的研究内容如下：①主要涉及创新创业教育的耦合，创新教育与其他教育的耦合以及创业教育与其他教育的耦合，如高校科技创新与高技术产业创新耦合发展的机制与路径，高等教育、技术创新与产业升级耦合协同效应等。②还涉及高等教育与经济发展的耦合，如高等教育与区域经济发展的耦合协调机制研究、区域高等教育与地方经济共轨发展中的耦合要素解析、区域经济发展转型与地方高校转型发展的耦合研究。③高校权力（学术权力和行政权力，内部权力）之间的耦合，如冲突论视角下高校内部学术权力与行政权力的耦合研究、高校内部权力耦合机制的研究。④高校人才培养的耦合，如高校金融人才培养与市场需求耦合性研究、走向工业 4.0 时代的大学人才培养耦合机制研究、地方应用型本科高校人才培养与地方产业转型升级的耦合探析。⑤高校思想政治教育与生涯教育、廉洁教育、艺术教育等的耦合研究，高校文化与其他文化之间的耦合研究等等。⑥还有学者对校政企之间的耦合进行了研究，主要涉及"三位一体"耦合模式与大学生创业教育，"政产学研用"协同育人耦合机制的建构，产学合作的知识耦合机制，产业关联与高校毕业生就业耦合效应分析，高校、企业与政府联动耦合对"双创"型人才培养的影响研究，基于三螺旋理论视角对高校、政府、企业联动耦合的创新创业型人才培养机制形成分析，耦合型产学研循环体系建构与实践应用研究，全日制专业学位研究生教育过程中产学耦合的机理研究，文化耦合视角下"官产学研资"一体化的创新模式研究，校企合作教育与大学生思想政治工作耦合机制研究，以东北林业大学为例对校企合作教育与大学生思想政治教育的耦合作用进行研究，校企合作异质因素分析与耦合路径选择的研究等。综上所述，学者们对校政企耦合人才和校政企耦合科学进行了研究，但还没有学者对校政企耦合型社会服务进行研究。高校向社会提供服务必将与企业、政府相互联系，因此，探索校政企之间的耦合可以为社会提供更加完善的服务路径和渠道。尤其是对校政企耦合型社会服务制度、机制、路径和绩效等的探索将为教学服务型大学提供启示和借鉴意义。

第三，从研究视角来看，呈现多样化特点，涉及和谐校园视野下文化改造视角、公民素质培养的视角、现代大学制度视角、互联网＋视角、高校社会贡献能力视角、新媒体背景、老龄化背景、新时代背景等，但是对转型背景下高校社会服务职能的研究还没有。

第四，从研究方法来看，以质性研究为主。已有研究多集中于理论探讨，缺少相关的实证研究，虽有部分学者对不同省份和高校的不同方面的社会服务进行了个案研究，但是还没有学者对贵州省高校与企业之间的耦合社会服务进行个案分析。

上述梳理和研究现状表明，潘懋元、黄达人等一批学者已取得的有关应用型本科高校社会服务方面的研究成果，代表了国内在这些领域的高水平研究。但是，对应用型本科高校社会服务模式构建的研究，目前能够查到的有刘献君的《论高等学校社会服务的体系化》、李天源《应用技术型本科高校社会服务模式新探》，可供拓展和创新的空间还很大。

近几年来，我国地方新建本科院校大多数都在朝应用型方向转型发展，应用型本科高校的阵营在迅速扩大，每一所应用型本科高校都要强化社会服务职能，这就从实践的层面提出了构建社会服务模式的迫切要求。而目前，我们对应用型本科高校社会服务模式的系统组成和分支等均研究较少。特别是贵州省与其他地区相比，在社会经济发展、人口素质、民族文化水平、社会服务能力等方面都有自身的地域特点，其中最明显的表现为贵州省大中型企业较少、小型企业偏多，相比东部沿海地区，社会服务更多以校政企耦合型为表征，即在校政企相互影响中服务贵州省经济社会发展。目前，贵州省新建地方本科院校有 13 所，其中确立了贵州工程应用技术学院、黔南民族师范学院、铜仁学院、遵义师范学院、六盘水师范学院 5 所院校为贵州省应用转型试点高校，在应用转型背景下，为促进贵州省应用型本科高校更好地服务地方经济，凸显贵州省应用型本科高校社会服务特色，探讨贵州省应用型本科校政企耦合型社会服务模式就有必要提上日程。

第二章 理清与遵循：应用型本科校政企耦合型社会服务模式构建的逻辑研究

一、地方高校一流学科的成长逻辑[1]

党的十九大报告提出"加快一流大学和一流学科建设，实现高等教育内涵式发展"，"双一流"建设是中国建设高等教育强国的战略选择，其明确指出打破身份固化、引入竞争机制、避免重复交叉，这为地方高校带来前所未有的战略机遇和发展机会。分析 2017 年公布的"双一流"建设高校及建设学科名单，笔者发现进入建设名单的地方高校微乎其微，"双一流"似乎成为原"211 工程""985 工程""2011 计划"大学角逐"世界一流"的一场战役，除了少数有实力的老牌地方高校摩拳擦掌、跃跃欲试外，大多数地方高校对此都置身事外、漠然处之。"双一流"建设如果只能"重点"支持少数高校走向"世界一流"，不能推动占绝大多数地方高校的发展，其实偏离了"双一流"战略试图打破身份固化、带动高等教育质量整体提升、建设高等教育强国的宏伟目标。由于历史原因，地方高校在经费投入、政策支持、项目申请等方面相对较弱，其学科结构和布局不合理、学科优势特色不明显、学科队伍建设滞后、人才培养的创新能力不足。在"双一流"战略下，地方高校学科建设该何去何从，如何促进学科从普通成长到卓越甚至是一流，追溯世界一流大学学科成长的内部规律和外部需求，厘清学科成长的思维范式、成长逻辑和成长路径，对地方高校学科建设的深入推进尤其重要。

（一）追溯世界一流学科成长逻辑

学科是主体认识客体的过程中形成的系统有序的知识体系，是知识生产、传播、应用积累到一定阶段的产物，其表现为在知识体系被完整地继承中传播并创

---

[1] 该部分为龚静、张新婷合著，曾以《地方高校"一流学科"的成长逻辑与路径探讨》为题刊发于《贵州社会科学》2019 年第 7 期，本书收录时有修改。

新。[1]"何为世界一流学科？目前尚无明确界定，但生产原创性的知识理应成为世界一流学科的重要标志。"[2]卡尔·雅斯贝尔斯（Karl Jaspers）认为大学是学科的宇宙，学科的建构与发展往往贯穿在大学以学术组织为载体践行学术使命的活动中，其成长为"一流"的过程，是一个复杂的过程，并非学者随意而为的结果。学科由小到大、由稚嫩到成熟甚至达到一流，每一次演进和变迁，都是在不断提升知识有序累积、有效应用以及创新知识的能力。推进学科成长为"一流"的演变过程交织着学术逻辑和社会逻辑两种力量，学术逻辑遵循知识发展的内在规律，社会逻辑体现知识发展的社会化属性。

1. 学术逻辑：世界一流学科成长的内力

学科作为一种典型的知识型组织，学术发展贯穿学科成长始终。崇尚科学、探索真知、坚守学术标准、促进学术发展是学科成长的学术逻辑。这种逻辑以布鲁贝克在《高等教育哲学》中提出的大学的"认识论"为理论基础，学术发展出于"闲逸的好奇"，以追求学术卓越和认识世界为根本。伯顿·克拉克（Burton Clark）在《高等教育新论：多学科的研究》中提到："高等教育'生产车间'里聚集了一群群研究一门门知识的专业学者。"[3]在这样的"生产车间"里，学者或学术共同体以学术兴趣为驱动，无限探究并创造知识，循序积累、传播和应用知识，进而推动学科内在知识体系构建。早在中世纪，意大利博洛尼亚大学就出现了一批出于"闲逸的好奇"而聚集起来的学者，雇用教师答疑解惑，形成了一种教与学的共同体，进而增进自身及学科知识系统的建构与强大。学者们对真理的追求与探索，在经历了最初的问题研究，再变迁到领域研究，继而演变形成基本研究范式，最终成长为知识体系的专门分支形态。知识生产的每一次超越，均离一流学科的达成更近一步。

笔者分析若干世界公认的一流学科，发现其主要特征有一流声誉、一流学者、一流科研、一流学生，而一流科研无疑是其首要特征，具体体现为生产原创性知识（重大科学发现、理论突破及技术创新）以及知识生产的总量。世界一流学科的形成，关键在于一流学者对学科知识演进方向与趋势的准确把握、快速反应以及重大的学术贡献。普林斯顿被称为"数学之都"，得益于杰出的数学家约翰·冯·诺依曼（John von Neumann）在计算机、博弈论等领域的学术贡献。物理学家恩利克·费米（Enrico Fermi）在中子研究领域取得的突出贡献，推动了芝加哥大学

[1] 周光礼，武建鑫.什么是世界一流学科[J].中国高教研究，2016(1)：65-73.
[2] 陈劲，宋建元，葛朝阳，等.试论基础研究及其原始性创新[J].科学学研究，2004，22(3)：317-321.
[3] 伯顿·克拉克.高等教育新论：多学科的研究[M].王承绪，徐辉，郑继伟，等译.2版.杭州：浙江教育出版社，2001.

物理学院的崛起。费米实验室至今仍是美国最重要的物理学研究中心。教育学界公认的重要论著《教育百科全书》《教育史教科书》《中等教育原理》《明日之学校》《民主主义与教育》是哥伦比亚大学保罗·孟禄（Paul Monroe）和约翰·杜威（John Dewey）的成果，哥伦比亚大学教育学学科也由此闻名世界。第二次世界大战后，斯坦福大学原教务长弗雷德里克·特曼（Frederick Terman）提出"学术尖顶"战略，吸引顶尖人才，建设顶尖学术体系，研究前沿和尖端领域，重点建设电气工程学科，在对工程学知识演进的把握上，整整早了加州大学伯克利分校15年，这种先发优势是其工程学科迈向一流的重要因素。

从世界一流学科的成长历程来看，其达到一流水平，是学者、学院共同在实践中摸索的结果，是知识、组织、制度等学科要素的创新、变迁及不断演进。学科成长遵从学术逻辑，对外呈现的成长表征为：目的上主要表现为以学术为志业，将研究视为天职，不囿于"有用性"动因，以认识世界为根本研究动因；内容上主要以探求真理为目的，研究自然界和人类社会中的基本问题；评价标准上强调学术水准，导向学科重大原创性科研成果的产出，追求学术卓越。

2. 社会逻辑：世界一流学科成长的外力

社会逻辑要求学科发展把握社会需求，以满足社会需要并解决社会发展中的重大问题为根本追求。社会逻辑的产生以布鲁贝克提倡的大学的"政治论"为理论基础。布鲁贝克认为探讨高深知识不仅出于"闲逸的好奇"，而且因为高深知识对国家与社会的发展会产生深远的影响。从知识生产的模式看，经历了模式Ⅰ、模式Ⅱ两个阶段，学科知识的生产也从"闲逸的好奇"式的学术研究延伸到产业经济利益乃至社会公共利益，社会需求正深刻地影响着学科的发展与演变。这就意味着要打破大学"象牙塔"中学科"自娱自乐"的体系，学科知识生产应加强与政府、企业等合作，承担更多的社会责任，确保生产的知识的有用性。正如迈克尔·吉本斯（Michael Gibbons）所说："大学作出适应性变革的秘诀就在于参与到大学以外的那个不断变化的商品和服务市场中去。"[1]

历史昭示，世界一流学科的成长只有面向国家实际需求和时代要求，为社会服务，才能获得巨大的发展动力。第二次世界大战期间，美国出于战争的需要而对物理学、化学、生物学等基础学科的持久投入，为美国众多世界一流学科的形成奠定了基础。由于战时需要，美国加大对麻省理工学院应用科学的投入，将化学研究与工业生产相结合，化学学科表现出强大的应用优势。联邦政府的投入为

[1] 迈克尔·吉本斯，卡米耶·利摩日，黑尔佳·诺沃提尼，等.知识生产的新模式：当代社会科学与研究的动力学 [M].陈洪捷，沈文钦，等译.北京：北京大学出版社，2011.

加州大学伯克利分校生物学的发展提供了物质基础，其生物学研究成果在制药、化工、农业、能源等企业的广泛应用促使企业加大了对该学科的投入，在政府和企业的推动下，加州大学伯克利分校生物学与生物化学在世界科学领域内有较高学术地位。第二次世界大战结束后，斯坦福大学作为一所二流的私立院校，发展举步维艰。对此，斯坦福大学原教务长弗雷德里克·特曼明确指出："大学不仅是求知的地方，对国家工业的布局与发展、人口的密度和地区的声望，都可发挥巨大影响。"[1] 为此，斯坦福大学设立研究园区，把大学的智力资源和工业界的物力资源相结合，产生了巨大的生产力。斯坦福大学的物理学、电子工程的崛起助推了硅谷微电子工业发展，硅谷也助力了斯坦福大学学科发展，其共生关系成为世界各国著名大学进行学科建设的一个模板。从世界一流学科的成长历程来看，社会逻辑强调知识生产服务社会发展，社会一旦有技术上的需求则更能推进学科成长，社会逻辑是世界一流学科成长的外力。

总体看来，学科成长要满足社会的某种需要，社会逻辑是学科成长的外在动力。社会逻辑整体平衡了学术发展与社会发展的关系，很好地对接了大学由"象牙塔"转变为社会"轴心"的过程，作为一股外生力量，引导并促进了学科成长。学科成长遵循社会逻辑，对外也表现出了典型的特征：在目的上，以服务国家、社会发展为追求，重点强调改造世界；在内容上，重点聚焦经济社会发展过程中需要解决的具体实践性问题，主要进行应用研究，以此来建构和丰富应用性高深专门知识系统；在评价标准上，重点突出是否解决重大社会需求，强调产出成果的应用价值。

（二）构建地方高校"一流学科"的成长逻辑

1. 共生理论：世界一流学科成长的思维范式

"共生"（symbiosis）一词源于希腊语，由德国学者安东·德贝里（Anton de Bary）于1879年提出，是指在一定环境中，共生单元之间按某种模式联系起来，形成相互联系、共同生存、协同进化的关系，包括共生单元、共生模式以及共生环境三要素。各共生单元既独立自主又相互依赖，于竞争间也进行着创新性的合作，进而实现内部结构和功能的重构与创新，对外表现出共生体整体竞争力的提升。共生理论已发展为社会科学所必需的概念工具体系、基本逻辑框架和基本分析方法，乃至成为一种思维范式。

世界一流学科成长发展至今，学术逻辑以认识世界、探索真理为目的，社会逻辑以改造世界、服务社会为目的，两种逻辑分别映射了学科成长的内部动力

---

[1] 张应春，王成勇．地方高校学科建设发展策略探析 [J]．广东社会科学，2006(3)：95-99．

和外在动力。从世界一流学科的成长轨迹看，作为知识生产主体的学术群体和作为知识生产外部主体的政府、企业共同推动学科成长，伯顿·克拉克把这 3 种势力合成为协调的三角形，"三角形内部的位置代表 3 种力量推动知识生产不同程度的组织"[1]。美国研究型大学的崛起，充分证明了 3 种力量在不同历史时期对学科知识生产的作用，最终形成了协同推动的合力，1862 年《莫里尔法案》（Morrill Act）的颁布成为政府资助大学发展的标志，1980 年《拜杜法案》（Bayh Dole Act）保证了企业参与大学合作研究。学术群体所从事的知识探究活动促进知识存量增加，随着社会各领域对知识生产依赖程度的不断增强，学者们从为学术而学术的研究，逐步变为主动参与社会变革和生产活动，在追求"闲逸的好奇"中重视知识的应用价值和服务社会的需求。正如恩格斯指出："社会一旦有技术上的需要，则这种需要就会比 10 所大学更能把科学推向前进。"[2] 脱离社会需求的学术追求，会因缺少外部动力而走向孤独。迈克尔·法拉第（Michael Faraday）发现的电磁感应理论，若干年后带来的财富比整个伦敦股票交易所的全部资产还要多，这说明没有无用的发现，正是学者们"闲逸的好奇"产生了无用之大用。世界一流学科的成长，体现着学术主体知识生产能力不断提升的自然演进效应，也是回应了社会需要的必然结果，其成长历程是一种交织着学术逻辑与社会逻辑相依相生、互动互促的状态，其本质是学科内外部要素互动、衔接及耦合作用后的结果。这与共生理论中各共生单元按某种模式联系起来，形成相互联系、共同生存、协同进化的关系的核心观点不谋而合。

2. 共生逻辑：地方高校一流学科的成长逻辑

（1）内涵剖析：地方高校一流学科的特质。

《统筹推进世界一流大学和一流学科建设总体方案》明确指出：要扎根中国大地建一流，一流学科要服务国家创新驱动发展战略、服务国家和区域经济社会发展。为了对接"双一流"建设，各省市制订和公布了一流学科建设计划，如上海市实施高峰高原学科建设计划和高水平地方高校建设计划、浙江省启动区域一流学科建设工程、广东省启动"7+7"区域高水平大学和一流学科打造计划。分析各省市"双一流"建设的政策文件，笔者发现一流学科的建设体现了分类布局、错位发展的建设思路：如上海市启动了高峰高原学科建设计划和高水平地方高校

［1］朱冰莹，董维春. 大学知识生产的"动力源"探析：基于五国的比较研究 [J]. 复旦教育论坛，2013，11(2): 80-85.
［2］中共中央马克思恩格斯列宁斯大林著作编译局. 马克思恩格斯选集：第一卷 [M]. 2 版. 北京：：人民出版社，1995: 732.

建设计划；陕西省建设一流大学建设高校、一流学科建设高校、一流学科培育高校3个类别，其中一流学科培育高校支持与省经济社会发展密切相关、在区域内有比较优势的特色学科；贵州省建设国内一流建设学科、区域内一流建设学科、区域内一流建设培育学科3个类别，其中区域内一流建设培育学科支持市州新建本科院校。清华大学原副校长谢维和谈到，不同大学的定位各不相同，服务办学定位的能力方能凸显大学真正的水平。对于学科，同样如此。所以，一流学科建设要努力凸显其对应定位上的一流水准，才能够真正走向一流。地方高校一流学科的"一流"并没有"世界一流"那么宽泛与绝对，要定位在"区域"争创"一流"，并循序渐进、逐步成长，由区域一流演变为全国知名甚至在国际上有一定影响力。

除了重视分类布局，学术标准和实践标准尤其重要，既强调一流学科要在全球范围内寻找参照系，其学术水平要国际可比，也强调一流学科要服务国家创新驱动发展战略、服务国家和区域经济社会发展，为提升区域人力资源，助推区域文化和环境建设作出突出贡献。如美国的州立大学、英国的"新大学"及德国、芬兰的应用科技大学，因其服务于各式各样的社会需求，在社会需求得到满足的同时迎来了自身的发展。不少地方高校，甚至是新建本科院校，与地方经济社会发展结合紧密，对丰富地方经济文化研究成果具有明显的学科优势，学科发展已逐步取代土地、资本等，成为地方经济增长的首要推动力。地方高校一流学科要努力顺应当前社会发展的需要，面向区域经济社会发展的现实需求与未来需要，创造地方需要的高深知识，培养应用型人才传承知识、应用知识为地方经济社会服务。如西藏藏医药大学因预防保健学、藏药方剂学、藏药药理学等学科独具地域特色而闻名，曲阜师范大学研究"孔子"，其影响力超越了学校的重点学科应用数学。因此，地方高校一流学科的"一流"要突出地方性、应用性、特色性。

（2）逻辑重构：社会逻辑引领并重构学术逻辑后的新生逻辑。

以世界一流学科成长为鉴，地方高校一流学科成长要彰显学术逻辑与社会逻辑的共生思维范式。随着知识生产模式的变革，以基础理论研究为核心的学术逻辑迫切需要融入社会应用以获得新的生命力，进而促使政产学研多主体协同的知识生产组织与合作机制构建。美国D.E.司托克斯（D. E. Stokes）在《基础科学与技术创新：巴斯德象限》中指出基础研究与应用研究之间非线性的交互作用模式，两者发展缠结而上，论证了由应用引起的基础研究的重要意义，如法国生物学家路易斯·巴斯德（Louis Pasteur）在微生物领域基础研究所获的知识被应用到工业及公共健康问题中，中国学者屠呦呦在应用研究中发现青蒿素。地方高校，由于生于地方、长成于地方，在区域经济、产业、文化等方面与地方建立了千丝万缕的联系，学科建设与地方经济发展存在明显的多元互动机制，大学、政府与企业围绕着知识生产，知识、人才、资金等流动从单一的线性关联转变为非线性的交互关联，形成了知识、人才、资金等的融合渗透。可见，促进地方高校一流学科成长的学术逻辑和社会逻辑不仅紧密联系、密不可分，而且社会逻辑赋予学术逻辑更为广阔的拓展空间。

基于此，笔者认为，通过社会逻辑引领并重构学术逻辑，学科成长的外力变为学科成长的内力，实现了学术逻辑与社会逻辑的共同生存、协同进化的共生态，构建出地方高校一流学科成长的新生逻辑——共生逻辑。共生逻辑包含共生单元、共生环境、共生模式。共生单元是共生体的基本物质条件，具体指高校科研人员、企业科研人员和实践人员、政府人士等知识生产群体。共生环境指学科发展的内部和外部环境，表现为政策、制度等软环境，以及大学、科研院所、科技园、孵化基地等硬环境。共生模式是共生单元之间相互作用、协同进化的一种关系。共生单元各要素在一定的共生环境下互动、衔接和耦合，共创相互之间的张力平衡，最终达到共生状态。

在共生逻辑指导下，知识生产已由遵循单一学术逻辑或社会逻辑的异质性状态，诱导变迁为知识生产的融合共生状态。由高校科研人员、企业科研人员和实践人员、政府人士组成多元跨学科的研究团队，研究人员间的知识储备可以互相呼应、互相补充。通过开展政产学研融合，高校与企业、高校与政府、政府与企业之间双向联合、优势互补。研究团队各方通过知识、技术、物质、信息、资金等要素的流动促进知识创新。高校科研人员作为创新的重要力量，引导着技术发展；政府人士致力于创造社会经济效益和改善民生，社会需求引导着知识创新的方向；知识、技术的转化与应用促进了企业竞争力的提升，推动知识、技术的市场化；企业在持续的发展中又不断刺激知识、技术创新。地方高校充分利用所处地区的政策优势、环境优势及企业的资源，在服务地方、解决实际问题的过程中开展知识创新，加强与政府、企业的协同合作，运用市场机制调节知识创新的价值导向，知识生产突破单一学科固有的边界，学科成长在社会逻辑的引领下重构学术逻辑，促进其向一流学科演进与变迁。共生逻辑下地方高校知识生产模式如图 2-1 所示。

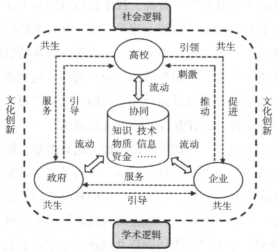

图 2-1　共生逻辑下地方高校知识生产模式

综上所述，共生逻辑作为社会逻辑引领并重构学术逻辑后形成的新生逻辑，既能清晰见到社会逻辑的影子，又能隐约感受到学术逻辑的潜在内力，即在共生逻辑下，地方高校一流学科的成长实现着学术发展与社会需求的统筹并进，学科成长中社会需求的满足并不代表要脱离大学对研究高深知识的追求。相反，学术发展在满足社会需求的诉求下，知识生产模式由单纯的基础知识创新转变为以社会需求为导向的技术、文化创新，与社会需求统筹并进。高深专门知识因此被圈定为能够满足地方需求的应用性高深专门知识，以此来推动大学学术的发展，进而凸显应用转型本科院校学科建设不同于其他类型高校的特征。共生逻辑有自身的独特性，主要表征为社会逻辑引领并重构学术逻辑，在学术逻辑与社会逻辑相互作用中，学科成长的外力转化为学科成长的内力，最终达到共同生存、协同进化的共生状态。

（三）地方高校一流学科成长路径探索

凸显地方性和应用性，建设特色学科领域。一流学科以促进原创性的知识生产为首要任务，地方高校由于资源条件、学科基础的局限，难以在创造原创性知识方面有突破性的贡献，但因生于地方，长于地方，故具有优先开发利用特色地域资源、服务地方特色优势产业、传承地域文化的条件，在地方性知识的探索与发现方面拥有着得天独厚的优势。地方性知识的独特性和唯一性，为人类社会整个学科知识体系的发展注入了新的活力。地方高校可坚持有所为、有所不为的原则，扎根地方，瞄准本地独特学科资源，找准特色领域和方向，以点带面，错位发展，在体现地方特色和优势的领域上建设一流，其一流的特征集中表现为建设"第一"或者"唯一"。如美国得克萨斯农工大学，农业特色鲜明；重庆文理学院，凭借重庆文化遗产研究，在同类院校中脱颖而出。这也正如著名的蓝海和红海战略之说，"红海战略是指通过面对面的肉搏，来打败对手；而蓝海战略不以竞争对手为标杆，避开锋芒，开辟自己的市场和领地"[1]。《老子》指出："夫唯不争，故天下莫能与之争。"特色便是优势，优势做精、做强便是一流。

面向地方社会需求，打造协同创新团队。学科的发展，显现学科间联系越来越密切、边界越来越模糊的特征，最富创造性的科学发现往往衍生于先前并无联系的学科，"大学—产业—政府"三螺旋动力机制模型成为典型的创新模式。[2]高校学术群体和政府、企业界的协同创新共同推进了学科成长。一方面，大学的知识生产对科研条件和外部资金的要求不断提升，社会各领域对知识依赖的程度不断增强，地方的社会需求既是学科知识创新的起点，也是学科成果应用的终点，然而高校学术群体和政府、企业界各方均不具备对地方较大需求的独立开发能力。在政产学研协同创新中：政府科学调整政策对促进知识创新起到了推波助澜作用，成为协同创新的基础；企业拥有较强的市场开拓和生产经营能力，成为知识应用的主导者；高校学术群体则为满足社会需求提供了技术支撑。加强高校学术群体和政府、企业界协同，构建学科成长合力，既推动了社会经济发展的需求，同时也强烈地影响了学科发展和知识生产的可持续性。另一方面，多学科交叉为知识创新注入了催化剂，多个学科的知识在碰撞过程中能否融合并创造新的知识，关键在于学科交叉创新团队的融合程度，现实中往往由于学科语言、认知图式、学科组织的设置和运行块状分割等障碍，存在多学科简单叠加或硬性拼接，以及难以有效应用一个学科的技术解决另一个学科问题的现象，突破学科壁垒，关键要培养多学科视野的研究人员，在相同的语境与场域中交流与碰撞。

强化产教融合，培养应用型人才。学科成长不仅是知识创新的过程，也是知识传承的过程。伯顿·克拉克在《高等教育系统：学术组织的跨国研究》中强调："教学和研究是制作和操作高深知识的基本活动。"科研对教学具有基础性支撑作用，教学则反过来拓宽科研的思路。地方高校承担着为地方经济社会发展输送应用型人才的重任，这类人才应具有对接地方经济社会发展所需要的、在生产建设第一线从事知识应用与创新、技术应用与专业创新的能力。与学术型人才相比，

[1] 侯长林，罗静，陈昌芸.地方院校"双一流"建设的策略[J].高教发展与评估，2017，33(6)：1-8，34.
[2] 黄瑶，王铭."三螺旋"到"四螺旋"：知识生产模式的动力机制演变[J].教育发展研究，2018，38(1)：69-75.

应用型人才更加突出能力的应用特征，强调应用型和技能型更多一些；与技能型人才相比，应用型人才更加强调扎实的专业理论基础、良好的文化素养以及自我发展能力。产教深度融合，是培养一流应用型人才的关键环节，通过将高校与行业融合研究的成果转化为教学资源、行业企业优秀技术人员转化为教师、行业企业生产流程转化教学案例、行业企业的一线需求转化为实验和毕业设计选题等，既使教师获得新的研究方向和学术成果，也使学生熟悉市场，增强实践创新能力。例如，合肥学院（2023 年 11 月 30 日已更名为合肥大学）就因其突出应用型人才培养办学特色而在地方乃至全国同类院校中闻名。

瞄准国际标准，推进应用研究。国际评价机构大多采用 ESI 数据库衡量学科水平，据统计，95% 的地方高校没有一个学科能够进入 ESI 排名前 1%，其主要原因是 ESI 主要针对基础研究成果的评价，应用研究成果的主要价值体现在应用前景和商业方面。地方高校一流学科建设，要立足高远，具有国际视野，瞄准国际标准，追求国际水平，要在解决社会需求实际问题的过程中提炼科学问题，开展应用性高新技术研究，突出带动产业发展的关键共性技术、核心技术创新，由应用研究提炼出一般性的基础研究，进而申请高水平的科研项目，产出高水平的科研成果。另外，地方高校推进一流的应用研究还要强化文化创新，突出对优秀传统文化的传承，结合时代特征，在社会实践过程中，建设一种既继承传统文化精髓又紧跟时代发展、渗透时代内容的全新文化，做出体现中国特色、世界水平的高质量研究成果，将中国思想、中国文化推向世界。

遵循知识价值导向，完善学科治理体系。地方高校要保障学科顺利成长为"一流"，要以知识价值为导向，以政产学研合作联盟为平台，不断完善学科治理体系。地方高校与地方关系紧密，学科成长牵涉政府、企业及学科本身等多方主体的利益，故学科建设决策要由政府、企业和学科组织成员等利益相关者协同进行，三方之间权力相互制衡，构建政产学研合作联盟治理体系，最终促进学科在平衡多方利益追求的状态下成长发展。目前，由于政产学研合作联盟的特殊性，知识创新及转移效果并不理想，主要表现为政产学研合作联盟主体间合作松散、知识创新的数量不多、知识创新的能力不强、知识归属模糊、知识转移流程不畅。政产学研合作联盟的治理机制的设计与知识创新和转移密切相关，因此，以知识价值为导向，完善政产学研合作联盟的治理机制，对学科的知识创新和转移具有显著的促进作用。治理机制的设计包括联盟主体间开放合作机制、激励机制、知识保护机制、资源共享机制、利益分配机制等等。

二、应用型本科高校社会服务的逻辑研究

（一）应用转型是在坚守大学根本前提下的转型[1]

自 2014 年 2 月 26 日时任总理李克强在国务院常务会议上提出"引导一批普通本科高校向应用技术型高校转型"以来，合肥学院、黄淮学院、铜仁学院等一大批本科高校积极探索，并已取得了一定的成效，积累了一定的经验。但是，在应用转型的过程中也出现了不少问题，比如：有的由师专升格的新建本科院校不顾原有师范教育基础和传统，把师范类专业全部撤销重新开办与经济社会紧密相连的应用技术专业；有的停办和应用技术关系不大的人文艺术类专业；有的淡化学科，不讲科学研究等。这些问题不是应用转型过程中一般的技术问题或细枝末节问题，已经涉及大学的根本。笔者在这里提到和后面所讨论到的"大学"，均是指本科及本科以上的高校。涉及大学根本的问题如果处理不好，将会使有的高校在应用转型的过程中"捡了芝麻，丢了西瓜"。因此，我们对这些问题决不能熟视无睹，应认真反思。

1. 应用转型只是大学类型的转变而非对大学本身的抛弃

当前，有的应用转型高校之所以出现了有损大学根本的问题，笔者以为，并非哪一所高校的管理者有意为之，而是对"应用转型"的理解出现了偏差，才导致在应用转型的过程中不自觉地对大学的根本造成了伤害，因此，解读"应用转型"极为必要。

（1）国家层面的"应用转型"

近年来，国家层面的政策设计中有 6 个文件提到了应用转型（表 2-1）。

表 2-1　国家关于应用转型的政策文件

发文时间	政策文件	主要内容
2014 年 5 月 2 日	《国务院关于加快发展现代职业教育的决定》	做出了引导一批普通本科高等学校向应用技术类型高等学校转型的战略选择
2014 年 6 月 16 日	《现代职业教育体系建设规划（2014-2020 年）》	提出支持定位于服务行业和地方经济社会发展的本科高等学校向应用技术类型高校转型发展的策略，并指出"应用技术类型高等学校是高等教育体系的重要组成部分，与其他普通本科学校具有平等地位"

---

[1] 该部分为侯长林、陈昌芸合著，曾以《应用转型是在坚守大学根本前提下的转型》为题刊发于《教育发展研究》2018 年 17 期，本书收录时有修改。

发文时间	政策文件	主要内容
2015 年 10 月 21 日	《教育部 国家发展改革委 财政部关于引导部分地方普通本科高校向应用型转变的指导意见》	对引导部分地方普通本科高校向应用型转型发展做出了全面部署，并提出按照试点一批、带动一片的要求，确定一批有条件、有意愿的试点高校率先探索应用型高校（含应用技术大学、学院）发展模式的基本思路及类型定位
2017 年 2 月 4 日	《教育部关于"十三五"时期高等学校设置工作的意见》	以人才培养定位为基础，我国高等教育总体上可分为研究型、应用型和职业技能型三大类型。明确了应用型高等学校，认为"应用型高等学校主要从事服务经济社会发展的本科以上层次应用型人才培养，并从事社会发展与科技应用等方面的研究"
2017 年 12 月 19 日	《国务院办公厅关于深化产教融合的若干意见》	做出了开展高水平应用型本科高校建设试点等工作安排，关注到了应用型本科高校及应用型人才培养体系的完善
2019 年 1 月 24 日	《国家职业教育改革实施方案》	提出"完善高层次应用型人才培养体系"

这 6 个文件提到的应用型高校指向非常明确，都是指大学的一种类型——应用型，其中《教育部 国家发展改革委 财政部关于引导部分地方普通本科高校向应用型转变的指导意见》还对转型发展的目标内涵做了具体阐释，《国务院办公厅关于深化产教融合的若干意见》对高水平应用型本科高校建设提出了要紧密围绕产业需求制定和完善以应用型人才为主的培养体系等具体要求。由上述内容可以看出，应用转型是在宏观层面国家发展战略部署的背景下，基于大学分类管理体系，在类型定位上对地方本科院校发展目标做出的规定性要求，最终转向应用型大学。

（2）专家话语中的"应用转型"

目前，关于应用转型的讨论，尽管表述各不相同，但其含义是一致的，那就是类型的转变。厦门大学教授刘振天认为，转型问题说到底就是地方本科院校发展的重新定位。刘振天在这里虽然没有直接说"重新定位"就是其办学类型的重新定位，但是他在阐释高校办学自主权时说得很清楚：地方本科院校转型发展，是指向什么类型去发展，即高校转型是"从传统的学术型、学科型转向应用型、技术型、职业型或技能型"[1]。钟秉林等认为，"就转型发展的目标而言，是

[1] 刘振天. 地方本科院校转型发展与高等教育认识论及方法论诉求 [J]. 中国高教研究，2014(6)：11-17.

发展成为应用型高校或应用技术类型高校"[1]，并进一步指出，"应用型高校或应用技术类型高校是一种新的学校类型的统称"[2]。中山大学原校长黄达人还对本科应用转型的内涵进行过专门的解读，"'应用型'最重要的内涵是让我们培养的学生更加符合社会的需要，让我们的学校更好地具备服务地方、服务行业和产业的能力，落脚点是办社会满意的教育"[1]。综合专家的观点，其结论是：应用转型之"型"，是大学本科高校中的一种新的类型，因此，应用转型是办学类型的转变。

（3）学理分析下的"应用转型"

何为应用，词源学上解读为"适应需求，以供使用"[4]。所谓转型，则是指事物的结构形态和运转模型的转变，主要体现在其结构、形态等方面的变化。[5]地方普通本科高校的应用转型同样如此，即普通本科高校应用转型可以理解为大学类型的转变，向应用型方向发展，以适应社会需求，涉及大学发展方向、结构要素、组织形态等内容。简言之，即为大学类型指向应用型。2011年，联合国教科文组织颁发的国际教育标准分类法的新版，将高等教育划分为5、6、7、8四级，应用型高校属于6级。德国把大学划分为传统综合性大学和应用型大学两大类型。我国关于大学类型的传统划分是研究型大学、教学研究型大学、教学型大学。2017年1月25日出台的《教育部关于"十三五"时期高等学校设置工作的意见》已经将我国的高等教育明确划分为研究型、应用型和职业技能型三大类型。

另外，从某种层面来说，大学的转型是客观存在的，不能对应用转型持有任何偏见与误解，正如伯顿·克拉克所指出："大学的转型已经提到了现代大学的议事日程的顶端。"我国的高等教育发展到今天，部分地方本科院校转型成为应用型大学，既是为了更好地满足社会政治、经济发展的需要，也是高校自身对于应用型大学理想的追求。应用转型不是简单层面的大学类型转变，而是更深层面的大学理想到现实的实践过程。这就意味着，应用转型不仅需要按照社会发展规律办学，以此服务社会，提高学生就业率，更需要按照高等教育的内在发展规律办学，尊重大学本身，遵循大学的根本，实现大学自身的内涵发展。

（4）现实层面的"应用转型"

地方本科院校怎么向应用型方向转变？目前，国家层面已经通过政策引导、资金拨款等方式加以推动，但在实现应用型大学理想的过程中仍然面临着诸多现

[1] 钟秉林，王新凤. 我国地方普通本科院校转型发展若干热点问题辨析 [J]. 教育研究，2016 (4)：4-11.
[2] 钟秉林，王新凤. 我国地方普通本科院校转型发展若干热点问题辨析 [J]. 教育研究，2016 (4)：4-11.
[1] 梁国胜. 黄达人：准确理解本科应用转型的内涵 [N]. 中国青年报，2014-06-16(11).
[4] 邹晓平. 高等教育中的"应用型"概念辨析 [J]. 现代教育论丛，2015(4)：2-9.
[5] 王凤玉，单中惠. 试论美国师范教育的转型 [J]. 教育研究，2006 (11)：80-85.

实困境。其一，高校多为新建地方本科院校，原有基础薄弱（人力、物力、财力等），在转型之前本身就存在很多问题尚待解决，如如何改变在高等教育体系中的弱势地位、如何提升本科人才培养质量等等。其二，高校的应用转型实践时间较短，多在 2015 年颁布《教育部 国家发展改革委 财政部关于引导部分地方普通本科高校向应用型转变的指导意见》政策后成为转型试点，尚处于探索阶段，在理论层面没有形成完整的思想体系，在实践过程中亦没有形成成熟的转型经验与模式，高校的各项转型举措面临很多未知因素（如对应用转型内涵的理解，对大学原有办学基础的改变，对外与地方企业、政府之间关系的沟通等）。在这样的现实背景中，转型措施的制订、推进与落实可谓困难重重，所以需要认真并充分考虑大学所处的场域系统（高校所处位置、拥有的资本体系和惯习体系等）[1]，正确处理大学"遗传"与"环境"的关系。正如彼得·德鲁克在《非营利组织的管理》一书中提及的："每个组织并非万能的。如果行动与组织的价值观背道而驰，就会一事无成。"[2]应用转型需要先明晰并判断各项转型措施是否损害了大学本身，这是先决条件，应用转型从来不是对大学本身的抛弃，而是在现有基础上根据社会环境要求对大学的创新完善，南辕北辙式的大学转型是不可取的。

总之，从国家层面、专家话语、学理分析、现实层面解读应用转型，可以看出，地方本科院校面临着从原有传统办学形态（教学研究型、教学型等）向新的办学形态（应用型）的转变，涉及高校内外系统的改革。所谓应用转型就是以大学根本为基础，通过不断改革实现新旧理念、制度、组织形态的更迭，进而逐步实现应用型大学建设理想的实践过程。换言之，应用转型是依托大学根本之上的大学类型转变。

2. 应用转型不能丢了大学根本

何为大学根本？作为大学系统中最为重要的部分，不同的学者对大学根本有着不同的理解：从大学三大职能发展历史来看，培养人才是大学的根本[3]；从教育教学层面来看，实践育人则是大学的根本[4]。这就告诉我们：一方面，大学是极为复杂的，关于大学根本的相关研究尚处于丰富完善阶段；另一方面，这也说明大学根本绝非单一要素。大学本身的复杂性决定了大学根本应该是一个由多种要素构成的多维体系。对应用转型的地方本科院校而言，笔者以为大学传统、人文艺术、学科建设和开放办学这四大要素共同构成了这类大学的根本体系，其

[1] 侯长林，陈昌芸.论教学服务型大学的实践逻辑 [J].高校教育管理，2018，12(5)：39-46.
[2] 彼得·德鲁克.非营利组织的管理 [M].吴振阳，译.北京：机械工业出版社，2007：6.
[3] 潘懋元.从"回归大学的根本"谈起 [J].清华大学教育研究，2015，36(4)：1-2，9.
[4] 冯晓云，夏有为.实践育人是大学的根本 [J].实验室研究与探索，2013 (1)：1-4.

中大学传统是根本的底线，人文艺术是根本的核心，学科建设是根本的动力，开放办学是根本的出路。应用转型如果抛弃了这些要素就等于抛弃了大学本身，就不再是大学。

（1）根本的底线：大学传统

如何理解"传统"二字，正如美国社会学家爱德华·希尔斯（Edward Shils）在《论传统》一书中所论述的："传统就像一株植物，只要在一个地方栽培了一小段时间，其根枝便会不断蔓延……传统可能是不可避免的，但它们并不一直是非常强大的。"[1] 对大学来说，传统可以解释为永久存在的事物，包括对"教学方法、校舍和建筑风格、头衔和学位礼服的理解，以及教师和学生的地位结构"[2] 等，这些东西都是不可避免的，亦是不可或缺的。回顾大学的发展历史，意大利的博洛尼亚大学、法国的巴黎大学、英国的牛津大学和剑桥大学就像一坛坛千年老酒，完全由历史传统塑造而成，抛弃了历史传统就等于抛弃了它们的价值和存在。比如，牛津大学图书馆的古朴典雅、学袍穿着的讲究、充满仪式感的考试、校园人行道边的长椅及餐厅就餐等都体现出无处不在的传统影响和氛围。地方普通本科高校亦不例外，不管是老牌的还是新建的本科院校，都在其发展过程中有一定的历史积淀，形成了一定的传统，必须正视并正确对待这些既有的大学传统。

那么大学传统在大学中处于什么样的位置？"只有当大学的传统在实际上被遵循，大学才能运行，而且，只有那些吸收了这些传统并在其中安然自如的人才能做到这一点。"[3] 由此可见，大学传统弥足珍贵、独一无二。它紧密联系着大学的过去、现在及未来，深切反映着大学的过往种种，在大学这个复杂的系统中，传统犹如生物体的基因[4]，不可剥离、不可重建，它从根本层面影响着大学的发展，这是高校应用转型的一条根本底线，一旦超过，大学就可能变得面目全非，须知应用转型的目的不是破坏重构，而是更好地推动大学的创新发展。也就是说，大学在向着应用型方向转变的过程中，新旧制度可以更迭并不断重构，但大学传统却只能继承，并通过扬弃加以发展。只有遵循大学传统这条底线，才能推动大学整个系统有机运行，才能朝着应用型方向发展。简言之，大学传统处于大学根本体系中的底线地位，地方高校改革创新无须全盘否定大学过去的历史和现实状况，应用转型亦不要公然违背大学传统。

如何对待大学传统？问题的关键是要处理好传统与变革的关系。纵观西方大

[1] 爱德华·希尔斯. 论传统 [M]. 傅铿, 吕乐, 译. 上海：上海人民出版社, 2009: 338.
[2] 克拉克·克尔. 高等教育不能回避历史：21世纪的问题 [M]. 王承绪, 译. 杭州：浙江教育出版社, 2001: 47-48.
[3] 爱德华·希尔斯. 论传统 [M]. 傅铿, 吕乐, 译. 上海：上海人民出版社, 2009: 196.
[4] 王建华. 大学的常识、传统与想象 [J]. 高等教育研究, 2011, 32(5): 7-14.

学几百年改革发展的历程，可明显发现："正确认识、处理大学的传统与变革及其相互关系，是大学保持生命力的关键所在。"[1] 传统与变革的互动是大学改革的永恒主题。我国地方普通本科院校的应用转型不能只考虑变革而置传统于不顾，甚至完全否定传统，那就更不对了，要学习西方大学处理变革与传统关系的成功经验，为应用转型划定应坚守的传统边界，哪些是必须坚守的传统，哪些是可以改革的内容，不同的学校情况不一样，每一所学校都要进行认真研究，做出明确规定，并且当"改革进行火热时，适时提醒改革不要'越界'"[2]。一旦越界，就会对学校传统造成伤害，从而影响学校的健康发展。应用转型要对原有专业进行调整，取消一些与经济社会发展尤其是与产业发展不相适应的专业，是应该的，专业不转型，学校的应用转型就会落空，"但是作为由师专升格的本科院校，完全另起炉灶，放弃过去师范教育的积累和积淀，那该给学校造成多大伤害！传统是什么？是大学存在与发展的根啊！"[3]

（2）根本的核心：人文艺术教育

《国家中长期教育改革和发展规划纲要（2010-2020 年）》指出，"牢固确立人才培养在高校工作中的中心地位"，"把促进人的全面发展、适应社会需要作为衡量教育质量的根本标准"。由此可以看出，人才培养处于大学的核心位置，大学教育的根本目的在于培养全人（全面发展、适应社会需求），这也就意味着大学作为培养人才的场所，必然需要考量应该提供什么样的教育才能培养全面发展的人才，转型试点的地方本科院校也不例外，需要思考如何培养理想的应用型人才的问题。首先，何为理想的应用型人才？这一类型的人才应该是整全的人，而不应该是只懂技术技能的"半人"，既有一技之长，也能"精神成人"（具备创造、批判、怀疑、独立思想与能力的主体[4]）。哈佛大学原校长尼尔·陆登庭（Neil Rudenstine）1998 年 3 月在北京大学发表演讲时说："最好的教育不但帮助我们在职业上获得成功，还使我们成为更善于思考、更有好奇心和洞察力、更完满和充实的人。"[5] 其次，大学要落实上述人才培养目标需要开展哪些教育？按照大学教育内容划分，高校不仅需要重视专业教育，强调应用技术技能的培训，帮助学生具备谋生的技能以此适应社会需求，这是毋庸置疑的，也需要注重人文艺术教育，强调学生的全面发展，帮助学生在精神层面有所收获，这是人

[1] 贺国庆，何振海. 传统与变革的冲突与融合：西方大学改革二百年 [J]. 高等教育研究，2013，34（4）：99-104.
[2] 高路，林琳. 变革中坚守传统：英国大学发达经验借鉴 [J]. 高等农业教育，2015（11）：125-127.
[3] 侯长林. 应用转型应坚守大学根本 [N]. 人民日报，2017-03-30（18）.
[4] 张笑涛. 大学生"精神成人"：为何与何为 [J]. 现代教育管理，2011（9）：97-101.
[5] 沈致隆. 哈佛大学和 MIT 的人文艺术教育及其哲学思想 [J]. 高等教育研究，1999，20（2）：91-95.

之成人并持续发展的根本所在。1931年爱因斯坦（Einstein）曾在对加利福尼亚理工学院的学生演讲时说："你们想使你们一生的工作有益于人类，那么，你们只懂得应用科学本身是不够的。关心人的本身，应当始终成为一切技术上奋斗的主要目标。"[1]反观当下，联系现实，由大学生精神人格缺乏导致的惨案，已经充分论证了精神成人的重要性。总之，不管是最初的大学抑或现代大学（如研究型大学、创业型大学、应用型大学），返璞归真，大学教育最本真的意义都在于"引导大学生完成精神成人，即要使学生的灵魂健全，具有完整的人格"[2]。教育归根结底就是"永无止境的精神追求"[3]，从这个意义上来讲，以"精神成人"为中心的人文艺术教育就是大学教育的根本的核心。因为人文艺术教育的"核心价值在于引导学生热爱生命、关注个人、关注社会，求真、求善、求美"[4]。为了培养全人，麻省理工学院的所有本科生除了专业学习外必须修满8门人文、艺术和社科课程，完成32个学分，才能申请毕业。[5]加州理工学院非常注重人文艺术教育，规定所有本科学生均需修满必修的核心人文课程（哲学、历史、音乐、艺术史、语言文学及科学史等）。

除此之外，人文艺术教育之于大学均衡发展的重要意义，决定了需要把人文艺术教育放于根本的核心的位置。诚如被誉为"血清之父"的李政道先生所说："大学教育中如何实现科学与人文、科技与艺术的融合……已经成为各国教育学研究中不可缺少的一部分。"[6]文科与理科、艺术与科学之间本身就有着密切的联系，且由于大学教育的独特性（如教育的对象是人），人文艺术教育是其根本的核心所在。1996年10月25日，美国麻省理工学院原校长查理斯·维斯特（Charles Vest）发表了题为《科学教育和艺术教育并重》的著名演讲，深入而精辟地阐述了艺术与科学之间的密切联系，得出了科学教育离不开艺术教育、艺术教育极为重要的结论。麻省理工学院享誉中外，亦离不开人文艺术学科（专门建有人文和社会科学学院）对大学整体发展的支持。反观现实，转型试点的地方本科院校需要构建完善的应用学科体系，而应用学科发展的活力在于学科的交叉与相互渗透，这些都离不开人文艺术教育的支撑。如果一所大学只有理工农医等应用学科，其学科相互交叉与渗透的面就相对较窄、涉及的领域跨度不大，但如果有人文艺术学科的参与，就能够促进文、理、工科有关学科专业相互交叉与渗透，有利于开

[1] 爱因斯坦.爱因斯坦文集：第三卷[M].许良英，赵中立，张宣三，编译.北京：商务印书馆，1979：73.
[2] 李宗贤.略论大学生的"精神成人"[J].现代大学教育，2008(6)：76-79.
[3] 卡尔·雅斯贝尔斯.什么是教育[M].邹进，译.北京：生活·读书·新知三联书店，1991：40.
[4] 冯军.我国理工科院校人文教育的误区[J].高等工程教育研究，2005(5)：50-52.
[5] 沈致隆.哈佛大学和MIT的人文艺术教育及其哲学思想[J].高等教育研究，1999，20(2)：91-95.
[6] 顾秉林.促进人文、艺术、科学教育的融合 追求真、善、美的统一[J].清华大学教育研究，2002，23(4)：1-7.

展跨学科研究，尤其有利于推动文科和理工科之间的交叉、渗透、融合，从而产生新的具有文理兼容性质的学科生长点，以此推动高校应用转型进程。这些都充分论证了人文艺术教育的重要地位。

综上，不管是从应用型人才培养还是地方高校长远发展来看，一所高水平的应用型大学的不断形成与改革建设是无法脱离人文艺术教育的。

（3）根本的动力：学科建设

任何事物的发展都需要内部的根本动力和外部的辅助性动力的支持[1]，大学亦不例外，这就需要追问大学内部的根本动力是什么？

从大学的内涵来看，德国哲学家、教育家卡尔·雅斯贝尔斯说：大学是由学者们组成的学术共同体，是知识的汇聚之所，是"知识的宇宙。"[2]而学科就是知识的体系。美国高等教育理论家伯顿·克拉克曾对学科作出过这样的描述："当我们把目光投向高等教育的'生产车间'时，我们所看到的是一群群研究一门门知识的专业学者。这种一门门的知识称作'学科'，而组织正是围绕这些学科建立起来的。"[3]也就是说，构成大学这个知识工厂的学科组织就是知识生产的车间。没有知识生产的车间哪里来知识工厂？"学科被淡化了，怎么构建知识的宇宙和学科的宇宙？"[4]由上述可以看出，学科是大学极为重要的构成要素，是大学组织产生、改革、转型的内在依托，支撑着大学整个知识生产系统的运行。此外，《中华人民共和国高等教育法》明文规定了本科教育需要教会"学生比较系统地掌握本学科、专业必需的基础理论、基本知识"，应用转型不管怎么转，其转型的主体仍然是大学，仍然需要开展各项本科教育活动。既然转型的主体仍然是大学，就不能丢了学科。丢了学科就等于抛弃大学。不说丢了学科，就是淡化学科也会动摇大学的根本，阻碍大学的转型发展，在高校应用转型过程中，没有动力支持的高校应用转型是无法实现真正意义上大学的类型转变的，亦无法支撑大学的长远发展。因此，从这一层面而言，学科是大学发展的内部根本力量，大学教师依托学科、基于知识形态的学科（如课程）可以传授知识，培养人才；立足组织形态的学科（教研室、研究基地等）可以实现个体专业发展，开展知识创新；置身活动形态的学科（如各项学术活动），可以参与社会服务，进行知识应用。正是得益于学科，大学教师才能在知识传授、创新及应用过程中成长，进

［1］张艳红，董慧.学术力：大学生存与发展的核心动力［J］.河北师范大学学报（教育科学版），2015，17(2)：93-97.
［2］卡尔·雅斯贝尔斯.大学之理念［M］.邱立波，译.上海：上海人民出版社，2007：12.
［3］伯顿·克拉克.高等教育新论：多学科的研究［M］.王承绪，徐辉，郑继伟，等译.2版.杭州：浙江教育出版社，2001：107.
［4］侯长林.应用转型应坚守大学根本［N］.人民日报，2017-03-30(18).

而提升大学人才培养、科学研究、社会服务的质量。也就是说，学科建设是推动并引领大学应用转型发展的根本的动力，教师一流，学科一流，大学也会一流。

从大学的职能来看，高校有人才培养、科学研究和社会服务三大基本职能，而这些职能的发挥有赖于学科的发展，即学科是大学职能实现的内在根本推动力。首先，应用转型的高校不论是以什么学科为主，科学研究是必须要做的，科学研究不仅与学科紧密相连，也是学科建设的重要内容。在德国教育家威廉·冯·洪堡（Wilhelm von Humboldt）看来，科学研究职能就是大学的根本所在，因为大学"立身之根本在于探究深邃博大之学术，并使之用于精神和道德的教育"[1]。我国教育家蔡元培认为："大学者，研究高深学问者也。"[2]罗家伦在就任清华大学校长时所发表的《学术独立与新清华》的演讲中明确提出："研究是大学的灵魂。"[3]蔡元培、罗家伦在这里强调的也是科学研究之于大学的重要性问题。我国当代学者樊华强也认为："大学的根本使命就在于理论发现，如果这一使命丧失了，大学也就不成为大学了。"[4]缺少了大学学科的支撑，就很难发挥大学的科学研究职能。

其次，虽然应用型本科高校更偏向政治论，社会服务职能处于统摄地位[5]，但并不意味着这些高校在应用转型中不需要学科，而是要在学科建设中做到转变思路，把学科建设的重点放在应用学科上，所谓应用学科就"是研究基础学科所产生知识的应用，由能够直接指导生产服务一线工作，提高人类生活水平、生存质量所需要的知识、经验、方法、策略形成的系统的理论体系"[6]。从中可以看出，社会服务职能的发挥有赖于应用学科体系的构建、完善，以此为动力，助力大学走向地方社会，实现办学类型向应用型转变。

当然也需要注意，应用学科的发展离不开基础学科的支撑，需要基础学科知识的交叉融合，比如计算机科学就是数学、逻辑学、统计学、物理学等基础学科交叉融合的产物，没有这些基础学科的交叉融合就没有计算机科学这门应用学科。同时，一所大学还要有海纳百川的气度和品格，就是要以建设应用学科为主，在给应用学科开一扇门的同时，也要给基础学科留下一定的发展空间，要给基础学科留一扇窗。

[1] 陈洪捷. 德国古典大学观及其对中国的影响 [M]. 修订版. 北京：北京大学出版社，2006：199.
[2] 高平叔. 蔡元培史学论集 [M]. 长沙：湖南教育出版社，1987：152.
[3] 罗家伦先生文存编辑委员会. 罗家伦先生文存：第5册)[M]. 台北：国史馆，中国国民党中央委员会党史委员会出版，1976：21.
[4] 燕良轼，刘宇文. 张楚廷教育思想研究 [M]. 长沙：湖南大学出版社，2009：135.
[5] 侯长林. 应用型本科高校社会服务的理性审视 [J]. 职教论坛，2018(6)：6-11.
[6] 罗静. 对现代职业教育体系中应用学科生态位的探讨 [J]. 铜仁学院学报，2017，19(5)：55-60.

（4）根本的出路：开放办学

从系统论角度看，一切实际系统，从原子到社会，原则上都可以看作开放系统，"开放"维系着整个系统的能量交换、协调互动等。地方高校，一方面是构成地方社会系统的要素，另一方面其本身也形成了一个富有大学特点的系统。对内，各要素（大学传统、学科、教师、学生等）只有秉承开放态势，才能实现彼此之间的资源共享，优化要素组合；对外，大学只有与外部社会进行持续不断的物质、人力、信息交换，才能保证大学系统与社会系统的协同共进。由此可知，开放与否，从根本上决定了地方高校（作为开放系统）的"生死存亡"，开放办学这条根本路径能够维系大学系统的顺利运行，即开放办学是地方高校系统发展的根本出路。在一定意义上，是否以开放姿态处理高校内部各要素并融入地方社会，成为评价并判断高校能否生存、转型发展的根本所在。

纵观高校发展历程，以开放办学为根本出路，进而取得转型成功的例子不胜枚举。20世纪80年代，面对外部环境的急剧变化（如国家财政拨款数额减少，政府支持大学学术与商业活动合作的各项政策的出台，美国1995年的《国家技术转移和提升法案》、2007年的《美国竞争法》等），美国的研究型大学以开放态度积极改革大学体系，包括校内一系列的组织体系、价值观体系、目标期望等，以此来应对社会环境变化，如成立研究中心（以应用研究为主）和跨学科研究中心、开展创业教育回应教育需求、加强国际合作、建立教育联合体等，最终实现了大学类型向创业型的转变。[1]斯坦福大学带来的硅谷传奇、麻省理工学院带来的128号公路带的兴盛等，有力地佐证了大学开放办学带来的重要成效，在实现自身转型发展的同时也带动了社会经济发展。

当前，地方高校所处的外部社会环境正在发生巨大的变化（如社会经济结构转型升级、各项引导地方本科院校应用转型政策的出台、高等教育国际化程度不断提高等），这些都要求地方高校进行多主体（地方政府、地方企业、各个国家等）、多维度（国际教育、本土教育等）、多层次（校政合作、校企合作和国际合作等）的开放办学，学习并借鉴先进的大学转型的办学经验，以此促进地方高校能够适应并引领地方社会发展；同时，应用转型试点高校多为新建地方本科院校，自身办学基础薄弱，学科建设水平不高，培养的学生质量不一，只有通过开放办学，才能打破大学本身内部各要素、各部门之间的壁垒，实现彼此的交流互通，进而优化盘活内部资源，增强学校实力。同时，《国务院办公厅关于深化产

---

[1] 孙丽娜．"资源依赖"理论视角下的美国创业型大学发展模式研究[D]．长春：东北师范大学，2016：72-104．

教融合的若干意见》明确指出："要推动一批中外院校和企业结对联合培养国际化应用型人才。"这意味着立足服务区域经济社会发展的应用型人才也要具有开阔的眼光和国际化的视野。这些进一步佐证了开放办学是大学的根本出路。封闭办学不可能培养出具有一定的国际化知识或经验的应用型人才。高校重视并加强国际教育不失为开放办学的具体路径，因为应用转型高校的责任和使命就是服务并引领地方经济社会发展，当然也包括服务并引领地方国际化发展。

综上，在地方高校应用转型背景下，在大学根本体系中，以大学传统为根本的底线、人文艺术教育为根本的核心、学科建设为根本的动力、开放办学为根本的出路，是不可或缺的（图 2-2）。

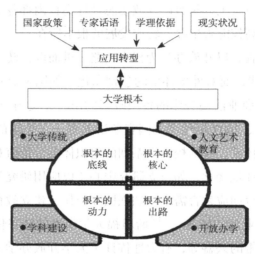

图 2-2 应用转型与大学根本的内容示意图

3. 处理好坚守大学根本与推动应用转型的关系

如卡尔·曼海姆（Karl Mannheim）所言："重建一个正在变迁的社会很像替换正处于运动的火车的轮子，而不像在新的基础上重建一所房子。"[1] 当下处于转型期的地方本科院校也同样如此，既需要坚守大学根本，也要实现大学类型的转变和构建，这就要求处理好坚守大学根本与推动应用转型的关系。

要把握好坚守大学根本的度。应用转型不能动摇大学根本，但如果一味强调对大学根本的坚守，又会使应用转型的推动者畏首畏尾，不敢大刀阔斧地进行改革创新。这就要求把握好坚守大学根本的度。那么，怎么才能把握好坚守大学根本的度呢？笔者以为主要应该做好 3 个方面的工作。首先，对坚守大学根本这一

[1] 卡尔·曼海姆. 重建时代的人与社会：现代社会结构的研究 [M]. 张旅平，译. 北京：生活·读书·新知三联书店，2002：9.

问题要有正确的认识。应用转型涉及学校的方方面面，需要全校上下共同努力，需要社会各方面的大力支持。对大学根本的坚守是在应用转型过程中提出的新问题，是发展中的问题。出现这样的问题并不可怕，只要我们保持清醒的头脑，对大学根本有正确的价值判断和基本的认识就行。其次，对大学根本的坚守要讲究策略。不同的学校情况不一样，在方法策略上要有差异。如果学校应用转型步伐过大过快，已经伤害到了大学根本，那就不能含糊，必须旗帜鲜明、大讲特讲大学根本并及时纠正；如果应用转型才刚刚起步，就没有必要在学校大肆渲染，坚守大学根本的氛围浓厚了就会形成应用转型的阻力。因为应用转型有可能触动某些人的"奶酪"，这就不能排除有人会借坚守大学根本说事。最后，要划清坚守大学根本与应用转型的边界。学校进行应用转型需要摸清家底。摸清家底的目的之一就是要把应用转型将要涉及的属于大学根本的东西抽取出来，像摆放家什一样将不能动的放在一边或打上标记。这一过程中较难分辨的是学校积累的传统。每所学校由于各自特殊的发展历程，所形成的传统不一样，有的甚至鱼目混珠，要分清哪些是涉及大学根本的传统哪些不是比较困难。这就需要学校组织相关专家进行讨论，逐一进行明确。所以，笔者曾撰文呼吁应用转型"既不能观望、徘徊，也不能'一哄而上'，应理智做好转型发展文章"[1]。

要做好人文艺术学科专业的发展定位。应用转型高校建设人文艺术类学科专业不能按照传统的"纯"文科的模式办文科，要尽可能与应用转型发展的方向一致。要做到这一点需要在两个方面努力：一是要将人文艺术类学科专业的发展方向调整到服务区域经济社会发展上来。应用转型不仅是朝应用技术大学的方向转型，还包括朝教学服务型大学、创新创业型大学等方向的转型。我国高校在应用转型初期对应用转型有比较狭隘的理解，认为应用转型就只是向应用技术大学转型，"其实，'应用技术大学'和'应用型大学'不能画等号"[2]。应用型大学是一个比较宽泛的概念，是相对于研究型大学而言的以培养本科层次应用型人才为主的新型大学。如果只将应用转型定位在朝应用技术大学方向发展，人文艺术学科专业由于并不完全依赖技术，应用转型发展的难度确实很大，而将人文艺术学科专业的发展方向调整到服务区域经济社会发展上来是完全可以且是应该的。其实，只要能够服务区域经济社会发展就是应用转型。比如，地方高校通过开展区域智库研究、经济研究、文化研究等为地方服务，不是应用转型是什么？二是应当"选择那些与自然科学、技术科学、工程科学等相邻近的文科专业，作

---

[1] 侯长林. 高校转型不能一哄而上 [N]. 人民日报，2014-08-08(18).
[2] 侯长林. 应用型大学不等于应用技术大学 [N]. 人民日报，2015-08-13(18).

为自己的对象"^[1]。比如，向应用技术类转型的院校办哲学专业就不能把主要精力放在研究哲学原理上，而应该把发展科学哲学、技术哲学等分支学科作为重点。总之，应用技术类院校举办文科专业，应该彰显应用技术类院校的特色。

要调节好应用转型的生态位。应用转型只是办学类型的转变，不是把本科办成高职专科。在应用转型的过程中，有的本科高校提出应用转型应该向高职专科学习，这本无可厚非。高职专科近几十年的发展，尤其是国家示范性高等职业院校建设计划启动以后，高职专科教育确实取得了不少成绩，有的经验弥足珍贵，不仅值得在高职专科教育界推广，也值得应用转型的本科院校学习和借鉴，如高职专科教育的产教融合、校企合作等。但是，向高职专科教育学习，不能简单地照抄照搬高职专科教育的发展模式，比如，高职专科教育只谈专业不提学科，应用转型高校也跟着这样做就不对了。但是也不能忽视专业建设。应用转型高校既要倾力打造一流应用学科，也要倾力打造一流应用专业，并且要坚持应用学科和应用专业一体化发展的思路，这样才能更好地发挥学科专业相互支撑的作用。怎样才能做到既向高职专科教育学习又在应用转型过程中不降低自己的办学层次呢？那就要找准应用转型的生态位，确定其占据的空间及其所具有的功能和能够发挥的作用。

综上，应用转型，引导地方普通本科高校走出"象牙塔"，更加贴近经济社会发展的实际，更加关注火热的现实生活，有利于增强大学对外部环境的适应性。这无疑是大学发展很好的选择。但是，大学发展又不能只顾外部环境、只考虑怎么适应外部经济社会发展的需求而不考虑大学的内在逻辑、不考虑大学自身的运行规律。罗伯特·梅纳德·哈钦斯（Robert Maynard Hutchins）当年批评的美国高等教育过度依赖外部环境，以致出现高等教育领域产生对金钱的追逐和崇拜等现象，会不会在中国重演？我们要应用转型，但是也要维护大学的尊严，要鼓励大学对永恒价值的追求。在应用转型的过程中，"大学的根本一旦丢失、漂移了，大学的内在逻辑力量自然就削弱了，甚至大学也就不再是大学了"^[2]。因此，我们一方面要积极地推动应用转型，坚持应用转型的信心和决心不能动摇；另一方面，我们又要保持清醒的头脑，不能急躁冒进，要坚守大学根本，属于大学根本的决不能抛弃。这才是应用转型的辩证法，也是高等教育哲学的精髓所在！

[1] 冯向东，邹珊刚，曹安利，等. 理工科院校办文科的指导思想 [J]. 高等教育研究，1986，7(2)：21-27.
[2] 侯长林. 应用转型应坚守大学根本 [N]. 人民日报，2017-03-30(18).

（二）应用型本科高校社会服务的理性审视[1]

社会服务是所有高校都关注的问题，就应用型本科高校而言，显得尤为重要。因为社会服务本身就是应用的一种体现。但遗憾的是，在地方本科高校应用转型已经形成共识并大规模向纵深推进的今天，关于应用型本科高校社会服务研究的文献仍很难找到。理论研究已明显落后于实践逻辑的演进。随着地方本科高校应用转型的进一步发展，对应用型本科高校社会服务进行理论研究的需求将更为强烈。因此，对应用型本科高校社会服务的基本问题进行理性审视，有着十分重要的现实意义。

1. 政治论：应用型本科高校社会服务的哲学考察

对高等教育进行哲学考察，源于美国。《高等教育哲学》一书是西方第一本直接以高等教育哲学命名的著作，其作者是美国著名教育家约翰·S.布鲁贝克。他认为，20世纪美国的高等教育存在着以认识论为基础和以政治论为基础的高等教育哲学。以认识论为基础的高等教育哲学强调学术的客观性和价值自由，而以政治论为基础的高等教育哲学强调的则是政治目标和为国家服务[2]。

我国高等教育与美国高等教育虽然有国情方面的差异，但是也存在布鲁贝克所说的认识论哲学基础和政治论哲学基础，并且十分强调政治论哲学基础。习近平总书记就曾明确指出："我国高等教育发展方向要同我国发展的现实目标和未来方向紧密联系在一起，为人民服务，为中国共产党治国理政服务，为巩固和发展中国特色社会主义制度服务，为改革开放和社会主义现代化建设服务。"[3]这就告诉我们，作为新时代的中国高等教育必须明确政治目标，强化为国家服务的功能，坚持"以政治论为基础的高等教育哲学观"[4]。近年来，我国高等教育越来越重视社会服务，尤其是对国家重大战略的服务。

西南交通大学原党委书记王顺洪曾在人民日报撰文指出，高校的创新与发展"必须面向国家重大需求，对接国家战略、融入国家战略"[5]，致力于影响国家未来经济社会发展的根本性、核心性问题研究，承担起关键核心技术研发的责任和使命。东北大学原校长赵继曾在全国政协小组发言时表示，在人才培养和学科建设方面，"东北大学始终将'服务经济社会发展'摆在首位，服务和引领经济社会发展"。作为国家首批"211工程"与"985工程"重点建设高校，以及

---

[1] 该部分为侯长林著，曾以《应用型本科高校社会服务的理性审视》为题刊发于《职教论坛》2018年第6期，收录时有修改。
[2] 约翰·S.布鲁贝克.高等教育哲学 [M].王承绪，郑继伟，张维平，等译.3版.杭州：浙江教育出版社，2001：13.
[3] 张烁.习近平在全国高校思想政治工作会议上强调：把思想政治工作贯穿教育教学全过程 开创我国高等教育事业发展新局面 [N].人民日报，2016-12-09(1).
[4] 侯长林.习近平高等教育思想解读 [J].贵州社会科学，2018(2)：19-23.
[5] 王顺洪.高校创新要对接国家战略 [N].人民日报，2016-05-16(5).

经国务院批准进入世界一流大学建设行列的东北大学始终将服务经济社会发展摆在首位，是难能可贵的。

应用型本科高校的类型标签是"应用"二字，而应用就意味着广大师生不能蜗居在校园内，将自己封闭起来，一心只读"圣贤书"，而是要走出"象牙塔"，主动与社会对接，积极为社会服务。不与社会发生关系，不将理论与实践相结合，就无所谓应用。因此，应用型本科高校在认识论哲学基础和政治论哲学基础的选择中更加偏向政治论。目前，我国应用型本科高校主要有应用技术型大学和教学服务型大学两大阵营。应用技术型大学强调通过技术服务社会，而教学服务型大学则认为服务社会是全方位的，不仅包括技术服务，还包括人文艺术、经济管理等服务，并且其"教学和科学研究以服务地方为宗旨"[1]。在这里，社会服务的地位已经上升到办学宗旨的高度，而不仅仅是一般的大学职能。因此，"教学服务型大学是一种以服务为宗旨的应用型大学"[2]。其实，不仅是定位在教学服务型大学的地方高校要以服务地方为宗旨，就是定位在应用技术大学的其他应用型本科高校，也应该将服务地方作为自己的办学宗旨。按照《教育部关于"十三五"时期高等学校设置工作的意见》所指的应用型本科高校，在管理体制上基本实行的都是省管或省市（州）共管。相对中央，省或市（州）都是地方。作为地方人民政府举办的应用型本科高校理应为地方服务。更何况，应用型本科高校也只有扎根地方，才能从地方的土壤中汲取养料，办出高水平，走向卓越。不过，还需要进一步指出的是，应用型本科高校所服务的"地方"，对不同的应用型本科高校有不同的指向，有的可能是指省，有的可能是指市（州），有的可能是指省或市（州）的某一个或几个行业，有的是指省或市（州）经济、社会、文化等各方面。美国康奈尔大学、威斯康星大学等赠地学院在创办之初，其办学目标就是为州服务，尤其是威斯康星大学原校长范·海斯在就职演讲中所阐释的"州立大学教师应运用其学识专长为州做出贡献，并把知识普及全州人民"[3]的理念，对我国设置在市（州）的应用型本科高校有很大的启示。一所市（州）应用型本科高校有直接服务国家层面需求的理想固然很好，因为不想当将军的士兵不是好士兵，但是饭要一口一口地吃，树有一个慢慢长大的过程。因此，应用型本科高校政治论中"为国家服务"的哲学基础首先应该定位在为其所处的区域服务上，然后随着办学水平的提升，再逐步扩大或提升，直至达到"为国家服务"乃至"为世界服务"的水平。这里想特别强调的是，应用型本科高校服务地方的

[1] 刘献君.建设教学服务型大学：兼论高等学校分类[J].教育研究，2007 (7)：31-35
[2] 侯长林，张新婷.对教学服务型大学的理性探讨[J].铜仁学院学报，2015，17(3)：52-58.
[3] 陈学飞.美国、德国、法国、日本当代高等教育思想研究[M].上海：上海教育出版社，1998：45.

范围和层次不能凭主观意愿随意确定，服务地方半径的大小"决定于我们的服务能力和水平，服务能力和水平越高，所服务区域的半径越大"[1]。由此可见，应用型本科高校社会服务范围和层次的确定，不是小事，它关乎社会服务的逻辑起点，是开展社会服务的基础和前提问题。对这些问题的审视就是对应用型本科高校的哲学审视。

2.统摄性：应用型本科高校社会服务的职能提升

当前，我国对大学职能的认识有一个误区，言必称人才培养、科学研究、社会服务三大职能，有的还包括文化传承与创新、国际教育等，似乎这些大学职能对每一所高校都是同等重要的，其实不然，这些大学职能只是就大学职能的普遍性而言的，就某一所高校来说，必须有所侧重，因为不同高校及同一所高校不同发展阶段的基本情况是不一样的，各大学职能在高校中所占的比重也是不一样的，有的偏重科学研究，有的偏重人才培养，有的偏重社会服务，有的偏重文化传承，有的偏重国际教育等职能，都是很正常的。如果每一所高校都把以上三大或四大或五大职能看得同等重要，那我们中国的高校也就千篇一律了。事实上，仅仅偏重某一项大学职能还不够，成熟的、特色鲜明的高校还应该将其上升到统摄性的地位。因为大学的统摄性与大学的特色紧密相连，学校如果没有统摄性概念，要想办成特色鲜明的大学，就会成为空谈。

大学的统摄性不是空中楼阁，只有大学哲学基础、大学定位和大学职能的统摄性形成了，大学的统摄性才算真正形成。大学哲学基础和大学定位的统摄性都将对大学特色的形成产生影响，但是大学职能的统摄性对大学特色的形成有着更为直接的作用和意义——"没有统摄性的大学职能，统摄性的大学特色就失去了源泉"[2]，即对大学特色形成产生直接影响的是大学职能的统摄性，往前推才是大学定位的统摄性，再往前推才是大学哲学基础的统摄性。因为大学哲学基础、大学定位、大学职能和大学特色的内在逻辑链条是：大学哲学基础决定大学定位，大学定位决定大学职能，大学职能决定大学特色。也就是说，应用型本科高校要想打造办学特色，在其统摄性哲学基础和统摄性办学定位确定的前提下，就需要努力推动其统摄性大学职能的形成。应用型本科高校的大学职能也同一般大学的职能一样，有人才培养、科学研究和社会服务，以及文化传承与创新、国际教育等。在众多的大学职能中，人才培养是根本，但是不影响不同类型高校对其统摄性大学职能定位的不同选择。比如，传统研究型大学的统摄性职能一般应该确定

[1] 罗静.对铜仁学院"铜仁需求·国家标准"办学理念的解析[J].铜仁学院学报，2016，18(6)：49-54.
[2] 侯长林.论大学的统摄性[J].山东高等教育，2017，5(4)：47-53.

在科学研究上，而应用型本科高校的统摄性职能则应该选择社会服务进行建设，只有教学型本科高校的统摄性职能才应该定位在人才培养上。

把大学统摄性职能确定在人才培养之外的职能上，与大学根本是人才培养的理念并不矛盾。传统研究型大学科学研究职能的统摄性是建立在人才培养是大学根本基础之上的统摄性，应用型本科高校社会服务职能的统摄性也是建立在人才培养是大学根本基础之上的统摄性，即无论是传统研究型大学还是应用型本科高校，都应先确立人才培养的根本地位，也就是说，重视人才培养是所有高校的不二选项。大学的统摄性和大学的根本，既是对大学现实情况的不同解读和阐释，也是对大学未来发展的不同定位和选择，可以对应，也可以不对应。如果所有大学的统摄性都与大学根本相对应，即都将其统摄性定位在人才培养上，那我们高校的特色发展也就只能在人才培养的差异方面做出选择了。特色之花原本可以盛开在大学的山山水水，而今却被人为地限定在人才培养的狭小地带，这是违背大学特色发展规律的。

应用型本科高校选择社会服务作为其统摄性职能进行建设，不是主观臆断，而是源于其为地方服务的政治论哲学基础。笔者曾对应用型本科高校中的教学服务型大学哲学基础进行过考察，发现"政治论统摄下的人本论、认识论和文化论的有机结合是教学服务型大学哲学基础的最佳选择"[1]。既然应用型本科高校的统摄性哲学基础是政治论，那么，应用型本科高校哲学基础就主要体现在社会服务统摄性职能上。所以，我国正在进行应用转型的地方本科高校，就应该根据其以服务地方为主要内容的政治论统摄性哲学基础，将社会服务职能上升到统摄性的地位，并进而明确其统摄性社会服务的目标，建构统摄性社会服务的体系，尤其要建立与完善统摄性社会服务的制度和机制，以确保统摄性社会服务职能尽快形成，发挥其应有的作用。

3. 学术性：应用型本科高校社会服务的特色指向

由于应用型本科高校大学职能的统摄性一般应该体现在社会服务方面，其学校总的办学特色自然也应该"生长"在社会服务方面。所以，理清了社会服务方面的特色"生长"规律也就把握了应用型本科高校总的特色发展规律。

大学社会服务最明显的特色指向是学术性。这是大学社会服务与其他社会组织的社会服务相区别的本质所在。应用型本科高校是大学中的一种类型，其社会服务的最大特点也是学术性，具体表现在以下3个方面。

首先，应用型本科高校是学术共同体。卡尔·雅斯贝尔斯说："大学是一个

[1] 侯长林，罗静.论教学服务型大学的哲学基础[J].贵州社会科学，2017(1)：113-117.

由学者与学生组成的、致力于寻求真理之事业的共同体。"[1] 应用型本科高校在名称上虽然绝大部分仍然是"学院"而不是"大学"，但是其本质属性是一致的，即由学者与学生组成的学术共同体，学术性是其根本属性。作为一个学术共同体，要服务社会，其最大的资源是学术资源。美国哈佛大学原校长德里克·博克认为大学服务社会的一条普遍性原则是："大学凭常规的学术功能，通过教学项目、科学研究和技术援助等手段承担着满足社会需求的重要职责。"[2] 这些学术性社会服务是其他社会组织不能或难以提供的。如果大学把其他社会组织完全可以提供的服务项目纳入其社会服务的职能范围，就是本末倒置。因此，应用型本科高校在社会服务中强化学术性，是其应然之举。

其次，应用型本科高校是本科层次的学术共同体。我国新建本科高校在应用转型的过程中有一种担忧，就是怕转到职业技能型高校即高职高专层次上去。这确实是应用转型的本科高校需要认真思考和处理的问题，不仅人才培养、科学研究要找准本科层次的生态位，社会服务同样需要找准本科层次的生态位。在同一个区域中，往往既有应用型本科高校在做社会服务，也有高职高专院校在做社会服务，难免会有交集和冲突，但如果各自都找准了生态位，做自己应该做且能够做的事，交集和冲突就会少得多。应用型本科高校社会服务具体生态位的确定牵涉很多因素，很复杂，需要具体问题具体分析，但是强化学术性是其共同选择。《教育部关于"十三五"时期高等学校设置工作的意见》中对应用型本科高校的定位是主要从事服务经济社会发展的本科以上层次应用型人才培养，并从事社会发展与科技应用等方面的研究；对职业技能型高校的定位是主要从事生产管理服务一线的专科层次技能型人才培养，并积极开展或参与技术服务及技能应用型改革与创新。从教育部对应用型本科高校与职业技能型高校的定位来看，两者除通过培养不同层次的人才服务社会外，其不同之处在于：应用型本科高校强调的是"社会发展与科技应用等方面的研究"，是应用型学术；职业技能型高校强调的是"技术服务及技能应用型改革与创新"。由此可见，应用型本科高校强化其社会服务的学术性，也是符合国家的政策导向的。

最后，应用型本科高校是应用型的学术共同体。应用型本科高校与传统研究型大学虽然都是学术共同体，但是更加强调应用学术性，即学术成果的转化或应用。纯粹学理层面的基础研究与应用研究历来是大学内部争论不休的问题。传统研究型大学更多地选择基础性和前沿性科学研究，强化学校知识创造者的角色，

[1] 卡尔·雅斯贝尔斯.大学之理念[M].邱立波，译.上海：上海人民出版社，2007：1.
[2] 德里克·博克.走出象牙塔：现代大学的社会责任[M].徐小洲，陈军，译.杭州：浙江教育出版社，2001：342.

使学校成为一个知识创造的机构，而对其创造的知识如何应用于实践、服务于社会，则重视不够。这就给应用型本科高校留下了很大的发展空间，即应用型本科高校重点建设的应该是应用性学科，强化应用研究，但是也不能忽视基础研究，在给应用研究开一扇门的同时也要给基础研究开一扇窗。因为基础学科和应用学科的划分都是人为的，"基础学科中有应用学科的因素，应用学科中也有基础学科的因素，它们之间有着千丝万缕的联系"[1]。因此，应用型本科高校的"学术性如何与应用性结合应该是大学服务职能得以突破的关键所在"[2]。只有这样，应用型本科高校社会服务的应用学术性特征才能彰显，也才能持久并保持在其恰当的生态位上。

4. 耦合型：应用型本科高校社会服务的模式选择

我国部分新建本科高校在应用转型的过程中开始关注社会服务模式的建构问题，并进行了积极的探索，积累了一定的经验。但是理想的耦合型的社会服务模式还未形成。我们知道，社会服务不是学校开的"独家餐馆"，牵涉学校与企业或行业双方或多方的利益，只有双方或多方在服务与被服务的过程中形成了利益共同体，才能可持续发展，否则将会昙花一现或中途夭折。而耦合型社会服务模式正好考虑了服务与被服务双方或多方的利益，强调双方或多方的紧密联系、深度融合与相互支持。所谓耦合是指两个或两个以上的电路元件或电网络的输入与输出之间存在紧密合作与相互影响的关系，并通过相互作用彼此互通有无、传输能量。应用型本科高校社会服务的耦合就是指服务与被服务的双方或多方紧密合作与相互支持。

目前，应用型本科高校耦合型社会服务模式的主要体现是校政企耦合型，具体包括应用型本科校政耦合社会服务模式、应用型本科校企耦合社会服务模式和应用型本科校政企耦合社会服务模式 3 种类型。每一种类型模式还可以进一步划分，比如应用型本科校政耦合社会服务模式可以划分为学校主导、政府参与的校政耦合社会服务模式和政府主导、学校参与的校政耦合社会服务模式两种类型；应用型本科校企耦合社会服务模式可以划分为学校主导、企业参与的校企耦合社会服务模式和企业主导、学校参与的校企耦合社会服务模式两种类型；应用型本科校政企耦合社会服务模式可以划分为学校主导、政府和企业参与的校政企耦合社会服务模式和政府主导、学校和企业参与的校政企耦合社会服务模式，以及企业主导、学校和政府参与的校政企耦合社会服务模式 3 种类型。

[1] 罗静. 应用学科的内涵及发展方略 [J]. 贵州社会科学，2018(4)：96-102.
[2] 王晓华. 大学服务职能拓展的世界性努力：美国和中国个案研究 [J]. 比较教育研究，2002，24(1)：43-47.

耦合只是一个大的原则，至于每一种耦合型社会服务模式的机制如何建立、利益如何划分，没有统一的模板，需要服务与被服务的双方或多方参与讨论，求同存异，形成共识，方可具体实施。应用型本科高校虽然只是社会服务双方或多方中的一方，但作为社会服务的实施主体，不能只考虑自己的利益，而要主动为被服务方着想，在自己核心利益不受损的前提下，要努力使被服务方的利益最大化，比如在服务时间安排上，有的社会服务项目在完成时间方面有特殊要求，学校就应该调整自己的时间以适应服务方的需求。所以，应用型本科高校因社会服务方面的需求调整上课时间是十分正常的。不过，该补的课一定要补，不能因要进行社会服务而缺课。当然，如果能够把课堂教学与社会服务项目相结合，在项目实施过程中完成课堂教学任务，那是再好不过的事。

5. 高水平：应用型本科高校社会服务的价值追求

《国务院办公厅关于深化产教融合的若干意见》中明确提出"开展高水平应用型本科高校建设试点"。这是新时代党和国家对应用型本科高校的新要求。高水平应用型本科高校建设离不开应用型本科高校社会服务的高水平。因此，高水平也应该成为应用型本科高校社会服务的价值追求。

应用型本科高校坚持将高水平作为其社会服务的价值导向，需要在以下几个方面努力：

第一，社会服务项目的高水平。社会服务的高水平首先体现在社会服务项目中科学研究项目的高比例，以及科学研究项目的高层次和高难度。能够代表应用型本科高校社会服务中科学研究项目的高水平成果越多，其社会服务的水平就越高。

第二，社会服务项目要充分发挥反哺作用。首先，社会服务要反哺人才培养。应用型本科高校的社会服务不能仅仅是为社会服务而社会服务，社会服务的目的之一就是要反哺人才培养。这就要求在社会服务项目实施的过程中要尽可能让更多的学生参与，并在参与的过程中使其得到更好的锻炼。同时，要积极跟踪和对社会服务工作进行总结，选编社会服务项目案例。铜仁学院在2017年已经选编了《社会服务经典案例（第一辑）》，并公开出版。其次，社会服务要反哺科学研究。在社会服务项目中要努力产出高水平的科学研究成果，不仅仅是完成被服务方提出的科学研究任务。同时，社会服务所获得的项目经费，不能全部用于个人收入或其他公共事业开支，要划拨一部分用于新的科学研究工作，以推动学校科学研究的提升和发展。最后，社会服务要反哺文化传承与创新和国际教育等工作。在社会服务过程中，要选择一定量的有关文化传承与创新和国际服务的项目，通过这些项目的实施培育学校文化和国际服务方面的人才。每一所应用型本科高校都置身一定的地域中，地域文化的研究与开发是其不可推卸的责任和使命。而对其地域文化进行研究与开发本身就是学校文化传承与创新的责任和使命。应用型本科高校要服务地方，但是不排除开放办学。高水平的社会服务要立足地方，但不能囿于地方，要有一定量的国际服务项目。美国哈佛大学原校长德里克·博克在《走出象牙塔：现代大学的社会责任》一书中就倡导积极开展海外服务项目，他认为："如果组织和管理得当，海外援助项目不仅应该为发展中国家做出特殊贡献，而且在帮助大学自身提高教学和科研质量方面也应该有所收益。"[1]

第三，社会服务要走向体系化。学校开展社会服务的初期没有体系化的意识，是可以理解的，任何事物的发展都有一个过程，但是如果发展到一定的阶段，还不考虑体系建构的问题，就要影响社会服务水平的提升了。因为"一个事物能否实现体系化，是该事物是否成熟的重要标志之一"[2]。应用型本科高校社会服务的体系化，也是其成熟的重要标志。体系化建设是一项十分繁杂的系统工程，不可能一蹴而就，需要一定时间的积累和积淀。国外某些高校的社会服务走过了200多年的历史，才逐步实现社会服务的体系化，我国高校的社会服务才有几十年的发展，还未实现体系化，是很正常的。所以，应用型本科高校社会服务的体系化建设，也不能急躁冒进，要循序渐进，但是不能没有体系化的发展目标和导向。

第四，社会服务要建立适合的制度和机制。著名教育家夸美纽斯（Comenius）说得好，学校的长处全在于制度，因为制度才是灵魂，"哪里制度稳定，那里便一切稳定；哪里制度动摇，那里便一切动摇；哪里制度松垮，那里便一切松垮和混乱"[3]。应用型本科高校的社会服务是一个开放的生态系统，不仅涉及学校的师生员工，而且要与政府、企业以及社会的方方面面打交道，制度和机制建设更为重要。由于应用型本科高校的社会服务涉及校内外，其制度和机制建设不能只考虑如何调动师生员工的积极性，还要努力促使地方政府等相关机构出台有利于学校开展社会服务的各项制度和政策，优化社会服务的外部环境。

第五，社会服务要建设与之相适应的文化。应用型本科高校在社会服务过程中，需要形成一定的理念、建立一定的制度，尤其需要培育能够支撑社会服务的精神，而理念、精神本身就是文化，制度执行一段时间后也有可能转变成文化。因此，应用型本科高校的管理者要有建设独特社会服务文化的意识，并转化为广

[1] 德里克·博克.走出象牙塔：现代大学的社会责任 [M].徐小洲，陈军，译.杭州：浙江教育出版社，2001：342，225.
[2] 刘献君.论高等学校社会服务的体系化 [J].高等教育研究，2014，35(12)：1-6.
[3] 夸美纽斯.夸美纽斯教育论著选 [M].任钟印，选编.任宝祥，熊礼贵，鲍晓苏，等译.北京：人民教育出版社，1990：243.

大师生员工的文化自觉，结合学校历史文化传统和地域文化资源，做好社会服务文化建设的规划，有序推进。只有这样，社会服务与之相适应的文化才能逐步形成。没有成熟的文化，很难说这样的社会服务是高水平的。

三、教学服务型大学服务社会的逻辑研究

（一）论教学服务型大学的实践逻辑[1]

2015年10月，教育部等三部委联合发布的《教育部 国家发展改革委 财政部关于引导部分地方普通本科高校向应用型转变的指导意见》从国家层面正式拉开了应用转型的帷幕。在此背景下，转型的地方本科院校，尤其是新建本科高校，主要定位为应用技术型大学、教学服务型大学等，其中教学服务型大学主要以服务为宗旨，以培养应用型人才为主，兼顾科技、文化艺术服务社会，比如铜仁学院、浙江树人学院等。教学服务型大学发展到今天，对其实践逻辑问题的探讨应提上议事日程。借鉴法国社会学家皮埃尔·布迪厄（Pierre Bourdieu，也译作"皮埃尔·布尔迪厄"）的实践理论，解读教学服务型大学实践逻辑内涵，对突破其实践困境、明确其创新发展的路径具有十分重要的意义。

1. 教学服务型大学实践逻辑的内涵解读

在布迪厄看来，"实践具有一种不属于逻辑学的逻辑，因此，把逻辑学的逻辑运用于实践的逻辑，就是面临着通过人们用来描述逻辑的工具而毁灭人们想要描述的逻辑"[2]。他运用"关系性"思维方式，探讨处于特定场域之下的实践是怎么发生和按照什么样的方式开展的，以及在怎样的社会空间里存在和运行，并呈现出什么样的一般图式。在布迪厄看来，实践逻辑就是惯习、资本及场域之间相互作用和相互联系的结果，而不是三者中任何一个因素的单一结果。

那么如何理解实践逻辑？布迪厄认为，对"实践逻辑"的理解关键在于对"客观结构（社会场的结构）和混合结构（习性结构）之间双重意义的关系"[3]的把握。他在《区分：判断力的社会批判》一书中将他对实践逻辑进行探索的基本公式表述为"〔（惯习）（资本）〕+场域=实践"，即"实践"是"惯习""资本""场域"三者联合作用的结果。基于此，将其作为把握教学服务型大学实践逻辑内涵的一把钥匙，按照布迪厄的这一公式，我们需要对教学服务型大学的惯习、资本和场域间的相互关系进行轮廓性描绘。

[1] 该文为侯长林、陈昌芸合著，曾以《论教学服务型大学的实践逻辑》为题刊发于《高校教育管理》2018年第5期，本书收录时有修改。
[2] 皮埃尔·布尔迪厄.实践理性：关于行为理论[M].谭立德，译.北京：生活·读书·新知三联书店，2007：135-136..
[3] 皮埃尔·布尔迪厄.实践理性：关于行为理论[M].谭立德，译.北京：生活·读书·新知三联书店，2007：1.

（1）形成场域系统是提升教学服务型大学竞争力的关键

何谓场域？布迪厄对此有明确的界定，他认为："场域是一些社会生活领域中客观性的位置之间形成的网络。"既然是"网络"，场域就不仅是一个特定的物理空间，更重要的是一个权力运作、关系重组、资源争夺的意义空间。场域具有独立性、关系性和斗争性3个重要特征。所谓独立性，就是指场域不管是物理空间还是意义空间，都是相对独立的，并遵循自身的运行逻辑和行动规则；所谓关系性，是指场域不是一个肉眼可见的具有一定物质形态的实体系统，而是由处于不同位置的行动者之间相互作用和影响所形成的关系系统；所谓斗争性，是指分布于场域中不同位置的各种力量，为了各自的生存与发展，尤其是为了获取更多对自己有利的资本所展开的争斗和较量。在布迪厄看来，我们所生活的社会是由许多不同的场域构成的，并且每个场域都有自己相对独立的运行逻辑和行动空间，每一个行动者都依靠各自的惯习和拥有的资本在场域中展开竞争，以获取更多的权力和利益。

教学服务型大学亦不例外，处在错综复杂的关系之中，从某种意义上来讲，其场域可以看作多个关系主体遵照规则及各自的行为逻辑，不断相互影响与作用的过程或客观结果。对教学服务型大学而言，其作为以服务为宗旨的应用型大学[1]，要凸显其社会服务职能，离不开各种行为主体（政府、高校、行业、企业、学生等）的参与。而这些行为主体揭示着各自在教学服务型大学中所处的位置（拥有资本的数量和相对分量决定谁是场域的主体，谁是场域的参与者），其所在位置又影响着这些行为主体的惯习形成和发展，也就是布迪厄提及的"通过将一定类型的社会条件和经济条件内化，获得某些性情倾向"[2]。与此同时，教学服务型大学在高等教育系统中的位置不是固定不变的，为了维持或改变现有局面，经济、文化、社会等资本的数量与组合为谋取合法性，在努力使其组合形式合法化的过程中，逐渐形成了某种关系结构，明确学校场域位置，以此勾画实践者或机构之间的客观关系结构。从这一层面来说，教学服务型大学的场域是各个涉及教学服务型大学的关系主体依靠各自的惯习和拥有的资本形成的耦合关系的系统。

（2）形成资本体系是教学服务型大学的场域动力

对场域而言，不同的资本体系反映着场域中不同利益主体之间竞争、协调的状况。场域也正是在这样的情况下，通过资本推动来实现不断发展与构建的，因

[1] 侯长林，罗静．论教学服务型大学的哲学基础 [J]．贵州社会科学，2017(1)：113-117．
[2] 皮埃尔·布迪厄，华康德．实践与反思：反思社会学导引 [M]．李猛，李康，译．北京：中央编译出版社，1998：143．

为"资本体现了一种积累形成的劳动，这种劳动同时以物质化和身体化的形式积累下来。而资本也同时体现出一种生成性，总是意味着一种生产利润的潜在能力，一种以等量或扩大的方式来生产自身的能力"[1]。

布迪厄从资本所体现的社会权力类型与关系的角度出发，将资本划分为经济资本、社会资本、文化资本及符号资本4种主要类型。一是经济资本。所谓经济资本是指我们平时使用的货币和拥有的财产。教学服务型大学一切活动的实施开展都是以经济资本为物质基础的，在教学服务型大学的场域中，政府、高校、行业企业、学生等都会为其提供相应的资源以保障其办学活动顺利开展，如财政拨款、学校经费、企业赞助费、学生学费等等。二是社会资本。社会资本是指在一定社会群体及社会网络中所处的位置和关系，可以看作教学服务型大学借助所占有的持续性社会关系网而把握的社会资源或财富，如政府类社会资本（即政治资本），行业企业类社会资本（即市场资本）和家长、学生、校友类社会资本（即学生资本）等。这些对强调走出校园、服务地方社会经济发展的教学服务型大学来说尤为重要——多数教学服务型大学建校基础薄弱，在高等教育体系及地方区域发展系统中占有少量社会资本，鲜有行业企业赞助，这就需要拓展社会资本，打造以高校为核心的地方关系网络，汇集区域内各方资源。三是文化资本。文化资本在教学服务型大学形成的资本体系中处于核心地位，因为教学服务型大学在剥离一切外在形式后其本质上就是大学。而从大学产生与发展的历程来看，大学所拥有的资源及具备的能力都与知识的创造、保存、传播、应用的水平相关。从某种意义上来说，教学服务型大学与其他类型大学（研究型大学、教学研究型大学等）的区别在于对知识进行创造、传播、应用的内容不同，各自的侧重不同。教学服务型大学更侧重于文化资本的"应用"，强调通过知识传播及应用来培养应用型人才，进而服务地方。具体而言，我们可以着眼于文化资本的3种存在形式——具体的身体化形态、客观形态和制度形态，以作品、头衔、文凭为符号，凸显"应用"特征，借以铸造应用文化能力、应用文化产品与制度形态的应用文化。四是符号资本，是指使用与荣誉和声望相关的符号来为本集团或本阶级所拥有的经济、社会、文化3种资本的数量与组合谋取合法性的能力，并努力使其组合形式合法化，形成一定的意识形态。在教学服务型大学场域中，当经济资本、社会资本、文化资本为教学服务型大学相关行动主体或机构所认知并真切体会到时，象征性资本就像"比有形和看得见的方式更有效的正当化目的的一种'魔术

---

[1] 杨善华. 当代西方社会学理论 [M]. 北京：北京大学出版社，1999：283.

般'的手段和竞争力量"[1]，不知不觉地影响着教学服务型大学场域。

（3）惯习体系是教学服务型大学场域建构的重要力量

何为惯习？惯习亦称习性，其构成因素为积淀在个人身体内的一系列历史关系，其形式为知觉、评判以及行动所呈现出的各种身心图式，是一种社会形塑机制。惯习既不是单纯的、人的主观意识活动，也不是纯粹的、脱离人的主观意识的客观存在，而是主客观的统一，是把客观社会结构内化建构成被人们认识与感知的结构，以及人们的内在主观能动性又外化为新的生产结构的过程，是主观和客观、个人与社会相互作用、相互渗透的过程，是外在的内化和内在的外化的辩证统一，它浓缩着个人的生存状况、社会地位、集体历史和文化传统，寄寓着个人接受教育的社会化过程等。

一是场域形塑惯习。教学服务型大学惯习是外在场域结构的内在化，因为教学服务型大学场域的结构及包含内容会影响学校管理者、教师群体、学生群体等。这些群体与其他类型大学群体相比，有着与众不同的特征：在学生培养上，以培养应用型人才为目标，注重应用技能培养；在教师培训上，关注教师的"双师双能"。

二是惯习外化场域。教学服务型大学惯习结构可以通过构建教学服务型大学场域实现外化，因为"社会化了的身体视为一种理解的生成能力和创造能力的宝库，视为被赋予了某种结构形塑潜力的一种'能动的知识'形式的载体"[2]。地方高校在应用转型过程中，走向了教学服务型大学的建设之路，这从某种程度上反映了高校办学活动实践者并没有完全依附于惯习的自发倾向，而是在依赖并调整相应惯习结构，积极展开各种行动，构建自身办学实践活动的场域。教学服务型大学的建设亦然，在没有固定模式的情况下，我们需要调整惯习结构并使之外化，以影响教学服务型大学场域的建构。

三是惯习生成需要立足过去，影响现在，孕育未来。"条件制约与特定的一类生存条件相结合，生成习性。习性是持久的、可转换的潜在行为倾向系统，是一些有结构的结构，倾向于作为促结构化的结构发挥作用。"[3]教学服务型大学的惯习生成和作用发挥，需要和与之相对应的生存条件结合，需要考虑教学服务型大学的过去、现在、将来的时间逻辑，做到立足教学服务型大学的过去，影响其现在，孕育其未来。

[1] 高宣扬. 布迪厄的社会理论 [M]. 上海：同济大学出版社，2004：151.
[2] 皮埃尔·布迪厄，华康德. 实践与反思：反思社会学导引 [M]. 李猛，李康，译. 北京：中央编译出版社，1998：20.
[3] 皮埃尔·布迪厄. 实践感 [M]. 蒋梓骅，译. 南京：译林出版社，2009：73.

总之，在教学服务型大学的实践逻辑中，场域与惯习之间不是简单的"决定"与"被决定"的关系，而是一种通过"实践"为中介的"生成"或"建构"的动态关系：一方面，教学服务型大学的场域形塑了惯习，以惯习之名，通过实践者反映了场域的内在属性，实现了外在的教学服务型大学场域结构的内在化；另一方面，教学服务型大学的惯习也建构了场域，惯习通过建构教学服务型大学场域，赋予教学服务型大学场域与之相应的意义和价值，实现由惯习内化结构向场域外在化的发展[1]。其按照过去、现在、未来的时间逻辑，最终达成内外结合（外在的内化和内在的外化）。

2. 教学服务型大学建设实践的逻辑困境

教学服务型大学在我国的发展才十余年时间，总体而言，发展比较顺利，但是，也存在一定的问题。从布迪厄"实践逻辑"的角度看，问题主要表现在场域、资本、惯习3个方面。

（1）既在高等教育场域中处于不利位置，又缺乏与之相应的新场域支撑

从某种意义上来看，在地方高校应用转型背景下，一些地方高校把办学定位为"应用型"，以建成教学服务型大学为发展目标，其本质上就是希望获得更多的资本，以此形成强大的动力，借以摆脱原本处于现有场域中的边缘位置，同时打破旧有惯习羁绊，构建内外结合、立足过去、影响现在、孕育未来的教学服务型大学惯习体系，并以此作为重要力量，实现高校自身场域位置的改变和跨越，在自己所属的场域位置上，依托资本和惯习，形成适宜教学服务型大学成长的新场域，最终形成场域、资本、惯习三者之间良性互动、循环渐进式的发展。

反观现实，既有的高等教育场域作为教学服务型大学建设发展的实践空间，并不十分适宜。从高等教育场域的内部结构看，长期占据我国高等教育场域核心位置的高校情况基本上没有多少变化。2017年公布的一流大学名单，也基本上还是"985"大学名单的翻版，一流大学分为A、B两类，A类中的36所大学之前全部为"985"大学。所不同的是，原属于"985"大学的东北大学、湖南大学、西北农林科技大学被降级为B类，而非"985"大学的郑州大学、云南大学、新疆大学进入了B类。从国家层面的高等教育场域现状来看，教学服务型大学目前处于弱势地位；就是在省级层面的高等教育场域中，由于定位在教学服务型大学的学校绝大部分比较年轻、办学水平不高，也很难占据有利位置。因此，以"985""211"大学或国家"双一流"大学为代表的高校处于我国高等教育场域最为核心的位置，省属老牌高校处于这一场域次核心的位置，而大部分地级市所

---

[1] 毕天云. 布迪厄的"场域－惯习"论[J]. 学术探索，2004(1)：32-35.

属的教学服务型大学则处于这一场域的最外围。如同费孝通先生在《乡土中国》所说的"差序格局"一般，"描述亲疏远近的人际格局，如同水面上泛开的涟晕一般……一圈一圈，按离自己距离的远近来划分亲疏"[1]。教学服务型大学资本体系的匮乏（与政府关系远近程度、与地方行业企业关系的远近程度等），决定了其处于高等教育差序格局的边缘位置。

从场域的运行规则来看，现行的场域规则无法提供适宜教学服务型大学发展的新场域以作为支撑。教学服务型大学以应用知识的传承、创新、服务为使命，追求应用文化资本，培养应用型人才，注重社会服务，与"985""211"等研究型大学存在很大差别，我们不能采用统一的标准来衡量决定类型不同的（教学服务型、研究型等）大学在高等教育场域中的位置及资本配置。虽然我国当下正在推行高校分类发展、分类管理，但是政策的落实需要一段时间。对处于新旧场域交叠的教学服务型大学来说，能够促使"应用技术资本"成为支撑力量、物质资本不断丰富、社会资本不断拓展、象征资本不断影响的场域运行规则还没有形成，在高校评价标准中强调大学的"教学""社会服务"的新场域还没有形成。如果未来还没有形成适宜教学服务型大学发展的新场域及场域运行规则并改变其资本体系和惯习体系，那么教学服务型大学还将在我国高等教育场域边缘化的位置长期徘徊，甚至还有被进一步边缘化的可能。

（2）资本体系相对匮乏，尤其是应用文化资本力量薄弱

教学服务型大学较之研究型大学甚至教学研究型大学而言，由于办学历史相对较短、办学水平相对较低，其拥有的、可利用的资本也就相对较少；由物质资本、社会资本、应用文化资本、象征资本构成的教学服务型大学资本体系相对匮乏，其中应用文化资本作为教学服务型大学拥有的核心资本也力量薄弱，这主要表现在以下几个方面。首先，经济资本严重短缺。当前教学服务型大学基本上是新建本科院校，而新建本科院校大多建在地市级城市，其中有一部分的管理体制还是以地级市政府为主，办学经费由地级市政府提供。比如贵州省建在地级市城市的高校均由地级市政府提供经费，省财政经费投入很少，以致一些经济欠发达地区至今连生均教育经费 12000 元的拨款标准都没有达到。根据各地区教育部门公布的数据，"985"高校的经费预算额度比较大，"2024 年的经费预算，最多的高达 385.69 亿元，最少的也有 38.41 亿元……地方高校每年的经费预算，大多数在 2 亿 ~ 3 亿元"。这对正在转型发展需要大量资金投入进行内涵提升的教学服务型大学而言，无疑是重大的问题。其次，社会资本较少。教学服务型大学可

[1] 费孝通.乡土中国 [M].北京：北京出版社，2005：24.

以利用的社会资本非常有限，来自行业的支持不大，企业和学生的捐赠基本没有。再次，应用文化资本薄弱。教学服务型大学由于办学时间短，校舍条件、仪器设备差，图书资料不够丰富，知识和技能创新能力弱，科研成果转化项目不多，因此在社会服务中利用自己的知识和技术获取利益的能力还不强。最后，符号资本有限。教学服务型大学名气都不大，社会知名度较低。在近几年的大学排名榜中，新建本科院校包括教学服务型大学都排在后面，使本来牌子就不响的教学服务型大学更是雪上加霜，其符号资本更加弱化；加上这类高校大多建在地市级城市，没有区位优势，不要说吸引外来人才，就是留住现有高层次人才都比较困难。

（3）受制于原有惯习牵绊，同时现有惯习力量不足

在教学服务型大学的惯习体系中，过去的发展经历或经验（在高等教育系统中的生存状态、在地方区域的社会地位、原有的建校历史及学校传统等）都会深刻地影响当下教学服务型大学的发展。不可否认，朝教学服务型大学方向发展的地方高校大多有一定的本科办学经历，积累了一些好的办学经验，形成了一定的大学文化和办学传统。但是在大学类型的改变过程中，原有的大学传统必然会在各个方面进行直接或间接的抵制，并且这种抵制是顽固和持久的。只有广大师生员工从心灵深处完全接受并融入新的教学服务型大学的血脉之中，原有大学类型形成的惯习结构才能够逐步被新型大学的结构所内化，其障碍才能得以解除。原有惯习的影响主要表现在两个方面：一是教师对原有理论知识及其体系完整性的眷恋。我国教学服务型大学的前身基本上走的都是教学研究型或研究型大学发展模式，即重视理论知识的灌输与学习，而对应用知识或实践知识往往关注不够，甚至不以为然，而教学服务型大学所倡导的是知识的有用性和对社会的服务性。这就使在原有大学类型下形成的对理论知识及其体系完整性的追求，与因为强调有用和对社会的服务而造成的对理论知识的忽视及其完整性的破坏产生了重大的分歧。教师对理论知识及其完整体系的割舍不习惯，同时，由于强调知识的有用性，教师要重新学习实践知识，这无疑增加了教师的负担和压力，就会使教师从心理上更加助长原有惯习的存在和延续。二是教职工还未走出旧场域惯习的阴影。教学服务型大学的前身尽管建设时间都不长，但应该说绝大部分已经形成或初步形成了自己相对独立的逻辑链和运行空间，管理者、被管理者及教育者、受教育者等在其客观存在的相互关系结构中已经塑造了实际的场域。每个人都按照一定的规则，以自己独特的方式融入学校已经建构的场域，认同并习惯了各自在场域中所处的关系位置和场域规则。即使学校通过广泛的讨论或教代会的形式将其办学定位调整为教学服务型大学，在下发的各种文件、张贴的标语等有形资料及各

种会议中出现的也是"教学服务型大学"，但是在短期内旧场域的惯习依旧存在，尤其是沉淀在人们心底深处的旧意识、旧观念还将在比较长的时间内成为走向教学服务型大学新场域的牵绊力量。

与此同时，教学服务型大学现有的惯习力量不足，办学实践时间短，发展尚不成熟。如黑龙江科技大学公开介绍教学服务型大学办学经验是在 2010 年；又如铜仁学院于 2015 年才通过教代会将学校应用转型发展定位为教学服务型大学；等等。这些都印证了教学服务型大学的办学实践不过短短几年时间，而办学实践时间短暂直接导致了现有惯习力量的不足。

3. 教学服务型大学创新发展的基本路径

每一所教学服务型大学的具体情况不一样，可供其选择的创新发展路径也不一样，但是教学服务型大学共性所决定的基本路径是大致相同的。

（1）呼吁教育公平，培育核心资本，提升教学服务型大学的核心竞争力

在整个国家发展场域中，我们需要平衡教学服务型大学与其他类型大学的巨大差距，呼吁高等教育公平。因为在新时代，我国社会主要矛盾已经转化为人民日益增长的美好生活需要和不平衡不充分的发展之间的矛盾。我国社会主要矛盾在高等教育领域的表现之一，就是中央及部属高校与省属高校，尤其是与地级市所属高校之间的差距和严重的不平衡。为此，人们将省属高校尤其是地级市所属高校称为我国高等教育的"第三世界"。在过去几十年的发展中，由于国家资源有限，重点投入中央及部属高校是应该的，就是今天将这部分高校作为重点支持对象也是可以理解的，必须有一部分高校要能够代表国家水平，走向世界，但是历史发展到今天，是时候逐步缩小这种差距了。党的十九大报告明确指出："要全面贯彻党的教育方针，落实立德树人根本任务，发展素质教育，推进教育公平……努力让每个孩子都能享有公平而有质量的教育。"要缩小省属高校，尤其是地级市所属高校与中央及部属高校之间的差距，处于高等教育"第三世界"的教学服务型大学本身不能改变国家政策，但是可以通过各种渠道呼吁国家健全地级市所属高校投入的保障机制，或者给予这些高校以特殊的政策，如设置地市级所属高校专项经费支持项目，专业博士研究生教育、专业硕士研究生教育主要由应用型高校承担等。

在整个高等教育场域中，我们需要培育核心资本，提升教学服务型大学的核心竞争力，不断壮大自身实力。因为"社会世界是由大量具有相对自主性的社会小世界构成的，这些社会小世界就是自身逻辑和必然性的客观关系的空间，而这些小世界自身特有的逻辑和必然性也不可化约成支配其他场域运作的那些逻辑和

必然性"[1]。教学服务型大学作为一种新型大学，要想尽快摆脱旧惯习的牵绊，争取更多的资本，改变自己在高等教育场域中被边缘化的尴尬处境，就必须按照教学服务型大学自身特有的逻辑和必然性来办学，倾力打造自己的核心资本——"应用文化资本"，围绕核心资本来提升教学服务型大学的核心竞争力。而大学的类型多种多样，教学服务型大学的核心竞争力在于对文化资本中"应用"的凸显和发挥，这也是与其他类型高校相区别的关键所在。所以"应用文化资本"等于核心资本，我们需要对其进行培育，从教学服务型大学的办学定位、发展目标、人才培养方案、学科专业建设体系、课程教材体系、成果评价标准体系等着眼，以此来提升教学服务型大学的整体核心竞争力，使其在高等教育系统中占有一席之地。比如在学科建设中，我们可侧重于应用型学科（如强化应用经济学学科的发展，弱化理论经济学学科）；在课程设置中，强调知识的"应用"，增加实践课程的比重。

在教学服务型大学体系场域中，每一所教学服务型大学要想与其他定位于教学服务型的大学相区别并提升自身的核心竞争力，都需要基于"应用文化资本"，注入各自学校的办学特色。因为特色具有不可替代性，不可替代的就最有竞争力。简言之，对不同的教学服务型大学来说，应用文化资本＋办学特色＝核心资本。对于如何培育核心资本，我们可以从高校自身所处的地域空间着手，充分挖掘地方区域特色资源，因为"特殊的地域环境不仅是影响教学服务型大学特色形成的主要外部环境因素，而且还有可能是影响教学服务型大学特色形成因素中的最主要的因素"[2]。

（2）以服务统摄发展，构建新的场域运行规则，优化教学服务型大学资本体系

场域"所遵循的规则，或更恰当地说，它所遵循的常规，并不是明白无疑、编纂成文的"[3]。也就是说，教学服务型大学场域可以不遵循既定的常规，另辟蹊径，寻找另外一种符合教学服务型大学发展的范式。因为在旧的高等教育场域中，被边缘化、强调"教学服务""应用"的教学服务型大学，是无法适应"培养学术型人才""注重基础研究"既定的场域运行规则的。纵观中国大学的发展历史，地方本科院校"贪大求全"，跟着研究型大学亦步亦趋地发展广为学者们诟病。教学服务型大学以服务为宗旨，可以强化其社会服务的职能，使社会服务

[1] 皮埃尔·布迪厄，华康德.实践与反思：反思社会学导引[M].李猛，李康，译.北京：中央编译出版社，1998：134.
[2] 罗静.教学服务型大学特色的形成、表现及培育[J].铜仁学院学报，2016，18(1)：77-81.
[3] 皮埃尔·布迪厄，华康德.实践与反思：反思社会学导引[M].李猛，李康，译.北京：中央编译出版社，1998：150.

上升为统摄性的大学职能，借以更好地服务地方社会。这不仅是对社会的责任与担当，同时也能够通过对社会的服务赢得资本体系的要素优化，如经济资本和社会资本的红利增长。

也就是说，教学服务型大学以服务统摄发展，一方面可以优化其内部结构，聚集有限的资本，形成合力，因为"只有统摄性的大学职能形成，才能使各自不同的职能连为一体，相互贯通，发挥整体的效能"[1]；另一方面可以落实教学服务型大学哲学基础中的政治论，因为"要想把教学服务型大学建设好，充分地体现其政治论统摄性哲学基础，就应该努力彰显社会服务职能"[2]。教学服务型大学可以此拉近其与政府的关系，以及与地方行业企业的关系，优化资本体系，最终打破高等教育体系的差序格局，按照发挥高校自身服务优势的运行规则，实现由旧场域边缘化向新场域核心化的位置转变。

当前，教学服务型大学正处于经济发展的良好时期，地方支柱产业的发展急需技术和人才支撑，定位为教学服务型大学的这部分高校，如果社会服务工作做得好，就会赢得政府与社会更多的经济资本和社会资本的投入。比如铜仁学院2017年社会服务到账资金已经超过2100万元。只有更多的经济资本和社会资本的投入，适合教学服务型大学发展的场域构建才可能更快成为现实。

（3）以高校分类管理为指导思想，变革与创新基本制度，重构教学服务型大学的惯习体系

教学服务型大学的发展、壮大，客观上要求对高校实施分类管理。高等教育体系需要由多元类型的高校构成。正如伯顿·克拉克所言："实施高等教育的最差的办法就是把所有的鸡蛋都往一个篮子里装——高等教育最忌讳单一的模式。"[3]大学多元发展、分类管理，是高等教育发展到现在的必然选择，也是满足不同人才诉求及不同地域发展愿景的必然要求。反观当下，教学服务型大学面临原有惯习阻碍而现有惯习力量不足的困境。从实践层面来看，这就需要贯彻高校分类管理的理念，以此作为指导思想，重构教学服务型大学的惯习体系。

教学服务型大学的发展需要与之相适应的惯习体系作为重要力量，但是其生存条件阻碍了新场域的形成，影响了惯习与场域之间的内外结合（场域形塑惯习，而惯习外化场域），原有惯习阻碍力量强大，影响了当下的教学服务型大学实践行为的结构，致使其无法很好地孕育未来教学服务型大学的实践行为。从高校的

[1] 侯长林.论大学的统摄性 [J].山东高等教育，2017，5(4)：47-53.
[2] 侯长林，罗静.论教学服务型大学的哲学基础 [J].贵州社会科学，2017(1)：113-117.
[3] 伯顿·R.克拉克.高等教育系统：学术组织的跨国研究 [M].王承绪，徐辉，殷企平，等译.杭州：杭州大学出版社，1994：96.

发展历史看，"教学服务型大学"一词是华中科技大学刘献君教授在 2007 年才正式提出的，诸如黑龙江科技大学、铜仁学院、浙江树人学院、宁波财经学院等高校选择教学服务型大学定位的时间较晚，在教师队伍建设、学科建设、专业建设、课程体系建设、教材选用等方面都还处于摸索当中。由此可以看出，教学服务型大学发展时间较短，发展还不成熟，场域内各种教育力量、要素之间的鸿沟、冲突和不对称关系等都还处在不平衡、不协调的状态之中，这样的生存条件不足以形成内外结合、立足过去、影响现在、孕育未来的教学服务型大学惯习体系，亟须变革生存条件。

如何改变教学服务型大学的生存条件？我们可以借助制度变革和创新的力量，重构教学服务型大学的惯习体系。首先，惯习孕育于制度和规范中，也就是说惯习是在制度的规范下逐步形成的。打破原有惯习结构可以从制度尤其是基本制度的变革入手，即旧惯习的打破、新惯习的建构，依赖制度的变革与创新。基本制度包括人事分配制度、财务管理制度、教学管理制度、科研奖励制度、教师考核制度、学生管理制度、后勤管理制度等，只有对这些基本制度进行调整和变革，并使之与教学服务型大学的发展相适应，新的、能够促进教学服务型大学发展的惯习才能逐步形成。比如我们可以立足过去的办学经验及传统（取其精华，去其糟粕），根据当前对应用型高校（包括应用技术型大学、教学服务型大学）的相关要求（产教融合、校企合作、人才培养等），制定出能够影响当前教学服务型大学办学实践行为和有利于其未来发展的相关制度（行业企业全方位参与学校的应用学科建设、专业人才培养模式改革和社会服务的新管理体制）。换言之，我们可以进行制度变革和创新，创设适合教学服务型大学发展的制度空间，在这样的空间中，培育出内外结合、立足过去、影响现在、孕育未来的教学服务型大学惯习体系，以此形成有利于教学服务型大学惯习和资本运行与发展的新的场域空间。总而言之，基于教学服务型大学的实践逻辑内涵，针对当前存在的困境，教学服务型大学可以通过培育核心资本，提升核心竞争力，进而以服务统摄发展，构建新的场域运行规则，优化资本体系，同时变革创新基本制度，重构惯习体系，最终推进教学服务型大学发展。

（二）教学服务型大学的学科哲学基础[1]

对教学服务型大学而言（以服务为宗旨，以培养应用型人才为主，兼顾科技、文化艺术服务社会的应用型大学[2]），学科建设既不能维持原型，又不能跟着

---

[1] 该部分为陈昌芸著，曾以《教学服务型大学的学科哲学基础》为题刊发于《铜仁学院学报》2019 年第 2 期，本书收录时有修改。

[2] 侯长林，张新婷. 对教学服务型大学的理性探讨 [J]. 铜仁学院学报，2015，17(3): 52-58.

研究型大学学科建设思路走。那么回归哲学领域，在一定的哲学思想指导下开展各项学科建设工作，厘清学科建设依据，不失为一种新的解决思路。这就需要回答如下问题：何以需要教学服务型大学的学科哲学基础？何以成为教学服务型大学的学科哲学基础？何以践行教学服务型大学的学科哲学基础？

1. 教学服务型大学探寻学科哲学基础的理论诉求和现实需要

正如杜威在《民主主义与教育》中阐述的那样："哲学是教育的普通原理，教育是哲学的实验室。"[1] 在应用转型背景下，地方高校要建设成为教学服务型大学，面临诸多问题，从哲学领域寻找路径不失为一种解决办法。学科建设亦不例外，不管是理论诉求还是现实需要，探寻哲学基础尤显必要。

（1）理论诉求：教学服务型大学哲学基础与学科逻辑起点、理论发展决定学科哲学基础的必然存在

伯顿·克拉克曾言："如果社会不能从原有机构中获得它所需要的东西，它将导致其他机构的产生。"[2] 教学服务型大学正是基于此，才能应运而生，以社会服务为宗旨，充分发挥大学各项职能。回溯历史，其概念是由国外的"服务型大学"（service university）衍生而来的，之后结合国内实情，根据高校分类（研究型大学、教学研究型大学、教学型大学等），华中科技大学刘献君教授创造性地提出了"教学服务型大学"——"面向地方、了解地方、研究地方、服务地方、学习地方和融入地方，建成与地方相互作用的大学"[3]。其出现可谓恰逢其时，充分满足了地方高校，特别是没有行业背景、教学经验丰富的新建地方本科院校向应用方向发展的诉求。与之相应，随着教学服务型大学的蓬勃发展（铜仁学院、浙江树人学院等高校确定教学服务型大学的办学定位）。教学服务型大学学科发展需要相应的理论作为指导。从高等教育哲学视角出发，教学服务型大学有着自己的哲学基础，这点毋庸置疑[4]，但其学科哲学基础与大学哲学基础，两者之间存在什么样的关系，从理论层面是否需要学科哲学基础等这些问题值得研究。

教学服务型大学的哲学基础与其学科哲学基础有着共同的逻辑起点——高深知识和人。学科富有多元化的内涵，华勒斯坦（Wallerstein）等在《学科·知识·权力》一书中就指出"Discipline（学科）的字源探究显示出它的种种意义的历史衍延，多于能够为它立下确实定义"[5]，主要涵盖教学的科目（subjects of

[1] 约翰·杜威. 民主主义与教育 [M]. 王承绪, 译. 北京：人民教育出版社, 2001: 347-348.
[2] 伯顿·克拉克. 高等教育新论：多学科的研究 [M]. 王承绪, 徐辉, 郑继伟, 等译. 2版. 杭州：浙江教育出版社, 2001.
[3] 刘献君. 建设教学服务型大学：兼论高等学校分类 [J]. 教育研究, 2007 (7): 31-35.
[4] 侯长林, 罗静. 论教学服务型大学的哲学基础 [J]. 贵州社会科学, 2017(1): 113-117.
[5] 华勒斯坦, 等. 学科·知识·权力 [M]. 刘健芝, 等编译. 北京：生活·读书·新知三联书店, 1999: 13.

instruction）、学问的分支（branches of knowledge）、学术的组织单位（units of institution）[1]。通过对其发展进行历时性分析可以发现，纵观大学的悠久发展历史，随着知识的不断发展演变，学科才得以形成，与之相应，作为保存、传递知识的场所的大学也就应运而生。因为"只要知识一直局限于中世纪早期的'自由七艺'（the seven liberal art），就不会出现大学"[2]。虽然学科没有一开始就生长于大学之中，但两者存在着天然联系，比如巴黎大学通过"系"（拉丁语"faculty"）来表述文、法、医和神学四科，由此开启了以学科为中心的大学发展史[3]。到20世纪80年代，布鲁贝克通过梳理美国高等教育发展历史，基于"高深知识"（与初等、中等教育的知识相区别），构建了高等教育哲学基础的理论体系，对大学的存在进行了合法性论证，鲜明提出了以认识论为基础和以政治论为基础的两种高等教育哲学。所谓认识论以"闲逸的好奇"作为追求知识的目标；政治论则认为"人们探讨深奥的知识不仅出于闲逸的好奇，而且还因为它对国家有着深远的影响"[4]。简而言之，大学服务于国家，并通过知识来达成其目的。

上述，不管大学"认识论"抑或"政治论"，都从高深知识的价值着眼，充分展示了高深知识之于大学哲学基础的重要性，大学与学科之间关系也就不证自明。其原因是不论学科呈现什么样的形态（表征为"知识的分支"，还是赋予教书育人功能的"教学的科目"，抑或汇聚教师的"学术组织"），归根结底都是"知识"的创造、传承、应用以及基于此形成的复杂关系。

而这些高深知识的创造、传承、应用等各项活动都需要人来完成。这也正是怀特海所言的"大学存在的理由是，它使青年和老年融为一体，对学术进行充满想象力的探索"[5]。因为大学中人的存在，学科中人的存在，才得以使大学、学科熠熠生辉。对教学服务型大学自身而言，大学的哲学基础要处理的不仅是大学与哲学之间的关系，更着力于大学中人与人、知识与知识、人与知识之间的关系。学科作为知识创造、传承、应用等方式形成的聚合体，其哲学基础归根结底也要处理学科中人与人、学科知识与学科知识、学科中人与学科知识之间的关系。换言之，教学服务型大学的哲学基础与其学科哲学基础有着共同的逻辑起点——高深知识和人。

教学服务型大学哲学基础理论构建呼唤学科哲学基础的形成。不同类型的大

［1］宣勇. 大学变革的逻辑 [M]. 北京：人民出版社，2009：5.
［2］查尔斯·霍默·哈斯金斯. 大学的兴起 [M]. 王建妮，译. 上海：上海人民出版社，2007：4.
［3］黄福涛. 外国高等教育史. [M]. 2 版. 上海：上海教育出版社，2008：46-47.
［4］约翰·S. 布鲁贝克. 高等教育哲学 [M]. 王承绪，郑继伟，张维平，等译. 3 版. 杭州：浙江教育出版社，2001：15.
［5］怀特海. 教育的目的 [M]. 徐汝舟，译. 北京：生活·读书·新知三联书店，2002：137.

学，有着与之相适应的哲学基础，而不同的大学哲学基础决定了大学处理学科与人之间关系的不同，反映了各项知识活动的不同，进而影响了大学各项职能的发挥。以认识论为主导的大学哲学基础，注重科学研究，强调知识的"创新"；以人本论为主导的大学哲学基础，注重人才培养，强调知识的"传播"；以政治论为主导的大学哲学基础，注重社会服务，强调知识的"应用"。[1]按照这样的逻辑思路，教学服务型大学有自己的哲学思想根基，有其哲学基础作为支撑，以此来指导高校的各项办学活动。学科建设同样也需要寻求相应的学科哲学基础，指导其建设工作。也就是说，对这类大学的学科而言，它生长于当前的经济社会环境，根植于当下的历史和人们对学科资源的需求。据此，需要反思并重新认识其逻辑起点——高深知识与人。这就不可避免地要更多地发挥知识的"教学性"和"服务性"，要处理知识生产和应用之间的关系，所以亟须探寻与之相匹配的学科哲学基础理论体系，作为学科安身立命的依托，以此来指导教学服务型大学的学科建设。

（2）现实需求：教学服务型大学的学科发展困境决定了学科哲学基础的迫切探寻

教学服务型大学作为以服务为宗旨的大学，经历了从普通本科向应用型本科的转变，必然需要调整自身以应对社会需要，其学科面临重大调整，形成适宜的学科建设的哲学基础，势在必行。对教学服务型大学的学科而言，学科建设目标及理念的确定、学科人才培养体系及规格的制定、学科研究内容及方向的拟订、学科服务对象及范围的把控等方面，都会涉及高等教育哲学领域中认识论、政治论、人本论等内容。在地方高校向教学服务型大学转型发展过程中，学科建设面临的诸多困境急需一个明确的哲学思想指导，教学服务型大学的学科内涵应该被重新定义。从教学服务型大学的学科面临困境来看，应用导向的需求下学科发展面临着三大问题。

第一，学科主体缺失，服务对象不明。高校的学科同质化问题广受诟病，教学服务型大学亦不例外，其状况背后折射出高校学科主体缺失、服务对象不明的困境。其一，没有立足自身学科传统、学科的物质资源、学科队伍等要素，忽视学校教师和学生的需求，特色发展面临阻碍；其二，在诸多同类型、同层次的高校中，学科服务对象不明确，学科定位层次、发挥功能尚待理清，错位发展亟待落实。

第二，重学科的学术逻辑，轻学科的社会逻辑。一直以来大学学科社会目标

[1] 侯长林，罗静.论教学服务型大学的哲学基础 [J].贵州社会科学，2017(1)：113-117.

与学术目标矛盾突出[1]。在没有既定照搬的学科发展范式、应用型大学（包括应用技术大学、教学服务型大学等）学科标准尚未建立的情况下，面对学科的学术目标和社会目标之间的矛盾，教学服务型大学的学科建设存在着按照研究型大学的学科发展范式来进行学科建设的现象，出现了重学科的学术逻辑、轻学科的社会逻辑的倾向。须知学科不等于科学研究，不等于论文发表、著作出版。

第三，学科相关利益者的博弈问题突出。在学科资源有限的教学服务型大学中，学科发展必然有所取舍，这势必引起学科与学科、学科内部之间的利益博弈。国家先后出台政策，如修订学科专业目录，建立学科专业的动态调整机制等，以此引导学科的内涵发展，实现学科优胜劣汰。但是现实状况是每个学科和专业早已发展成"利益共同体"，学科与专业的背后是拨款、招生规模、教师、生均经费等各项资源配置。对教师而言，所属学科被撤销，会缺少学科归属感；对学生而言，可能会缺失学科认同感；对二级学院而言，则缩小了办学规模、减少了办学资源。[2]也正是因为如此，学科转型可谓举步维艰。

总之，地方本科院校要实现向教学服务型大学的全面转型，其学科必然面临转型，而转型的背后，意味着学科发展逻辑起点、逻辑路线、逻辑实践的变化，寻求多元平衡且有机组合的哲学基础框架指导学科发展、突破学科困境尤显重要。

2. 教学服务型大学的学科哲学基础的内涵解读

何以成为教学服务型大学的学科哲学基础？布鲁贝克指出："我并不打算为所有的学术机构提出一种共同的哲学。关键的哲学问题并不是寻求各种答案的共同基点，而是寻求各种问题的共同基点。"[3]所以探寻教学服务型大学的学科哲学基础需要寻求各种学科建设问题的共同基点：学科逻辑起点、学科逻辑路线、学科逻辑实践。这三方面共同组成了教学服务型大学的学科哲学基础的内涵体系。

（1）学科逻辑起点：基于人本论

教学服务型大学要开展学科建设，首先需要理清学科建设的逻辑起点，只有以此作为思维的出发点，才能探求学科哲学基础。根据逻辑起点是否科学的标准（是否为研究对象最基本现象，是否与历史起点一致[4]）：第一，从研究对象最基本现象来看，根据教学服务型大学的发展历程，教学服务型大学属于服务型大学的范畴，要更好地发挥社会服务的职能，必然具备与之相应的服务主体和对象。在这一过程中，人是其核心，离开"人"的社会服务活动是难以实现其发展

[1] 王丽娟. 民国国立大学学科价值取向流变研究 (1912—1937)[D]. 长春：东北师范大学，2016.
[2] 张端鸿. 高校调整学科专业 利益应让位办学质量 [N]. 中国青年报，2017-05-24 (2).
[3] 约翰·S. 布鲁贝克. 高等教育哲学 [M]. 王承绪，郑继伟，张维平，等译.3 版. 杭州：浙江教育出版社，2001.
[4] 董立平. 高等教育管理的价值问题研究 [D]. 厦门：厦门大学，2009：108.

的。同时，"人的学问的所有方面尽可能多地集中到一起，而无论是过去的大学还是现在的大学，真正有价值的功能就是这种集中"[1]。也正是这种集中，才能成为大学。这些都意味着教学服务型大学需要以人为核心，以人为逻辑起点，通过人（教师、学生等）才能发挥其服务作用，才能成为真正意义上的大学。

第二，从历史起点来看，回溯大学发展历史，中世纪大学作为现代大学的雏形，呈现着一种师生集合的状态。也正是基于此，通过师生集合，才得以推动学科在大学中的成长与发展。因为只有实现人与人之间的集合才能形成知识与知识之间的联合，由此逐渐发展成为一个个学科领域；反过来，一个个学科领域又聚集着教师和学生群体，从而实现人与人之间的集合。除此之外，正如涂尔干所言："只有与人类有关的研究才能真正有助于塑造人。"[2]从某种层面来说，不管是什么形态的学科，剥离一切外在的东西，其核心就是知识，而每一种学科知识背后都为人类提供了一种生活方式，如作为"学科之母"的哲学就可以为人们提供一种能够"自由思考"的爱智慧的生活方式。只有以人为核心，才能推动学科知识的不断丰富建构。

综上，从某种意义上讲，学科哲学基础就是从人的发展角度出发，去统筹各个学科，试图通过哲学的思维方式去思考、影响人类的生活方式。对教学服务型大学的学科来说，最大效益地发挥各个学科的价值，并将人本理念（即为学科建设中人的本真发展）贯穿始终，使之成为哲学基础，渗透各个学科，最后落实于师生群体。基于此，教学服务型大学的学科建设是以人为逻辑起点，以师生为主体，以满足人的需求为目标，学科建设不能没有师生的参与。

（2）学科社会逻辑路线＋学术逻辑路线：着眼政治论统摄、认识论辅助，双轨并进

认识论哲学认为大学的本质在于掌握并发展高深学问。教学服务型大学首先是本科层面的高校，《中华人民共和国高等教育法》明确规定了"本科教育应当使学生比较系统地掌握本学科、专业必需的基础理论、基本知识"。也就是说，教师需要具备丰富的学科知识，学生需要习得相应的学科基础知识[3]。所以教学服务型大学的学科建设需要遵循适当的知识逻辑，并以此作为支撑。因为在任何时候"大学教育有非常实际、真实、充分的目的，不过，这一目的不能与知识

[1] 爱弥尔·涂尔干.教育思想的演进 [M].李康，译.上海：上海人民出版社，2003：127.
[2] 陈昌芸.地方新建本科院校学科团队凝聚力影响因素及提升路径研究：以 G 省 T 学院为例 [D].贵阳：贵州师范大学，2018：2.
[3] 陈昌芸.地方新建本科院校学科团队凝聚力影响因素及提升路径研究：以 G 省 T 学院为例 [D].贵阳：贵州师范大学，2018：2.

本身相分离。知识本身即为目的"[1]。与此同时，教学服务型大学要充分落实服务宗旨，必然不能与政治论相分离，需要政治论统摄，为所处地方政治、经济、文化等方面的发展服务，强调学科的社会服务目标、学科社会服务逻辑。简而言之，以政治论为统摄、认识论为辅助，学科社会逻辑和学术逻辑，两条路线同时并进，以社会逻辑为发展方向，同时坚守学科的学术逻辑。而知识生产的演进历史（知识生产模式 1、2、3 的形成、发展、内涵及特点等，见表 2-2），已经充分佐证了高深学问不仅具有认识价值，而且具有应用价值。教学服务型大学的学科能够集知识传播、应用、创新为一体，在发展过程中，做到遵循学术发展的逻辑，关注知识的认识价值，同时考虑社会需求，充分利用并发挥知识的应用价值，最终实现其整体创新。

表 2-2　知识生产模式 1 和知识生产模式 2[2] 知识生产模式 3[3] 的特点

知识生产类型	知识生产模式 1	知识生产模式 2	知识生产模式 3
相关研究著作	《知识生产的新模式：当代社会科学与研究的动力学》	《知识生产的新模式：当代社会科学与研究的动力学》	《创新网络和知识集群中的知识生产、扩散和使用———一种横跨美国、欧洲和亚洲的比较体系方法》《再发现熊彼特：从创造性破坏演进到"模式 3"》《四重螺旋创新体系中的模式 3 知识生产：为了 21 世纪发展的民主、创新和创业》
内涵	单学科知识结构强调基础研究，以知识同质和组织等级为特点，学科专家团队评价其成果	跨学科知识结构，强调知识应用，以学科交叉性和组织多样性为特点，社会效益高低来评价其成果	多维概念，主要涉及"集群""网络"和"分形研究教育与创新生态系统"等核心概念构成
知识特质	同质性	异质性	多层次、多维度
知识生产单位	学科	跨学科	强调各方主体协同创新
知识生产组织特征	等级化	非等级化	静态结构模式的多维聚合（多边、多形态、多节点和多层次），动态运行模式的非线性网络协同（跨组织、跨部门之间的协同）
知识生产环境	认知语境	应用情景	知识产业，知识经济，知识社会
成果评价	专家团队	社会效益	知识最大效益的发挥，跨学科、跨部门等问题的解决

[1] 约翰·亨利·纽曼. 大学的理想（节本）[M]. 徐辉，顾建新，何曙荣，译. 杭州：浙江教育出版社，2001：23.

[2] 李志峰，高慧，张忠家. 知识生产模式的现代转型与大学科学研究的模式创新 [J]. 教育研究，2014(3)：55-63.

[3] 武学超. 模式 3 知识生产的理论阐释：内涵、情境、特质与大学向度 [J]. 科学学研究，2014，32(9)：1297-1305.

知识生产类型	知识生产模式 1	知识生产模式 2	知识生产模式 3
对大学及学科发展的影响	强调纯基础研究	注重学术型学科与应用型学科发展，关注跨学科发展	整合模式 1 和模式 2 知识生产逻辑原则，强调学科发展逻辑多元、非线性

资料来源：根据相关文献汇总、整理而来。

学科的逻辑实现：落实博弈论。

学科逻辑起点、逻辑路线的"落地"不能脱离现实的社会环境，这就不可避免地涉及相关利益者之间关于各种学科发展问题的博弈。正因为如此，福柯从"权力—知识"的关系视角，指出了学科是"话语生产的一个控制体系"，之后华勒斯坦及其合作者提出"学科的形成、分化以及组织模式"是一种"通过知识的生产和知识的传递来影响他人、巩固权力或获取利益的运作过程"[1]。从这个层面来说，学科不是自然形成的产物，教学服务型大学的学科建设的一系列举措可以视为相关利益主体的权利运行过程，由此形成了基于权利逻辑的话语权博弈，诸如教学服务型大学需要建设什么样学科体系，需要重点发展哪些学科，弱化或撤销哪些学科，每一个学科怎么确定、抉择学科发展方向，如何制定并实施学科发展规划等问题，其解决就是学科发展涉及的各方话语博弈的结果。在其学科建设中主要涉及的力量有：

首先，国家政府的力量。为了保障并实现国家和社会的整体利益，落实大学的"政治论"，政府（如相关管理机构、教育行政主管部门）必然要对教学服务型大学的学科建设进行指导干预，通过政策引导、扶持支持和规范管理某些重点学科或特殊学科的发展，如国务院发布的《统筹推进世界一流大学和一流学科建设总体方案》提出，建立健全以绩效评价为导向的机制，鼓励并从多元层面来合力支持学科的差别化发展；又如《教育部关于加强国家重点学科建设的意见》，建立健全了重点学科发展的相关法制、体制和机制。简而言之，教学服务型大学的学科发展有赖于国家政府力量的指导扶持。

其次，大学学科中专家与教师的力量。"当我们把目光投向高等教育的'生产车间'时，我们所看到的是一群群研究一门门知识的专业学者。"从这一层面而言，学科发展随学者而动，学科背后就是一群群的专家和教师，学者们抽调、离开等因素势必会影响到高水平的学科建设。由一流学科建设引发的人才资源抢夺现象，已经充分佐证了学科建设中专家与教师的主体力量。

[1] 华勒斯坦，等.学科·知识·权力[M].刘健芝，等编译.北京：生活·读书·新知三联书店，1999：13.

再次，教学服务型大学的学科需要为社会服务，就离不开社会力量的辅助和支持。高校走出社会，只有借助地方行业企业、第三方中介组织等的力量，实现彼此之间的长效联合，才能实现"象牙塔"到"社会发展动力站"的转型。

最后，教学服务型大学学科最终落脚于学生培养。这也是在"双一流"建设背景下，强调一流本科教育的应有之义。只有重视学生发展，关注学生权益，在学科建设中，引导学生参与并在当中成长，才能建成一流本科教育体系，才能构建出一流学科系统。2018年10月8日教育部发布的"新时代高教40条"（《关于加快建设高水平本科教育全面提高人才培养能力的意见》），实施的"六卓越一拔尖"计划2.0等，昭示着学生之于大学学科、之于大学发展的重要意义，也折射出之前学生群体利益诉求未得到充分满足的短板。

总之，教学服务型大学学科逻辑的实现过程是一个多元利益主体在学科话语体系中相互博弈，并逐步走向多元主体相互制衡、彼此形成合力，协调发展的学科建设制度化过程。

3. 教学服务型大学的学科哲学基础的实践路径

基于教学服务型大学的学科哲学基础内涵体系，可构建有机组合、多元制衡的学科哲学基础的实践框架。在这一框架中，具体路径如下：基于人本论，围绕学科核心，调动师生聚力学科发展，关注学科服务对象需求；着眼于政治论统摄、认识论辅助，双轨并进，把控学科路线，以社会需求为发展方向，坚持学术逻辑为发展底线；落实博弈论，践行学科治理，构建动态对话的学科治理机制，营造制度和文化共促的学科治理环境。教学服务型大学的学科哲学基础框架，如图2-3

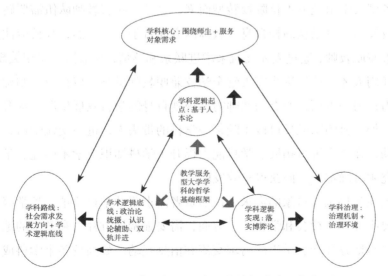

图2-3 教学服务型大学的学科哲学基础框架图

所示。

（1）学科核心：调动师生聚力学科发展，关注学科服务对象的需求

教学服务型大学的学科哲学基础需要落实人本论，就要围绕师生，充分发挥师生力量，共同致力于学科建设，同时在学科服务范围内考虑服务对象的需求，以此来突破学科发展面临的学科主体缺失、服务需求不明的困境。

第一，调动师生力量，聚力学科发展。追溯学科哲学基础的逻辑起点，从某种意义上，大学的学科发展历史包含着各个时期的师生与高深知识、高深知识与高深知识、师生与师生之间的各项活动。教学服务型大学作为应用型大学，其学科发展归根到底需要依靠广大的教师和学生群体，可以从以下两方面着手：其一，关注人才培养质量和数量，有效精准地满足地方社会的人才需求。教学服务型大学在教学方面具有先天优势，如铜仁学院的中文、数学、外语三大师范类专业是其传统和优势[1]。但学科建设、人才培养方案等方面也存在一些问题，所以学科建设可以在发挥学科优势的基础上，实现学科结构与地方产业结构之间的有效协调、良性互动，形成地方产业和行业发展带动学科发展、学科建设反哺地方产业和行业需求发展格局，进而很好地推动学科服务的精准化进程。在人才培养方案上，高校应适当地考虑地方行业企业的人才聘用标准，重视学生的人文素质涵养和应用技术技能的培养。在教学方法上，高校可以构建理论与实践兼备、网络与现实互补、讲授与躬行结合的教学体系，为学生提供形式多样、适合自身发展需求的学科服务方式（教师参与学术研究、学科社会服务活动等）。其二，引导教师队伍转型，发挥学科带头人的核心带动作用，以此来指导教师群体的学科发展。教学服务型大学由地方本科院校转型而来，这就意味着教师队伍需要转型，以适应其学科发展。可以从高校自身、教师两方面着手：一方面，高校应注重从行业企业引进兼职教师，通过人才交流来增进联系和感情，并依据国家相关规定，不拘一格地任用人才，然后逐步完善健全学校兼职教师机制，以长效机制确保教师队伍的活力；另一方面，原有的教师需要规划自身的学科发展生涯，提升自身的学科素养，如学科团队成员可以跟随某一学科的带头人，进行交流学习，开展互帮互助活动，在学术视野拓展、学科能力提升（学科知识、学术研究、学科应用等）、研究领域确定等方面获得实效发展。

第二，关注学科服务对象的需求，以消费者需求驱动学科改革。教学服务型大学的学科要服务地方社会和学生：一方面，需要强调地方社会和学生的地位，实现高校学科与地方社会、学生的需求交流和信息互动。如高校各个学科成员通

[1] 侯长林. 应用转型应坚守大学根本 [N]. 人民日报，2017-03-30（18）.

过进行广泛的社会调研来明确地方社会和学生的需求，可以基于微信、微博等社交平台，加强彼此之间的沟通交流；另一方面，需要以地方社会和学生的需求为导向，提升地方社会和学生的学科服务体验，使其生产和提供的服务产品（知识传播、知识应用、知识创新产品）真正地惠及地方社会和学生。比如，高校结合地方社会的人才需求情况，基于学生的学情及学习诉求，进行交叉学科、跨学科培养，从而培养出扎根地方社会、服务地方社会发展的应用型创新人才。

（2）学科路线：以社会需求为发展方向，坚持学术逻辑为发展底线

教学服务型大学的学科哲学基础要实现认识论和政治论双轨并进，以社会逻辑为主、知识逻辑为辅，可以在学科发展路线上，基于学科传统和资源，以社会需求为发展方向，坚持学术发展逻辑底线，以此来突破现有重学科的学术逻辑、轻学科的社会逻辑的困境。

第一，学科建设以社会需求为发展方向，构建以高校学科为核心的地方资源网络体系。教学服务型大学中"教学服务"的学校属性，一方面，要求丰富高校类型内涵，另一方面，也从根本上要求其学科建设要打破并改变原来由学科专家们把控学科活动（如科学研究）的局面，由学者专家独大，根据研究旨趣去提出、研究并解决问题转变为以解决社会需求为宗旨来开展学科活动，特别是解决所处区域的地方社会需求问题。基于此，高校应立足现有资源，不断完善自身，融合各方利益主体，构建以高校学科为核心的地方资源网络体系。首先，高校具备一定基础的学科条件（如学科队伍、硬件设备等），立足现有基础，主动汇聚学科成员力量，自觉围绕地方需求（所处地域的政治、经济、文化发展诉求，学生的利益需求等）开展各项工作，不断拉近与地方社会的关系。在这一过程中，高校应改革原有不满足学生发展需求、地方社会需求的学科内容，优化学科体系，提高学科资源的利用效率。其次，高校在走向社会的同时，需要结合地方资源（地方政府、地方行业企业的多方支持，从古到今遗留下来的历史文化传统，自然生成的物质资源等），构建以高校学科为核心的地方资源网络体系，搭建各方融合互通平台，以此实现高校学科服务与地方社会需求的有机对接，打破资源交流壁垒，落实"教学服务"二字。

第二，学科发展坚持学术发展逻辑底线，结合学科特性，盘活学科资源。不可否认，每一种学科都有自身所属的独特性，纯科学（如哲学学科）强调基础研究，关注知识的学术逻辑，受外部社会环境影响较少。与之相比，应用学科（如经济学学科），则注重实用性，受外部影响较大，能够很好地服务地方社会。所以高校需要充分考虑学科特性，盘活学科资源，实现每一种学科与地方社会需求

的多元衔接（如根据历史学学科特点，服务内容可以涉及地方志的整理撰写、地方风土民情的深入挖掘等），进而满足地方社会的多元发展需求。在实践方面，铜仁学院围绕教育学学科，依托贵州省区域内一流培育学科平台，结合地方需求和学科实情，构建了横向的四大学科群和纵向上的十大不同层次的一流学科体系，以多层次、多结构、富有地方特色的学科体系来对接地方社会多元的需求。

（3）学科治理：动态对话的学科治理机制的构建，制度和文化共促的学科治理环境的营造

诚如克拉克·克尔所言："学科间的'平衡'从来就不是静态的。"[1] 那么教学服务型大学学科建设中利益主体之间的博弈，也是动态的。动态对话的学科治理体系的构建在一定程度上可以调解学科层面的冲突。所谓学科治理是指学科建设与发展过程中相关事务的决策、安排及实施过程[2]。而学科重大事务的决定和安排，必然会涉及学科资源的分配、学科利益的博弈，具体路径包括动态对话的学科治理机制和制度和文化共促的学科治理环境，以此来解决学科相关利益者之间的博弈问题。

第一，动态对话的学科治理机制。教学服务型大学的学科建设，单凭政府、高校自身、企业任何一方的力量都是无法完成的，所以必须建立起多方参与、动态对话的学科治理局面。首先，高校可以通过利益激励、权力让渡等方式调动参与主体的积极性，以彼此之间共同的利益、共同的资源为合作纽带，来保证各参与主体间能够长期有效合作。其次，学科建设主体要在各自权责范围内，履行职责，共享利益。地方政府可以通过制度供给（如政策倾斜，规范高校、市场秩序等）和资源扶持（加大经费投入、人才投入等）来促进学科正常有序的发展。高校需要实现学科内涵发展，注重学科服务质量水平的提升，打造优质学科服务品牌。企业，特别是地方企业，在需要时与高校学科共同搭建动态对话平台，实现互帮互利。

第二，制度和文化共促的学科治理环境。在制度机制方面，2015年10月，教育部等三部委联合发布的《教育部 国家发展改革委 财政部关于引导部分地方普通本科高校向应用型转变的指导意见》为制度机制的建立提供了政策指导，在该意见引导下，部分省市发布了转型的指导意见（如四川省）、实施方案（如河北省）、评价指标体系（如云南省、辽宁省）等，为教学服务型大学学科提供了一套不断完善的外部机制。在微观层面，高校亦需要在大的政策框架下，细化规

[1] 克拉克·克尔.大学的功用 [M].陈学飞，陈恢钦，周京，等译.南昌：江西教育出版社，1993：43.
[2] 谢凌凌，陈金圣.学科治理：地方高校学科建设的核心议题 [J].教育发展研究，2017，37(7)：38-45.

则，建立健全符合地方情况、学校情况、学科情况的相关学科建设制度机制，如教学服务型大学的学科发展定位、学科平台建设、学科团队组建、学科评价标准等机制。在学科文化方面，由地方本科院校转型而来的教学服务型大学，受内外部因素（如学科发展硬件条件）的影响，学科基础较薄弱，学科文化底蕴不深厚，学科文化氛围不浓郁，更需要在学科哲学基础的落实过程中，加强学科文化建设，实现"原有学科文化"与"转型后学科文化"的有机整合，发挥隐性和显性学科文化的功效，以此来打造适宜学科发展环境。如高校可以建立学科骨干工作室，依托实体平台，培育壮大学科共同体，进而传播各学科骨干或学科带头者们具备的学科文化，以此发挥学科共同体培育新人的作用，提高学科文化质量。

（三）对教学服务型大学社会服务的探讨

当下，新建地方本科院校正积极转变为以服务为宗旨，以社会服务为核心职能，通过人才培养和科学研究来服务社会的教学服务型大学[1]。要真正意义上把"服务"二字落到实处，必须明晰教学服务型大学中"服务"的内涵，必须回答教学服务型大学服务的主体、内容、途径、保障是什么？这样有助于厘清教学服务型大学的服务范围和服务优势，有利于新建地方本科院校朝教学服务型大学顺利转型。

1.教学服务型大学中"服务"的内涵

目前，学界主要从广义和狭义两个层面来理解"服务"的内涵。所谓广义的服务是指大学开展的一切活动，包括教学、科研、直接或间接为社会服务等活动；而狭义的服务是指大学基于自身特色、优势和外部环境，直接为社会经济发展提供的各项服务活动[2]。从中可以看出，在高等教育领域中，不论是广义还是狭义的"服务"，提供服务的主体都是大学自身，提供服务的内容包含促进社会政治、经济、文化、科技等发展的一切直接或间接的服务活动，提供服务的路径主要有教学、科研、基于大学自身优势特点开展的直接社会服务活动3种方式，而在服务的保障方面，需要大学自身建设和外部环境支持。那么，教学服务型大学是大学，所以其"服务"内涵也应该由服务的主体、服务的内容、服务的路径、服务的保障4部分构成。

具体而言，教学服务型大学的社会服务是指以教学服务型大学为服务的主体，立足教学、科研职能和自身的优势特点（如人才、知识等），依靠学校自身建设和外部环境支持，旨在直接或间接促进地方社会的政治、经济、文化等领域发展

[1]侯长林，张新婷.对教学服务型大学的理性探讨[J].铜仁学院学报，2015，17(3)：52-58.
[2]徐同文.区域大学的使命[M].北京：教育科学出版社，2004：13-26.

的活动。

2. 教学服务型大学是"服务"的主体

教学服务型大学是向社会提供服务的主体，要实现社会服务职能的最大限度发挥，必须充分考虑教学服务型大学的诸多特点，主要包括大学应该具备的内在逻辑、应用型大学具有的特点及自身发展的现实情况，忽视其主体地位，就无法彰显教学服务型大学与其他机构社会服务的区别所在，无法凸显教学服务型大学社会服务的特色。

教学服务型大学的服务需要遵循大学的内在逻辑。教学服务型大学与其他机构最本质的区别在于，它是大学，需要遵循大学的内在逻辑。这就意味着在全方位服务社会的过程中，教学服务型大学需要坚守大学的底线，明确大学为社会提供服务的最终目的在于促进大学自身的发展，旨在通过社会服务促进大学所处的地域发展的同时加强自身建设，壮大自身实力，而非像营利性质的企业或教育机构一样，仅仅追逐利益的最大化。所以，教学服务型大学在服务社会的洪流中，切莫迷失自我，失去自身的内在逻辑。这就需要教学服务型大学在办学理念、人才培养模式、学科专业体系、师资队伍建设等方面遵循大学应该具备的内在逻辑，主要体现在以下方面：在办学理念方面，大学是一个教书育人、创造才智的地方，在任何时候都不能放弃大学的独立精神，社会服务亦然。正如亚伯拉罕·弗莱克斯纳（Abraharn Flexner）所言："大学不是风向标，不能什么流行就迎合什么。大学应不时满足社会的需要，而不是它的欲望。"[1]在人才培养模式方面，大学不单单强调学生服务社会的技能的获得，而是要在技术教育中融入人文精神，加入人文教育的元素，培养出既具有应用性技能又具备人文素养的学生。在学科专业体系方面，专业是紧密联系高校与社会的连接点，要充分发挥高校培养专业人才、社会服务的职能，就需要依据产业结构来调整专业设置，但在调整建设过程中，不能一味地只根据市场经济的需求开设专业，忽视处于市场经济弱势地位学科的发展，需要兼顾文理学科，促进其生态化地协调发展。在师资队伍建设方面，大学教师的首要职责是教书育人，不应该只忙于为诸多企业服务，而忽视了教学和科研。总之，教学服务型大学以服务社会为宗旨，但要以保持其内在逻辑为前提，失去了大学之所以为大学的内在逻辑，突破了大学的底线，服务也就失去了意义。

教学服务型大学提供的服务体现出"应用性"的特点。教学服务型大学属于

---

[1] 亚伯拉罕·弗莱克斯纳. 现代大学论：美英德大学研究 [M]. 徐辉，陈晓菲，译. 杭州：浙江教育出版社，2001：8.

应用型大学范畴，是应用型大学中的一种类型，具备应用型大学的特点，在办学理念、人才培养模式、学科专业建设、师资队伍建设、发展路径等方面都突显应用性[1]。所以教学服务型大学在办学理念、学科专业建设、课程设置体系、人才培养模式、师资队伍建设等方面都打上了"应用性"的烙印。因此，教学服务型大学所提供的服务亦体现出"应用性"的特点，如：在人才培养方面，向社会输出的是应用型人才，而不是专门的学术型人才；在科学研究方面，向社会推广的是应用性科学技术，能够直接解决某一产业或企业、社区亟待解决的技术问题，而非单一的基础研究。服务脱离了"应用性"的特点，就不能称之为教学服务型大学提供的服务。

教学服务型大学提供的服务需要考虑学校自身的实际情况。教学服务型大学要具体落实服务社会的宗旨，需要依托具体的学校及学校所处的区域，需要充分考虑学校自身的实际情况，脱离了具体的区域及学校，谈教学服务型大学"服务"宗旨的贯彻实施，无异于"空中楼阁"一般虚无缥缈。这就要求，在区域方面，教学服务型大学需要依靠所处的地域，面向当地的社会，充分利用当地的政治、经济、文化、科技、人口等资源，实现学校和当地社会的共赢发展。在学校自身实际情况方面，教学服务型大学需要审时度势，认清发展现状，如学校发展的优势、劣势、挑战、机遇等，做到继承原有的优良传统，改革原来的不良风气，发挥学校专业、人员、资源等优势，弥补学校与社会联系不密切等劣势，抓住当下转型机遇，适时转型，勇敢地面临转型过程中一系列的变革。

3. 教学服务型大学的服务内容

教学服务型大学是以服务为主旨的应用型大学，一方面属于应用型大学范畴，是研究应用性学问和培养应用型人才的地方，其具有的教学和科研能力是其他机构无法比拟的，所以它提供的服务与教育培训机构、高职院校等其他社会组织提供的服务是有区别的，具有自身的服务优势和不可替代性。另一方面，教学服务型大学以社会服务为核心职能，向社会提供服务是不可避免的，但在提供服务的过程中不可能是万能而漫无边界的，必然有其服务范围。那么在这样的逻辑思路下，不得不追问什么才是教学服务型大学的服务内容？

培养应用型人才。教学服务型大学需要通过人才培养来服务社会，与其他类型大学相比，教学服务型大学培养的是应用型人才，问题在于什么才是应用型人才？只有明晰应用型人才的内涵，才能在人才培养方面明确教学服务型大学的服务范围。应用型人才属于人才培养的一种类型，其产生要追溯到19世纪美国的"威

---

[1] 侯长林，罗静，叶丹.应用型大学视域下新建本科院校办学定位选择 [J].教育研究，2015(4)：61-69.

斯康星思想"及以社会服务为办学宗旨、致力于培养社会所需应用型人才的赠地学院、州立学院的发展。所谓应用型人才是相对于研究型人才而言的，是指"一切从事非学术研究性工作的实际操作者"[1]，尤为重视解决现实问题的技能和理论联系实际的应用能力培养，同时强调培养出的人才能够满足社会所需，能够在某一具体岗位上工作。从中可以看出，人才培养可以依据不同的标准划分为不同的类型，教学服务型大学在人才培养方面与其他类型大学相比，其服务范围在于围绕培养应用型人才，开展各种形式的人才培养，致力于满足社会对人才的需求，为社会发展提供人力资源支持。

研究应用性学问。在科研活动方面，与其他大学类型相比，教学服务型大学是以服务为办学宗旨的应用型大学，必然有其服务范围及方向，这就需要厘清教学服务型大学开展科研活动所涉及的科研目的、科研群体、研究问题及成果。在科研目的方面，教学服务型大学应全方位服务地方社会，致力于解决地方社会存在的实际问题，致力于研究应用性学问，而非毫无重点。在科研群体方面，教学服务型大学的科研活动涉及多方群体，一方面需要社会上的多方群体参与，特别是学校、企业、政府三方参与，另一方面需要在多个学科、多个教师之间开展，需要学校内部的各学科团队之间的多元合作。在研究问题及成果方面，教学服务型大学的科研活动需要从实际中来，使研究成果回归实际，向应用领域转化。

服务地方发展。在服务地域方面，教学服务型大学强调为地方社会服务，其提供的各项社会服务活动是有范围的，并非毫无边界，其服务宗旨的贯彻，立足地方区域，依托地方区域。而"地方"并不是一个固定不变的区域。所谓"地方"，依据地域大小，既可以指高校所处的周边区域，也可以是学校所处的县（区）、市（州）。这就要求地方本科院校向教学服务型大学转型过程中，切莫好高骛远，需要审时度势，结合学校实力，明确服务区域，调整服务范围。正如美国威斯康星大学立校之初，学校服务范围仅限于农村，到1965年，为适应区域社会的发展，学校服务范围扩展到城市。在服务领域上，正如德里克·博克在《走出象牙塔：现代大学的社会责任》一书中所指出的，大学与其他机构相比，在社会服务方面，不应该去做其他机构也能完成的工作，而是需要充分利用所拥有的独特资源——"图书馆、实验室、享受很大独立性和具有不同知识兴趣的教师"[2]。所以，在为地方社会服务的过程中，教学服务型大学应该充分利用自身具备的独特的人

[1] 胡建华，陈列，周川，等.高等教育学新论 [M].2 版.南京：江苏教育出版社，2006：233-234.
[2] 德里克·博克.走出象牙塔：现代大学的社会责任 [M].徐小洲，陈军，译.杭州：浙江教育出版社，2001：73.

力、物力资源，为地方社会提供其他机构无法提供的服务，主要体现在以下方面：第一，服务地方经济，如通过与企业之间的科研合作、联合培养人才来发挥其人才培养、科研优势；第二，服务地方政治，利用其智力资源服务地方政府，为地方政治事务发展提供政策咨询和相应的政治人才培训；第三，服务地方文化，利用学校文化因子（教师文化、学校校风等）推动高校所处地域的物质文明和精神文明建设。

4. 教学服务型大学的服务路径

教学服务型大学社会服务职能的发挥依托人才培养和科学研究[1]，以此来全面地服务地方社会，满足地方发展需求。这就意味着在教学服务型大学的社会服务中，需要充分发挥高校的教学和科研优势，与地方社会协同发展，只有这样才能在真正意义上实现社会服务职能。若教学服务型大学丢弃教学抑或科研，一味地单方面追求服务社会，无异于"无源之水"。

教学服务型大学需要发挥"教学"的优势。教学服务型大学中内含"教学"二字，必然与其他类型的应用型大学（应用技术型大学、服务型大学等）相比，更具有"教学"的优势。这就意味着在建设过程中，转型院校可以依托原有的优势，如"教学"优势，来选择适合自身的转型发展之路，而不是依葫芦画瓢，须知"新建本科转型应是'朵朵不同'的"[2]。在实践中，海南师范大学、铜仁学院等学校，就是依托自身的教学优势，正在朝着教学服务型大学的方向转型。

教学服务型大学需要利用"科研"的职能。教学服务型大学作为大学，必然需要充分利用"科研"职能。因为"科研"职能，一方面可将大学与其他社会组织相区别，另一方面开展科研活动能够促进社会进步，是大学实现自我发展并推动社会发展的动力源[3]。大学通过开展适应地方社会需求的科研活动，可以影响人才培养的质量、直接服务社会的能力及其社会影响力，试想若今日的大学只传授知识而不创新知识、只培训人才而不进行科学研究，这样的大学与教育培训机构又有什么区别呢？所以，从这一层面来说，教学服务型大学的人才培养、服务社会的能力及自身的社会影响力，需要"科研"职能的支撑，需要"科研"职能的充分利用。

教学服务型大学需要协同地方社会发展。教学服务型大学是地方社会系统的一部分，并不是孤立存在的，两者之间存在密切关系，即地方社会政治、经济文化发展与教学服务型大学建设相互影响，相互作用。这就意味着教学服务型大学

[1] 张新婷.教学服务型大学职能发挥应然状态的探讨[J].铜仁学院学报，2015，17(6)：72-75.
[2] 侯长林.新建本科转型应是"朵朵不同"[N].中国青年报，2016-03-21（11）.
[3] 涂成林.大学科研服务社会的模式与机制研究[J].教育研究，2011(12)：46-49.

要落实服务地方的宗旨，需要基于自身独特的人力、物力优势，直接为地方社会经济、政治、文化等领域发展提供服务，需要与地方社会政治、经济、文化等部门相互联系，共同合作，解决地方区域问题，最终实现地方社会政治、经济、文化等系统的协同发展。

5. 教学服务型大学落实服务的保障

在阿什比（Ashby）看来，大学是遗传与环境的产物[1]，其发展受到大学自身和所处外部环境的影响。教学服务型大学服务社会宗旨的落实，同样受到大学自身能力和所处外部环境的制约，这就既需要学校自身的内涵建设加以支撑，也需要外部环境加以保障。

学校自身的内涵建设。教学服务型大学要增强服务地方社会的能力，首先必须加强学校自身的内涵建设，只有当学校的实力增强，才能在地方社会中立于不败之地，才能更好地服务地方，其内涵建设涵盖了学校的方方面面。

在办学定位上，教学服务型大学需要明确定位，搞清楚何为教学服务型大学，抓住"服务"本质特征和精神内涵。在专业体系建设上，教学服务型大学需要依托地方优势资源、条件和发展需求，提高学校专业体系与产业结构适应度，建设应用性专业，打造特色专业，逐步建成满足地方行业发展急需、学校专业优势突出兼备特色的学科专业体系。在人才培养模式上，教学服务型大学需要围绕应用型人才的培养目标，明确应用型人才培养标准和培养方案，选择培养方法，确定培养内容及应用型人才评价方式，既要对学生进行专业技能培训，又要进行通识教育、社会服务教育[2]，既要培养能够满足地方社会发展需求，适应某一个职业岗位的应用型人才，又要帮助学生逐步养成终身学习、参与社会服务的意识和能力，使其能够在服务社会的具体实践中展现自身的价值和能力。在师资队伍建设方面，教学服务型大学应通过各种方式来加强高校"双师双能型"教师队伍建设，加强教师教学能力培养培训，聘请生产和管理一线的人员承担相关教学工作。在学校管理方面，教学服务型大学需要完善各项管理制度，为落实全方位服务地方社会这一宗旨提供学校内部制度保障，如改革绩效评价体系，将应用型人才培养、应用性技术研究、科研成果转化率等纳入考核奖励范畴，从物质和精神层面鼓励教职工参与服务地方的社会活动。

外部环境的保障。教学服务型大学在建设过程中，其全方位服务社会的宗旨，离开了外部环境的支持是无法落实的，只有当外部环境支持教学服务型大学发展

[1] 阿什比.科技发达时代的大学教育 [M].滕大春，滕大生，译.北京：人民教育出版社，1983：6.
[2] 查吉德.美国大学社会服务功能的实现策略 [J].现代大学教育，2002(4)：107-110.

的体系足够调动学校各方面的积极性时，才能通过教学和研究更好地服务社会。教学服务型大学的外部环境包括了政策支持、资金保障、机制支撑等。

政策支持。在国家层面，教育部等三部委于2015年10月联合发布的《教育部 国家发展改革委 财政部关于引导部分地方普通本科高校向应用型转变的指导意见》，充分体现了国家对地方本科高校向应用型转变的高度重视，为地方本科高校向应用型大学发展提供了政策指导。在地方层面，各省结合实际，相继颁布了地方本科高校向应用型转变的相关政策，为推动当地地方本科高校向应用型大学发展提供了政策依据。

资金保障。地方本科高校在转型建设教学服务型大学的过程中，需要通过多元渠道筹集资金，如地方政府、行业或企业投入的经费，中央财政支持地方高校发展的专项资金等，为地方高校建设应用型学科、开展应用研究项目及顺利开展地方政治、经济、文化等社会服务工作提供强有力的资金保障。

机制支撑。教学服务型大学要全方位地服务地方社会，需要多方参与合作，需要多元的外部机制保障地方多方群体合作和参与。在办学方面，需要学校、政府、企业共同参与的合作办学机制；在学科专业建设方面，需要根据社会需求、学校自身能力和行业（企业）指导，依法设置并建设专业的机制；在评价方面，需要建立以服务社会为导向的绩效评价机制，将地方高校社会服务纳入评估体系等。教学服务型大学只有从多个方面来建立健全相关机制，才能有效保障转型工作的顺利开展，有效推动教学服务型大学社会服务工作的开展。

第三章　审视与反思：贵州省应用型本科校政企耦合型社会服务模式的构建现状研究

一、地方新建本科院校社会服务模式构建的困境与对策研究[1]

（一）地方新建本科院校社会服务模式构建的现状调查

1. 调查目的

调查目的首先在于了解、求证和深化问卷所涉及的内容，通过访谈与线上线下收集相关资料，掌握铜仁学院的社会服务模式及其社会服务模式构建的现状，从而尽可能地为地方新建本科院校社会服务模式的构建提出有一定建设性意义和参考价值的建议；其次，以铜仁学院为案例，为像铜仁学院这样的地方新建本科院校社会服务模式构建提供普适性的构建方略，从而促进地方新建本科院校的应用转型。

2. 调查对象

调查对象概况——铜仁学院简介。铜仁学院位于中国西部名城——贵州省铜仁市。本书课题组选择铜仁学院作为调查对象有以下3个方面的原因：第一，铜仁学院是2006年才升格为新建本科院校的，在近百年的历史发展中，探索出了一条特色鲜明的"铜仁需求·国家标准""依托梵净·服务发展""苦心励志，追求卓越"的核心发展理念；2015年，成为贵州省首批向应用型转型发展试点高校，是国家"十三五"产教融合发展工程项目建设高校；铜仁学院在办学思想上（表1-1）就已经彰显出其应用型高校的办学特色，尤其是其"教学服务型大学"办学定位，使其找准了方向，充分发挥了其社会服务职能。第二，近年来，铜仁学院的办学成效显著，例如，在2023年软科中国最好大学排行榜中，学校排名341位，名列贵州省综合性本科高校第四，市州本科高校第一。第三，该校

---

[1] 该部分为李周珊的硕士学位论文的部分内容，收录时有修改。

在地方新建本科院校社会服务模式的构建方面有着超前的经验，例如，构建了特有的社会服务模式——"引水灌田"模式，基于此，选择该校作为调查对象，以期为其他地方新建本科院校社会服务模式构建提供经验。表3-1为铜仁学院的基本定位与顶层设计。

表 3-1　铜仁学院的基本定位与顶层设计

校训	明德	
	致用	
校风	尚贤、尚能	
教风	为师、为范	
学风	善思善行	
办学理念	人才培养的价值观	明德·致用
	科学研究的质量观	铜仁需求·国家标准
	社会服务的实践观	依托梵净·服务发展
	传承创新的文化观	苦心励志·追求卓越
办学定位	办学类型	教学服务型
	办学层次	以本科教育为主，探索和发展研究生教育
	服务面向	立足黔东、面向全省，辐射武陵
	培养目标	培养适应区域经济社会发展需求，人格品质健全、专业知识坚实，技术技能较强，富有智慧灵性和国际视野、创新精神的通适性应用型人才
	发展目标	努力把学校建设成为国内有一定影响力、省内同类院校一流的特色鲜明的高水平应用型大学
	学科专业	服务区域经济社会发展需求，紧密对接地方产业链—创新链—人才链，实现由单一的师范学科专业向多科性应用型学科专业的转型，形成以区域一流（培育）学科教育学为引领的多学科协调发展、学科专业一体化建设体系，努力打造梵净山学
办学特色	扎根地方，服务地方	

注：相关内容来源于铜仁学院 2018 年年鉴。

铜仁学院现有的社会服务模式及其特征。笔者通过对铜仁学院社会服务管理人员进行访谈，了解到该校已经构建了自己的社会服务模式，其主要内容和特征如下：

铜仁学院社会服务的主要内容。笔者通过对以地方新建本科院校为办学定位的铜仁学院进行调查，了解到该校主要的社会服务类别有：第一，人才服务，指利用学科专业知识为社会提供专项服务，主要内容有进驻企业（行业）、教职工挂职、教育培训、生产性实习实训、企事业职工在岗培训、支教等。第二，资源服务，指为社会提供学校拥有的图书馆、体育馆、教学、科研等有形资产与其他可供利用的无形资产，如承担各种社会考试或赛事等。第三，科研服务，指通过科研方式和科研设备向社会提供服务，如决策咨询、科技成果转化、软件开发、政策研究、科技研发、规划设计、文艺创作等。第四，技术服务，指通过掌握的专业知识和专业技术向社会提供服务，如科技成果推广、各类资源调查（普查）、技术指导、专家咨询服务、技术策划等。第五，文化服务，指通过学科的优势为地方文化建设提供服务，如承办或主办、参与当地的文化与体育活动，为当地的文体活动做策划、担任文化顾问等。第六，公益服务，指对有关社会公众的利益与福祉进行无偿性服务，如政策宣讲、社区服务、"三下乡"活动、慈善活动、环境保护、法律援助或由社会或政府倡导与鼓励的其他公益性服务。第七，公共关系服务，指通过与公众双向沟通、交流、互动，从而更好地服务社会的活动，如向社会提供参观学习的机会和主办（承办）会议等。

铜仁学院社会服务的运作模式。通过访谈该校的社会服务管理人员，笔者了解到该校在2013年就开始对社会服务运作模式进行探索，并提出了"引水灌田"社会服务模式。铜仁学院的"引水灌田"模式主要是在2013年国家倡导地方本科院校应用转型、学校内部的生产性实习实训基地和教师"双师"素养不足的背景下提出的。"引水灌田"是"引社会服务之水，灌人才培养之田"的简称，是指"把社会服务和人才培养职能有机融合起来，将'肩并肩'的关系创新为'手挽手'的关系"。"引水灌田"的实施方式主要包括两种，"即'直饮水'式与'灌装水'式。'直饮水'式是指校内师生通过直接参与社会服务项目实施，从而提升自己与培养学生的过程；'灌装水'式是指在完成一个社会服务项目的任务后，通过文字、图片、视频的方式编写案例教材，并引导教师将'案例'带入课堂，让没有现场参与社会服务项目实施的师生能够间接获得社会服务项目有关的知识、技术及其经验，即间接'饮水'，促进其成长与发展"[1]。这种社会服务模式的主要目的是在学校办学资源比较缺乏的情况下，引进校外的资源来打造校内的"双师型"师资队伍和提高人才培养的质量。由此可见，"引水灌田"模式是在国家倡导产教融合的背景下，提升人才培养质量比较适用的一种社会服务模式。铜仁学院社会服务中心工作落实流程，如图3-1所示。

［1］罗静，侯长林.地方高校社会服务反哺人才培养模式的构建［J］.中国高等教育，2020(5)：21-22.

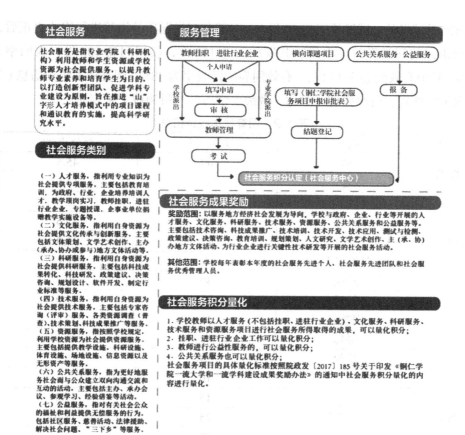

社会服务

社会服务是指专业学院（科研机构）利用教师和学生资源或学校资源为社会提供服务，以提升教师专业素养和培育学生为目的，以打造创新型团队、促进学科专业建设为原则，旨在推进"山"字型人才培养模式中的项目课程和通识教育的实施，提高科学研究水平。

社会服务类别

（一）人才服务，指利用专业知识为社会提供专项服务，主要包括教育培训，为政府、行业、企业培训相关人才，教学顶岗实习，教师挂职，进驻行业企业，专题授课，企事业单位捐赠教学实施设备等。

（二）文化服务，指利用自身资源为社会进行文化传承与创新服务，主要包括文体策划、文学艺术创作、主办（承办、协办或参与）地方文体活动等。

（三）科研服务，指利用自身资源为社会提供科研服务，主要包括科技成果转化、科技研发、决策咨询、规划设计、软件开发、制定行业标准等服务。

（四）技术服务，指利用自身资源为社会提供技术服务，主要包括专家咨询（评审）、各类资源调查（普查）、技术策划、科技成果推广等服务。

（五）资源服务，指按照学校规定，利用学校资源为社会提供资源服务，主要包括提供教学设施、科研设施、体育设施、场地设施、信息资源以及无形资产等服务。

（六）公共关系服务，指为更好地服务社会而与公众进行双向沟通交流和互动的活动，主要包括主办、承办会议、参观学习、经验借鉴等活动。

（七）公益服务，指对有关社会公众的福祉和利益提供无偿服务的行为，包括社区服务、慈善活动、法律援助、解决社会问题、"三下乡"等服务。

服务管理

教师挂职 进驻行业企业 — 横向课题项目 — 公共关系服务 公益服务

个人申请 → 填写申请 → 审核 → 教师管理 → 考试

填写《铜仁学院社会服务项目申报审批表》 → 结题登记

报备

学校派出 / 专业学院派出

社会服务积分认定（社会服务中心）

社会服务成果奖励

奖励范围：以服务地方经济社会发展为导向，学校与政府、企业、行业等开展的人才服务、文化服务、科研服务、技术服务、资源服务、公共关系服务和公益服务等。主要包括技术咨询、科技成果推广、技术开发、技术测试与检测、政策建议、决策咨询、教育培训、规划策划、人文研究、文学艺术创作、主（承、协）办地方文体活动，为行业企业进行关键性技术研发等开展的社会服务活动。

其他范围：学校每年表彰本年度的社会服务先进个人，社会服务先进团队和社会服务优秀管理人员。

社会服务积分量化

1. 学校教师以人才服务（不包括挂职、进驻行业企业）、文化服务、科研服务、技术服务和资源服务所得社会服务取得的成果，可以量化积分；
2. 挂职、进驻行业企业工作可以量化积分；
3. 教师进行公益服务的，可以量化积分；
4. 公共关系服务也可以量化积分。
社会服务项目的具体量化标准按照铜仁政发〔2017〕185号关于印发《铜仁学院一流大学和一流学科建设成果奖励办法》的通知中社会服务积分量化的内容进行量化。

图 3-1　铜仁学院社会服务中心工作落实流程图

　　地方新建本科院校在办学过程中就具有突出地方性、应用性与服务性等典型特征。铜仁学院在开展社会服务的过程中也具有比较典型的特征：第一，主动性，主要是指铜仁学院在开展社会服务的过程中，是自发地为社会服务的，而不是被动地要求学校打开校门提供社会服务。第二，互补性，主要是指铜仁学院在向社会提供社会服务的过程中，为了弥补双方或多方的不足，从而开展的服务。例如，铜仁学院为了弥补资源匮乏的不足、打造"双师双能型"教师及培养应用型人才，而为企业提供人才、技术、文化和公益等服务，同时也弥补了企业的人才与技术匮乏等问题。第三，多样性，主要是指在开展社会服务的过程中社会服务形式比较多样。不仅包括人力资源，还包括物力资源；不仅涵盖有偿性服务，还有无偿性服务；不仅有物质形态的服务，还有精神层面的服务等。

　　3. 调查样本与数据收集

　　根据研究设计，本研究选取贵州省铜仁学院社会服务中心、党政办、人事处、教务处和10个二级学院的社会服务科管理人员及教师为问卷发放对象，在经过问卷试发放（试发放问卷20份），对部分问卷题项的措辞进行修改更正后，进行正式的问卷发放。本研究共发放问卷150份，收回问卷138份，收回率为92%，其中有效问卷为132份，有效问卷的回收率为88%。调查样本统计信息（学科成员的性别、行政级别、职称、教龄、学历、学科领域）见表3-2。

表3-2 调查样本统计信息

题项	选项	人数/人	百分比/%
性别	男	60	45.5
	女	72	54.5
行政级别	科员	29	22.0
	科级	47	35.6
	处级	15	11.3
	处级以上	1	0.8
	其他	40	30.3
职称	教授	17	12.9
	副教授	49	37.1
	讲师	42	31.8
	其他	24	18.2
教龄	1年之内	10	7.6
	1~3年	15	11.4
	3~5年	25	18.9
	5~10年	28	21.2
	10年以上	54	40.9
学历	本科	43	32.6
	硕士	54	40.9
	在读博士	6	4.5
	博士	26	19.7
	其他	3	2.3
学科领域	文科	67	50.8
	理科	34	25.8
	工科	17	12.9
	其他	14	10.6

4. 调查工具

调查问卷。本研究根据相关问卷整理编制的《地方新建本科院校社会服务模式构建情况》调查问卷，分为单选题和多选题。该量表由4个维度、23个项目构成，采用5级积分，其中，由于服务理念是多选题，只能进行频数和比例统计，其余部分（服务资源、服务制度、服务利益）采用5级积分统计（非常欠缺／非常不利／非常小为1，比较欠缺／比较不利／比较小为2，合格／无影响／一般为3，比较具备／比较有利／比较大为4，非常具备／非常有利／非常大为5），数字1～5表示被调查者对句子描述情况的认同情况逐渐趋于一致，服务资源的总分数或者各维度分数表示学校服务资源的具备程度，服务制度的总分数或者各维度分数表示服务制度对参与社会服务的有利程度，服务利益的总分数或者各维度分数表示开展社会服务对利益的影响程度。具体的调查问卷详见附录1。

信度分析。在问卷信度上，运用SPSS19.0软件，采用克隆巴赫系数（Cronbach's alpha，克隆巴赫系数大于0.7为合格），检查调查问卷研究变量在各个测量题项上的一致性程度，得出各变量的信度分析结果（表3-3）。

表3-3　总量表和各维度的信度分析结果

变量	题项	各变量的克隆巴赫系数	总的克隆巴赫系数
服务理念	多选	通过频数和比例统计	无
服务资源	B1		
	B2		
	B3		
	B4		
	B5	0.909	
	B6		
	B7		
	B8		
	B9		
	B10		0.939
服务制度	C1		
	C2		
	C3	0.887	
	C4		
	C5		
服务利益	D1		
	D2		
	D3	0.879	
	D4		
	D5		

由此可见，除了第一部分（服务理念）是多选题，只能通过频数和比例统计外，问卷的第二部分（服务资源）、第三部分（服务制度）、第四部分（服务利益）的克隆巴赫系数均高于0.8，且总量表（除服务理念外）的克隆巴赫系数已

达到 0.939，所以本问卷的信度较好，基本可以保障问卷测量数据结果的可靠性。

访谈提纲。本研究除了使用调查问卷外，还辅以访谈法。笔者针对不同的对象（管理人员、教师、学生和企业代表）拟订了 4 份访谈提纲（具体内容见附录 2），主要从学校服务理念、服务资源、服务制度、服务利益 4 个方面进一步了解铜仁学院社会服务模式构建的情况，从而进一步证实问卷中的调查结论。

5. 描述统计与分析

描述统计。笔者通过对问卷各部分（除服务理念外）的相关数据进行描述性统计分析（表 3-4），可以看出，在服务资源、服务制度与服务利益中，除了服务资源中的经费、学科专业建设、社会服务团队、社会服务平台相较于其他几项还有待进一步完善，其他的均值（极大值为 5）都大于 3，其中服务利益均值最低。从总体上看，铜仁学院的社会服务资源比较完备，服务制度也比较利于社会服务的开展，对教师的服务利益也比较大。

表 3-4 问卷数据描述统计情况

变量名称	维度	个案数/个	最小值	最大值	平均值	标准差
服务资源	服务理念	132	1	5	3.38	1.067
	办学思想	132	1	5	3.52	1.000
	经费	132	1	5	2.51	1.052
	学科专业建设	132	1	5	2.97	0.972
	师资力量	132	1	5	3.05	0.894
	硬件设施	132	2	5	3.12	0.925
	社会服务团队	132	1	5	2.99	0.929
	社会服务平台	132	1	5	2.90	0.890
	社会服务专门机构	132	1	5	3.44	0.998
	校园文化	132	1	5	3.15	0.929
	有效个案数（成列）	132				
服务制度	薪酬制度	132	1	5	3.14	1.140
	人事制度	132	1	5	3.15	1.052
	教学制度	132	1	5	3.03	0.932
	科研制度	132	1	5	3.43	0.867
	社会服务制度	132	1	5	3.47	1.015
	有效个案数（成列）	132				
服务利益	对个人发展需求的影响	132	1	5	3.11	0.822
	对实现社会发展目标的影响	132	1	5	3.17	0.909
	对正常工作的影响	132	1	5	3.05	0.948
	对人生发展规划的影响	132	1	5	3.11	0.935
	对个人利益的影响	132	1	5	3.01	0.833
	有效个案数（成列）	132				

变量名称	维度	个案数/个	最小值	最大值	平均值	标准差
各项均分	服务资源均分	132	1.5	5	3.1038	0.71776
	服务制度均分	132	1.2	5	3.2455	0.83423
	服务利益均分	132	1	4.8	3.0864	0.73107
	有效个案数（成列）	132				

调查概况。笔者主要从服务理念、服务资源、服务制度、服务利益方面对铜仁学院社会服务模式构建情况进行调查，各项具体情况如下。

服务理念的统计情况。由于服务理念的题目为多选题，因此，主要通过频数和比例统计。笔者根据问卷调查结果，通过排除无效问卷后，对 132 份问卷中题目 A1（您认为目前制约贵校社会服务模式构建的主要因素是什么？）进行统计，得出社会服务经费是制约社会服务模式构建的最主要因素，其次是社会服务团队、学科专业建设、师资力量和社会服务制度，最后是社会服务平台、硬件设施、校园文化、学校办学思想、社会服务理念和其他（图 3-2）。

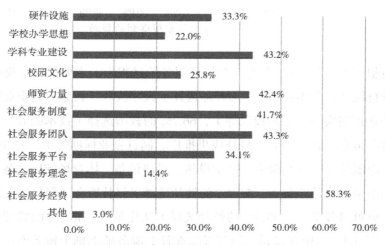

图 3-2 制约社会服务模式构建的主要因素排列

笔者根据问卷调查结果，通过排除无效问卷后，对 132 份问卷中题目 A2（在贵校社会服务开展过程中，您最希望得到的帮助是什么？）进行统计，可以得出：64.4% 的教师希望得到社会服务平台搭建的帮助、53.0% 的教师希望得到社会服务资源的健全、49.2% 的教师希望社会服务团队得以建立、47.7% 的教师希望得到社会服务制度的保障、46.2% 的教师希望硬件设施得以完善、38.6% 的教师希望得到师资力量提升、23.5% 的教师希望社会服务办学思想得以彰显、18.9% 的教师希望得到社会服务理念的指导、15.9%的教师希望校园文化环境得以优化（图3-3）。这在一定程度上反映了铜仁学院在社会服务平台的搭建、社会服务资源的健全、硬件设施的完善上还有待进一步提高。

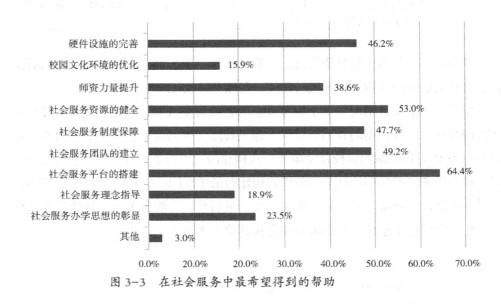

图 3-3　在社会服务中最希望得到的帮助

笔者根据对 A3（贵校在为社会提供服务的过程中，主要提供了哪些服务类别？）进行统计，得出：83.3%的教师选择了人才服务（教职工到企业挂职、学生进入企业顶岗实习、专题授课等），66.7%的教师选择了技术服务（专家咨询服务、技术策划、技术指导、科技成果推广、制订企业标准等），55.3%的教师选择了资源服务（提供实验室、教学设施、科研设备、体育场馆以及各类活动场所等在内的全面设施设备），53.8%的教师选择了科技服务（科技成果转化、科技研发、软件开发等），53.0%的教师选择了文化服务，46.2%的教师选择了公益服务（图3-4）。由此可见，铜仁学院在社会服务的类别上覆盖面比较广，人才服务（学校利用人力资源优势为社会提供专项服务，主要包括教育培训、在岗培训、专题授课、教职工进驻行业、企业、挂职、支教、学生生产性实习实训等）和技术服务〔利用学校专业技术知识为社会提供技术服务，主要包括专家咨询（评审）服务、各类别资源调查（普查）、技术策划、技术指导、科研成果推广等〕是主要的服务渠道，而资源服务、科研服务、文化服务和公益服务相较比较欠缺。

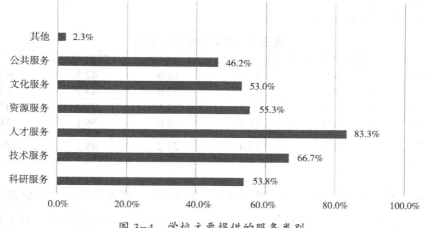

图 3-4　学校主要提供的服务类别

服务资源的统计情况。调查结果显示（表 3-5），在服务资源方面，大多数被调查者都认为经费是服务资源中比较欠缺的，除此之外，学校的服务理念与办学思想、学科专业建设、师资力量、硬件设施、社会服务团队、社会服务平台、社会服务专门管理机构、校园文化均"比较具备"，如铜仁学院的办学定位（办学类型：教学服务型；服务面向：立足黔东，面向全省，辐射武陵）和办学思想（依托梵净·服务发展）就可以明显地体现出其社会服务的办学思想和办学理念。社会服务机构也是比较完备，笔者根据走访和访谈，得知该校在校级层面设立了社会服务中心，在院级层面设立了社会服务科，实行一种以学校为领导、以社会服务中心统筹管理的二级学院负责制。铜仁学院的社会服务团队详情见附录 2。综上，该调查结果比较符合该校实际情况，但是在经费上还有待进一步充实。

表 3-5　服务资源统计情况

题项	非常欠缺 /%	比较欠缺 /%	合格 /%	比较具备 /%	非常具备 /%
服务理念	7.6	12.1	25.0	45.5	9.8
办学思想	5.3	8.3	28.0	45.5	12.9
经费	15.9	40.2	25.0	15.2	3.8
学科专业建设	6.1	26.5	35.6	28.0	3.8
师资力量	1.5	29.5	34.2	31.8	3.0
硬件设施	1.0	31.8	29.5	33.3	5.3
社会服务团队	2.3	33.3	30.3	31.1	3.0
社会服务平台	3.8	31.1	38.6	24.2	2.3
社会服务专门管理机构	3.8	10.6	38.6	31.8	15.2
校园文化	5.3	17.4	37.1	37.1	3.0

服务制度统计情况。从调查结果统计情况（表 3-6），我们可以了解到铜仁

学院的薪酬制度、人事制度、教学制度、科研制度和社会服务专项制度对社会服务的开展都是"比较有利"的。

贵州应用本科校政企耦合型社会服务模式构建研究

表 3-6 服务制度统计情况

题项	非常不利 /%	比较不利 /%	无影响 /%	比较有利 /%	非常有利 /%
薪酬制度	9.8	22.0	18.9	42.5	6.8
人事制度	7.6	22.0	22.0	44.7	3.8
教学制度	6.1	22.7	34.1	36.4	0.7
科研制度	3.0	12.9	25.0	56.1	3.0
社会服务专项制度	4.5	14.4	21.2	49.2	10.6

服务利益统计情况。根据调查结果（表 3-7），笔者发现，大多数被调查者认为社会服务对个人发展需求的影响、对实现社会发展目标的影响、对正常工作的影响、对人生发展规划的影响、对个人利益的影响都"一般"，由此可见，社会服务的利益驱动力还不足，有进一步提升的空间。

表 3-7 服务利益统计情况

题项	非常小 /%	比较小 /%	一般 /%	比较大 /%	非常大 /%
对个人发展需求的影响	3.8	13.6	54.5	24.2	3.8
对实现社会发展目标的影响	4.5	16.7	40.2	34.8	3.8
对正常工作的影响	9.1	12.9	44.7	31.1	2.3
对人生发展规划的影响	6.8	13.6	46.2	28.8	4.5
对个人利益的影响	7.6	9.8	58.3	22.7	1.5

6. 调查结论

通过对地方新建本科院校社会服务模式构建现状的调查，笔者得出了以下结论。

社会服务模式已见雏形。笔者通过对铜仁学院社会服务的相关管理人员访谈发现，该校已经构建出"引水灌田"社会服务模式。

社会服务模式构建情况处于中等水平。笔者通过采用 5 级积分对服务资源、服务制度、服务利益进行描述统计，发现铜仁学院的服务资源均值为 3.1038、服务制度均值为 3.2455、服务利益的均值为 3.0864，三者的均值都大于 3，说明大多数被调查认为社会服务资源合格、社会服务制度对自己参与社会服务无影响、社会服务对自己的利益影响一般。

资源是影响社会服务模式构建的关键。通过对问卷中题目 A1（您认为目前制约贵校社会服务模式构建的主要因素是什么？）进行统计，得出社会服务经费是制约社会服务模式构建的最主要因素，其次是社会服务团队、师资力量、学科专业建设和社会服务制度，最后是社会服务平台、硬件设施、校园文化、学校办学思想和社会服务理念。而社会服务经费、社会服务团队、师资力量、社会服务平台、硬件设施等均属于社会服务资源的范畴，由此可见，社会服务资源是影响社会服务模式构建的关键要素。

（二）地方新建本科院校社会服务模式构建的困境[1]

理清当前地方新建本科院校社会服务模式构建存在的困境，是提出构建策略的前提。通过对铜仁学院社会服务模式的构建情况进行调查可以发现，地方新建本科院校社会服务模式构建已取得一定成效，但还存在着一定的现实困境。

1. 社会服务理念模糊

理念是客观事实的本质性反映，是事物内在属性的外在表征。理念就是理性化的想法，理性化的思维活动模式或者说理性化的看法和见解。从相关文献来看，社会服务理念较模糊是阻碍地方新建本科院校社会服务模式构建的一大困境，主要表现在以下两方面。

第一，办学历史比较短，办学定位有待明确。根据大部分地方新建本科院校的发展史可见，地方新建本科院校均是 1999 年以来由专科升格而来的本科院校，其共同特点就是本科的办学历史都比较短，虽然 2015 年 10 月三部委联合发布的《教育部 国家发展改革委 财政部关于引导部分地方普通本科高校向应用型转变的指导意见》为地方新建本科院校的发展指明了道路，但是大多数院校对自己的转型方向和定位都还比较迷茫，都还处于磕磕碰碰的探索发展阶段，在转型的过程中，还存在沿着精英化教育老路走的情况，还会受到传统大学的办学模式——重教学和科研的影响。地方新建本科院校在应用转型背景下虽然强调社会服务，但是对社会服务职能的理念的认识还不清晰，对社会服务职能的重视还不够，这就使教师和学生都认为学校还是"象牙塔"的一种存在，一时难以转变从"象牙塔"变为社会"动力站"的角色，而学校的服务主体缺乏走出"象牙塔"的意识，就难以推动学校与社会接触，从而阻碍社会服务的开展。比如，在提出转型发展后，有学者提出了应用技术大学的办学定位，在没有理清应用技术大学概念的前提下，这些学校就一哄而上地选择应用技术大学的办学定位，"比如在专业设置

---

[1] 该部分为李周珊硕士学位论文的部分内容，本书收录时有修改。

上，有的学校盲目上马一大堆应用技术类专业，致使学校规模大但办学条件差，毕业生没有就业竞争力"[1]等。地方新建本科院校对办学定位选择不准确，就会导致职能定位模糊，从而阻碍社会服务模式的构建。

第二，内涵理解不深入，服务意识有待提高。内涵是指一个概念对事物的本质属性的总和的反映，是概念所包含的内容。内涵不理清，就会使发展变得稀里糊涂。从地方新建本科院校的发展情况来看，虽然有一部分院校已经走上了应用转型的发展之路，并且也将社会服务提上了日程，但是从已经开展的社会服务内容来看，多是由学生开展的志愿者活动，将社会服务简单地等同于志愿者服务，缩小了社会服务的范围，没有全面地理解社会服务的内涵。首先，教师作为知识的传授者，没有树立好服务的意识，没有深刻地理解和掌握社会服务的内涵，这就导致学生也难以认清社会服务的本质。其次，从传统的教师的观念来看，传统的教师其本职任务就是教书育人的观念已在他们心里打上了深深的烙印，尤其是上了一定年纪的教师，更是难以转变观念，不愿意花时间和精力走出学校大门，开展社会服务，导致其服务意识日渐淡薄。

2. 社会服务动力不足

社会服务动力是激发社会服务模式构建的催化剂，包括社会服务的内驱动力和外发引诱力。但是从当前地方新建本科院校社会服务的开展情况来看，社会服务的利益有待提升，主要表现在以下两个方面。

第一，利益内驱力不足。马克思主义认为，人的需要是人劳动创造活动的内在驱动力。利益内驱力是以利益作为人的行为的驱动力，通过利益的刺激来强化社会服务的行为。"人的行为受利益的支配和驱使，利益产生动力，诱发人的行为，驱使人的行为朝一定方向努力，从而激发人的潜能，诱导人努力，激励人实现自身满足与发展。"[2]利益内驱力是通过利益激发校内师生参与社会服务的积极性的重要动力。当前地方新建本科院校社会服务利益内驱力不足，表现为参与服务带来的利益对服务主体的行为没有起到诱发和驱使的作用，换句话说，参与社会服务没有给服务主体带来较大的利益，导致师生参与社会服务的积极性不够。对铜仁学院社会服务利益的调查结果显示，大多数教师认为参与社会服务无论是对个人发展需求、社会发展目标、人生发展规划还是正常工作的影响都一般，由此可见，服务主体没有把社会服务与自身的发展相结合，认为参与社会服务对自己来说意义不大，所以，对是否参与社会服务抱着无所谓的态度。比如，服务

[1] 侯长林. 高校转型不能一哄而上 [N]. 人民日报，2014-08-08（18）.
[2] 崔静. 高校档案资源服务社会化利益驱动机制研究 [J]. 兰台世界，2012(5)：64-65.

主体认为在相同的工资待遇下，多承担一份工作是教师所不愿意承受的。在大学里，职称的评定标准是教师奋斗的风向标，职称是与教师的个人发展、社会发展和人生发展紧密联系的，然而当前国家职称的评定还是以科研导向为主，没有把社会服务纳入职称评定范围，导致学校教师参与社会服务的利益内驱力非常不足。

另外，内驱力不足还表现在团队影响力上。因为之前的学校大多是封闭在象牙塔里的，所以，在大多数校外人士的认知里，学校和社会是各司其职、互不打扰的，他们不知道学校也可以为社会的其他机构提供必要的帮助，自然也没有遇到困难寻求大学帮忙的想法。与此同时，企业也担心服务者不能按时按质完成交代的任务。对于企业来说，时间和质量是取胜的关键，由于企业对所参与服务的对象不了解，要把任务交给学校的教师和学生，就会有所顾虑，害怕他们不能按时按质完成任务，从而带来损失。终归来说，正是学校的宣传力度还不够、学校师生服务团队的知名度不够，导致企业存在这种担心。这就说明铜仁学院师生团队的知名度还不够，不能让企业完全信服。这就需要学校的社会服务要形成品牌效应，并且加大宣传力度，让政府、企业在需要帮助的时候能够想到学校。

问（访谈主管康复治疗师）：目前，您认为贵单位与学校合作开展研究项目有哪些有利因素，还存在哪些制约因素？您认为双方在开展此类合作项目方面还有哪些需要改进的地方？

答：双方的合作促进了社会对自闭症的认识和接受，但是目前仅仅是在铜仁市有影响力，辐射范围还太小，没有形成品牌效应。

第二，外发引诱力不够。外发引诱力不够主要是校外没有将服务主体的内驱力调动起来，即校外的环境、条件不足以激发师生走出校门参与社会服务。社会服务的开展不只是学校的事情，还需要社会各界的相互配合与支持。但是，笔者通过文献发现，地方政府对地方新建本科院校开展社会服务重视不够。地方政府将地方新建本科院校作为一个下属单位，没有发挥好中介的作用，例如在地方新建本科院校开展校企合作的过程中，地方政府没有提供优惠政策或者服务平台，并且在校企合作方面缺乏有效的规章制度。"地方政府对地方高校财力投入不足，如无法按照规定标准足额拨给地方高校生均经费，不能提供地方高校引进人才的配套政策等，这些问题影响和制约了地方高校社会服务的开展"[1]，导致地方高校、政府和企业三者沟通联系协作不够。企业对地方新建本科院校的科研和技术等利益需求较小，特别是许多大型企业一般拥有自己的技术研究机构，因为他们担心地方新建本科院校的师生不能按时完成所交代的项目，且他们通常把需求

---

[1] 涂双滨.地方高校社会服务的激励机制研究 [J].洛阳师范学院学报，2015，34(4)：122-125.

寄托于省外或者区域外的知名高校，所以对地方新建本科院校联合协作的需求相对较少。地方新建本科院校服务的企业都是一些中小型企业，使师生不能在社会服务过程中获得更丰富的资源。

问（访谈某县纪委监委宣传调研法规室主任）：在合作过程中，您有没有一些比较担心的问题？

答：担心的问题肯定是有的。一是时间方面的担心，就是担心他们不能按时完成，因为如果他们不能按时完成，就会给整个课题的进度造成很大的影响。二是质量方面的担心，担心他们的成果做得不够好，从而影响整个课题的水平，因为我们这个课题很重要，如果做得不够好，对我们单位的影响很大。

3. 社会服务机制缺失

服务机制是社会服务顺利开展的重要保障之一。机制的缺失会使社会服务活动开展比较散乱，缺乏系统性，在实施过程中管理不集中。当前，地方新建本科院校社会服务制度，主要表现在以下3个方面。

第一，服务专门机构有待增设。社会服务机构是开展社会服务的载体，因此设立社会服务机构是社会服务顺利开展的重要条件。这里的服务机构是指社会服务专门机构。从当前来看，为了开展社会服务而设立专门机构的学校不多，大多都"镶嵌"于其他部门，比如由科研处或发展规划处来管理和执行。虽然铜仁学院自上而下地设立了社会服务专门机构，即从学校层面设立了社会服务中心，从学院层面设立了社会服务科，但是这都属于校内社会服务管理的专门机构，而要更好地与校外进行沟通与合作，搭建校内外合作共建社会服务平台也非常重要，这是沟通校内校外的一座桥梁，比如，科技工业园区、企业孵化器、工业—大学合作研究中心等。虽然黔南民族师范学院设立了一个都匀市联众力社会工作服务中心，但是该社会服务中心只是历史与民族学院专业师生合办的非营利性组织，这样的组织会使学校师生认为社会服务只是该专业的事情，与其他专业并无关联，会将社会服务局限在一个专业内，使其他专业师生缺乏社会服务的责任感与担当精神。另外，该机构是一个非营利性组织，开展的社会服务虽然具有公益性，但是这就局限了社会服务的范围。因为社会服务可以是非营利性的，也可以是共赢性的，如果只开展非营利性的社会服务，就仅仅做到了服务的一部分，一般而言，非营利性的服务通常是一些比较缺乏技术难度的服务，而要促进地方经济社会发展，还需要高校提供具有较高技术含量的服务。因此，建立校企共建的社会服务专门机构尤为必要。笔者通过对铜仁学院的调查发现，其创业孵化基地还处于规划中，仍需完善。

第二，服务专项制度有待修订。诗人白居易说过："仁圣之本，在乎制度而已。"由此可见，制度在我们的生活中发挥着至关重要的作用。服务专项制度是针对社会服务反哺人才培养的专门制度，对社会服务反哺人才培养起着约束与规范的作用。从学校层面来看，社会服务作为地方新建本科院校应用转型的重要职能，就应该为其制订专项制度，以便更好地开展服务。而从目前地方新建本科院校的制度来看，普遍缺乏相应的社会服务专项制度，这就使学校开展的社会服务活动缺乏系统性，由于社会服务专门机构的缺失，使相应的专门管理制度也缺乏保障，虽然部分学校制订了社会服务制度，但大多数散见于其他文件中。比如，贵州省遵义师范学院的社会服务相关准则就涵盖在其科研处的相关制度中，而贵州省六盘水师范学院的社会服务被包括在对外交流与合作的相关制度中。另外，笔者通过对铜仁学院的教师进行访谈发现，即使该校已经制订了专门的社会服务制度，但是考核和奖励制度还处于摸石头过河的阶段，制订出来的制度得不到师生的青睐，未能激发师生开展社会服务的积极性。

问（访谈铜仁学院教育学院某教研室某主任）：您认为当前学校社会服务制度还存在哪些问题？

答：我觉得我们学校在社会服务这一方面的激励政策不是很完善。学校刚修订的方案激励教师去拿大项目，而小项目的积分则很少。但事实上，不可能每一个教师都能拿到大项目，而且小项目也需要教师去完成。而学校在评估大项目和小项目的积分上又是不一样的，这种制度就很打击做小项目的教师的积极性。所以，我认为学校可以对这些方面的政策多加完善。

第三，个人评价制度有待完善。个人评价制度是提升师生参与社会服务积极性的法宝。社会服务的效益一定程度上取决于个人评价制度。而当前地方新建本科院校社会服务制度待完善尤其突出地表现为个人评价制度待完善。评价指向是对服务工作的一个重要支持和导向。例如，铜仁学院开展社会服务的主要目标是"引社会服务之水，灌人才培养之田"，而铜仁学院社会服务是按照项目到账经费金额来换算积分，以积分的形式进行评价，这样的话就会导致教师参与社会服务不是为了培养人才，而是为了"赚钱"。另外，由于人文学科、应用学科、自然科学学科的性质不同，所产生的经济效益也不一样，尤其对于人文学科来说，产生的经济效益更是难以核算。这就不能单纯地用积分对社会服务进行考核，这样的评价导向会导致教师受金钱的诱惑，轻教学和科研，也会影响人文学科类教师参与社会服务的积极性。

问（访谈铜仁学院马克思主义学院某老师）：您认为当前学校社会服务制度

还存在哪些问题？

答：现在学校要按项目到账经费金额来判断社会服务成果，这个是否合理有待进一步实践，希望能探索出科学合理的社会服务成果评估机制。

4. 社会服务资源短缺

服务资源是指学校所拥有的为社会提供服务的人力、物力和财力等的总称。资源是开展社会服务的前提条件。没有资源，开展社会服务就缺乏保障，社会服务就难以推进。当前地方新建本科院校的服务资源还存在较短缺的困境，主要表现在以下两方面。

第一，人力资源，主要表现为"双师双能型"师资队伍数量较少。"双师双能型"教师中的"双师"是指"兼具教师与工程师资格"的教师，"双能"是指兼具"教学能力、实践能力"的教师。社会服务人力资源的短缺主要表现为地方新建本科院校普遍缺乏具有实践经验的教师。根据访谈铜仁学院人文学院历史系某主任了解到，"地方新建本科院校里的教师基本只有从学校毕业后留校的一个历程，很少有在校外亲身参与政府、企业等社会其他机构的工作后再回到学校教书育人的"，这就使在地方新建本科院校中具有实践经验的"双师双能型"教师缺乏。再加上在地方新建本科院校朝应用转型以前不强调社会服务，就没有进驻企事业实践的意识，使教师对社会其他机构的真正需求掌握不到位，就无法向学生传授实践性知识，使学生仅仅将理论知识停留于抽象的层面或无法将所学知识与实际应用联系起来，导致培养的学生与社会需求不相适应。例如，笔者通过铜仁学院官网了解到，铜仁学院具有"双师型"教师 83 人，占教师总数的 14.1%，其中具有行业背景的教师 18 人，占教师总数的 3.0%，具有工程背景的教师有 7 人，占教师总数的 1.2%，具有行业资格证书或专业资格考评员资格教师 58 人，占教师总数的 9.8%（表 3-8）。

问（访谈铜仁学院人文学院历史系某主任）：在这个项目的合作过程中，您和您的团队有没有碰到什么困难阻碍项目的实施？您觉得遇到这些困难的原因是什么？

答：在这期间我们遇到了很多困难，虽然我们有高层次的人才，像博士和教授，但是他们是属于理论型和教学型的，他们在以前可以做科研，但与地方政府合作，涉及地方政策方面的内容，各位参与教师还需要更多的磨合，还有些刚入职的教师只有从学校到学校的经历，他们以前没有到其他行业、地方基层一线实践的经历。因为经验不足，他们还需要更多的磨合时间和机会。

表 3-8　铜仁学院"双师型"教师队伍

教师总数/人	"双师型"教师		具有行业背景的教师		具有工程背景的教师		具有行业资格证书或专业资格考评员资格教师	
	数量/人	比例/%	数量/人	比例/%	数量/人	比例/%	数量/人	比例/%
587	83	14.1	18	3.0	7	1.2	58	9.8

注：该表格来源于铜仁学院官方网站。

第二，物质资源，地方特色资源未得到充分挖掘。特色即独一无二、无法替代的资源。挖掘地方特色资源，凸显地方特色，是带动一个地方走特色发展道路、提升地方竞争力的法宝，因此，挖掘地方特色资源为地方提供社会服务，有助于了解地方需要的人才。地方新建本科院校的办学主要是面向地方，而地方特色资源可以提高社会服务的多样性和针对性，并培养出满足地方经济社会发展的个性化人才，从而使地方新建本科院校社会服务更好地反哺人才培养。虽然都是地方新建本科院校，但是由于各个学校的办学经验、办学逻辑起点、地理位置等环境的影响，使每所学校彰显的特色异彩纷呈，这些差异就是彰显特色、办高水平特色应用型大学的关键。因此，找准特色办地方新建本科院校尤其重要。但当前大多数地方新建本科院校还没有意识到这一点，学校开设的专业还是没有转型时开设的专业，或是迎合研究型高校的专业设置，没有根据地方特色，打造属于自己的独特专业，以至于培养出来的人才不能适应地方经济社会发展的需求。

（三）地方新建本科院校社会服务模式构建的策略

社会服务模式构建是地方新建本科院校开展社会服务的重要渠道，因此，基于地方新建本科院校社会服务模式构建的现实困境，应从理念、动力、机构与制度、资源4个方面对地方新建本科院校社会服务模式进行构建。

1.理清社会服务理念

理清社会服务理念是构建社会服务模式的龙头。因此，理清社会服务理念至关重要，需要从以下两个方面着手。

第一，追寻办学历史，找准学校办学定位。高校的办学定位直接关系到我国高等教育大众化程度的进一步提高，关系到建立自身优势、服务经济建设和社会发展。办学历史是办学定位的源头。一所学校要发展不可能完全忽视办学历史另起炉灶，而是要在办学历史的基础上搭建高楼，否则就如同无源之水、无本之木，就像空中楼阁，影响学校的文化底蕴，从而导致办学定位不清晰。有一定历史积淀的大学，就好比一杯茶，乍见很普通，品起来却让人回味无穷。所以，学校在确定办学定位前，一定要先了解学校的办学历史。在了解学校办学历史的前提下，再根据相应的办学类型选择适合学校发展的定位，这样才有利于更好地延续学校自身的文化。例如铜仁学院应追寻其发展历史，对其办学源头进行追溯，其兴起于 1920 年明德学校时期，发展于 1978 年贵州省铜仁高等师范专科学校时期，1993 年，经国务院批准，铜仁地区教育学院与铜仁师范专科学校合并，校名更改为贵州省铜仁高等师范专科学校。2006 年，经教育部批准，贵州省铜仁高等师范专科学校升格为铜仁学院，结束了铜仁市无全日制本科院校的历史，正是这段办学历史成就了其教学服务型大学的办学定位。

第二，加大宣传力度，增强社会服务意识。辩证唯物主义认为，意识是人脑的机能，能正确反映客观事物，同时反作用于客观事物。由此可见，服务意识作为符合发展现实的意识，其形成对社会服务开展起着推进作用。要开展社会服务，学校应该首先具备社会服务的意识，只有有了积极的意识，才能更好地促进社会服务活动的开展。高校社会服务的主体主要包括教师和学生，从学校层面深入贯彻社会服务的意识，从而影响教师和学生开展社会服务。首先，学校应该营造一种渲染的氛围，加大开展社会服务的宣传力度，使学校的教师和学生在耳濡目染中增强社会服务意识，把社会服务活动当作一项重要使命来完成。其次，学校要为教师和学生们留出时间去开展社会服务，而教师和学生要主动吸收和形成社会服务的意识，将社会服务当作自身的责任和义务来完成。学校应合理利用网络平台加大宣传力度，比如建立专门的社会服务网站或公众号，让师生了解并掌握社会服务到底是服务什么、为什么要开展社会服务、怎样开展社会服务等问题。另外，学校还可以编写社会服务案例供师生阅读，扩大增强社会服务意识的渠道。

2. 增强社会服务动力

从现代管理学的角度看，在没有受到刺激的条件下，一个人靠自己的自觉性，只有 30% ~ 40% 的总能力得以激发，而在得到充分刺激的条件下，则有 80% ~ 90% 的总能力将被激发出来。刺激对一个人能力的激发作用是不容小觑的。因此，笔者针对内驱力不足与外发引诱力不足的情况，提出以下解决策略。

采取正向激励，调动师生社会服务积极性。激励机制包括正向激励和负向激励机制，"正向激励指对地方高校社会服务贡献较大的组织或个人采取物质或精神奖励，以达到激励组织或个人目的的一种激励方式"[1]。正向激励机制包括物质激励、精神激励和环境激励等。因此，激励教师服务的内驱力，首先需要考虑制定合理的薪酬激励制度，这是高校师生取得社会服务良好绩效的根本动力。

[1] 涂双滨. 地方高校社会服务的激励机制研究 [J]. 洛阳师范学院学报，2015，34(4): 122-125.

其次要构建新的劳动供给曲线，在社会服务中，学校要将师生在社会服务中作出的贡献与薪酬挂钩，变保障因素为激励因素。再次，可以采用颁发荣誉证书、媒体宣传等方式进行激励，通过荣誉激励可以增强师生对地方高校的归属感和认同感，提高师生参与社会服务的积极性，通过自我激励增强师生在参与社会服务过程中的满足感和自豪感，进而更加努力地工作。最后，学校在开展社会服务过程中应努力为师生创造自我激励的环境和条件。

创建品牌效应，树立自我信心。"打铁还需自身硬"，要创建品牌效应就必须强化自身实力，只有自身有了底气，在创建品牌的时候才经得住社会的考验。铜仁学院虽然是铜仁市唯一一所本科院校，很容易提升知名度，但是，在与社会对接方面还需进一步提升，而与社会做好对接就需要抓住地方需求，了解铜仁市的发展动态，做好铜仁市发展的前沿研究，打好为地方服务这张牌。学校在锤炼好自身本领后就需要辐射推广，而推广就要利用好当前的网络平台，通过网络的形式使地方的人民知道铜仁学院可以发挥服务的作用，从而使需要帮助的单位、公司会主动走上门来寻求帮助。每次做好服务后，学校将服务项目制作成宣传手册或收入经典案例库，从而让外界更加信任，并且放心地把难题交给学校的"服务者"来做，长此以往，既可增强学校和社会之间的沟通，也可提升学校服务团队的知名度和服务主体参与社会服务的积极性。

建立联动激励机制，促进校政企利益共享。联动激励机制主要探讨政府、高校和企业三者在地方高校社会服务中的相互关系。地方新建本科院校属于地方高校的一种类型，与其他省会城市高校不同，其办学目的是为地方经济社会发展服务。地方新建本科院校办学经费主要来自地方政府，办学方向、办学定位、专业设置、人才培养等要根据地方经济社会发展的需求设置。地方政府和企业对地方新建本科院校的支持、协调和指导对其发展壮大起到了重要的助推作用。因此，基于此提出"三螺旋模式"，即大学与政府和企业三者之间开始以共同的利益需求为纽带紧密地凝聚在一起，形成了三股力量交叉影响且相互依存的组织间关系形态[1]，利益问题是维系三者间关系的基本问题。研究政府、高校、企业联动激励机制的应用主要是研究如何满足三者的利益需求和资源互补需求，主要包括3个方面：一是地方政府采取直接与地方高校协作和联合，满足其整合资源、促进经济发展和提高产业研发水平的动机；二是企业紧紧依靠地方高校为其提供智力支持和人才资源，满足其实现利益最大化的需求；三是通过发挥地方高校成为地方发展的"发动机"和"动力源"优势，满足其扩大办学经费、加速科研成果转

[1] 马永斌，王孙禺. 浅谈大学、政府和企业三者间关系研究 [J]. 清华大学教育研究，2007, 28(5): 26-33.

化和促进教育改革等需求。

3. 建立和健全社会服务机构与制度

机构是社会服务顺利开展的保障之一，而制度一般指要求大家共同遵守的办事规程或行动准则，机构与制度的建立可以使社会服务更加规范化。

自上而下，增设社会服务机构。社会服务机构是社会服务顺利开展的执行机构。因此，学校应从宏观层面设立社会服务部门，从整体上管理学校的社会服务事务。因为社会服务不仅是某一个专业的事情，而且是所有专业都应发挥自身的特长来为社会提供帮助。所以，为了提高各个专业的社会服务力度，对于学校而言不仅应从学校层面设立总体的社会服务职能部门及从学院层面设立社会服务机构来管理、计划和实施较微观的社会服务内容，还应从学校与企业层面设立合作机构，加强校企交流与合作。这种自上而下的社会服务机构，有利于全方位地为学校开展社会服务提供组织保障，确保学校有序地开展社会服务工作。

统筹兼顾，修订社会服务制度。制度是保障社会服务模式构建的又一个重要保证。统筹兼顾是指既要统一全面地筹划，又要同时兼顾几个方面。从贵州省地方新建本科院校的社会服务问题来看，除铜仁学院出台了相应的实施管理办法外，其他几所学校均没有设置专门的社会服务制度，这就使这些地方新建本科院校社会服务的政策导向不够明确。例如，对什么是社会服务、是否需要开展社会服务工作、怎么开展社会服务工作等缺少有关的阐释与规定，地方新建本科院校社会服务的发展规划、规章、管理运行办法等配套的管理制度还不够健全。这就使地方新建本科院校的教师和学生在进行社会服务时无章可循，没有相关的制度作为依据，就会影响教师和学生开展社会服务的积极性，从而阻碍地方新建本科院校社会服务的顺利开展。解决这个问题就需要学校做到统筹兼顾，制订学校社会服务制度，就是指既要从如何管理的大局出发，又要兼顾开展社会服务的一些细节，如社会服务的经费如何利用、合同如何管理、如何实行奖励和惩罚等。

分门别类，完善个人评价体系。评价体系是指引教师参与社会服务的风向标，利用得好就可以激发师生主动参与社会服务的积极性。一个健全的评价体系会使服务工作更具有导向性、针对性，对于服务主体来说也更加乐于参与社会服务。那么一个完善的评价体系应该包括哪些内容呢？首先，需要明确评价内容，这就需要对服务内容做一个清晰的界定，在界定的基础上用多种方法进行评价，如定性和定量的方法。其次，应设立专门的评价机构，其中评价主体也应多元化，不仅应包括学校的教师、学生、管理人员，还应聘请校外人员对社会服务效果进行评价。校外人员的参与不仅可以对学校的社会服务起到监督的作用，还可以对社会服务的效果起到客观反映的作用。尤其要区别对待专业和专业之间、学科与学科之间的差异，在理清差异的基础上进行评价。

4. 整合社会服务资源

资源也是开展社会服务的重要保障。因此，整合社会服务资源对地方新建本科院校社会服务模式构建尤为重要，现从以下两个方面进行资源整合。

第一，加强与校外企事业单位协作，打造"双师双能型"教师队伍。加强与校外企事业单位的协作，是打造"双师双能型"教师队伍的快捷途径。在为社会服务的过程中，教师是社会服务的主体，作为地方新建本科院校的教师，在地方新建本科院校朝应用转型发展的办学背景下，仅有理论知识是完全不够的，地方新建本科院校想要发展成为高水平的应用型高校，就必须有"双师双能型"教师。因此，地方新建本科院校的教师应加强与校外企事业单位的沟通和协作，并主动进行对接，了解并掌握社会的需求，或者通过进驻企事业单位挂职，或者让企事业单位的专家到学校进行经验分享，增加教师与校外企事业单位交流的机会，从而提高教师的实践能力。

第二，深挖地方资源，彰显社会服务特色。特色是每个人和每个事物存在的价值与意义。地方新建本科院校也一样，只有掌握了服务特色，才能使自己无法被替代，才能有竞争的优势。从地方新建本科院校的社会服务状况来看，大多数学校对自己的服务特色挖掘还不够，没有充分发挥自己的服务特色，因此，需要深入挖掘，从而凸显自己的社会服务特色。例如，贵州省的 6 所地方新建本科院校在地理位置上存在着差异，分别位于贵州省的东南西北，每个地区都有自己的特色所在，比如六盘水师范学院所处的六盘水市有"中国凉都"之称，遵义师范学院所处的遵义市有"历史文化名城"之称，黔南民族师范学院所处的都匀市有"高原桥城"之美誉等。这些都属于学校所处地方的特色，因此，地方新建本科院校应深入挖掘每个地方的特色，并以此来打造自己为地方服务的特色。

二、贵州省应用型高校社会服务的困境及优化路径[1]

如何理解"应用型高校社会服务"概念？2017 年发布的《教育部关于"十三五"时期高等学校设置工作的意见》规定"应用型高校主要从事服务经济社会发展的本科以上层次应用型人才培养，并从事社会发展与科技应用等方面的研究"，已经明确界定了应用型高校的内涵。结合这一类高校特点可以看出，应用型高校的人才培养和科学研究都以社会服务为目的，社会服务在应用型高校的大学职能

---

[1] 该部分为张杰著，曾以《贵州省应用型高校社会服务的困境及优化路径》为题刊发于《铜仁学院学报》2018 年 12 期，本书收录时有修改。

中处于统摄性地位[1]，其社会服务的目标主要是"直接满足区域社会的现实需求"[2]，服务手段主要以高校的社会服务职能统摄教学、科研，以此满足地方社会需求。在高校社会服务过程中，教师群体的社会服务意识会影响社会服务行为，而社会服务行为则有赖于社会服务制度体系的支撑，以此共同影响社会服务效果。基于此，以贵州省为例，结合6所应用转型试点高校开展社会服务工作的实际情况，分析应用型高校社会服务存在的困境，并提出优化路径，以期促进其健康发展。

（一）贵州省应用型高校社会服务存在的困境

自2015年以来，贵州省为了推进地方本科院校转型发展工作，先后将铜仁学院、贵州工程应用技术学院、黔南民族师范学院、六盘水师范学院、凯里学院、遵义师范学院6所院校作为应用型转型试点高校。笔者通过对2017年贵州省应用型本科高校转型发展现场会议和2018年贵州省地方本科高校转型发展推进会中各转型试点高校交流的文本材料进行分析后发现，当前这些应用型高校都结合了地方经济社会服务的发展需求，在专业结构、人才培养模式、师资队伍建设、产教融合、校企合作等方面，都采取了相关举措来推动落实社会服务工作。六盘水师范学院通过参与政府部门的科技特派员、农业特派员、"三区"科技人才开展服务工作。贵州工程应用技术学院通过产教融合提升社会服务层次：一是在校政合作方面，与毕节市七星关区政府合作打造"林青的远方"品牌，传承地方红色文化，与草海国家级自然保护区开展科技协同创新服务地方生态建设；二是通过干部挂职、支教帮扶等方式提升服务地方的能力。黔南民族师范学院与行业企业探索多种形式的产教融合和科技服务等工作。凯里学院通过校地合作、服务产业，与贵州侗乡大健康产业示范区共建大健康学院，在服务黔东南州大健康产业的同时，不断加强科研创新平台建设，积极为地方经济社会发展服务。遵义师范学院通过结合地方需求和自身优势，深化产学研合作，提升社会服务贡献率。铜仁学院在学校层面成立社会服务中心，各二级学院成立社会服务科，相继出台《铜仁学院社会服务提升计划》《铜仁学院社会服务管理办法》和《铜仁学院高水平应用型高校社会服务工作方案》等制度，引导学校师生为政府、行业企业、社会提供人才、科研、技术、文化、资源、公益、公共关系等服务。当然，在肯定成就的同时，不可否认，这些转型试点高校受主客观因素的影响，在社会服务过程中依旧存在一些亟待补齐的短板，主要体现在社会服务意识薄弱、社会服务制度

[1] 侯长林，陈昌芸.应用转型是在坚守大学根本前提下的转型[J].教育发展研究，2018，38(17)：6-14.
[2] 王岚.社会服务：地方本科院校应用转型的突破口[J].铜仁学院学报，2018，20(4)：53-55.

不健全、社会服务效果不佳三方面。

1. 社会服务意识薄弱

应用型高校是否能够真正落实"应用"二字,很大程度上取决于高校教师如何理解"社会服务",没有教师群体的大力支持,高校服务社会的办学宗旨就难以实现。笔者通过实地调研发现,转型试点高校在社会服务的实践过程中,在意识观念层面,大多存在以下 3 个方面的问题:社会服务意识欠缺、浅层次理解社会服务职能、片面解读社会服务活动。

第一,社会服务意识欠缺。笔者通过访谈发现,部分教师仍然停留在旧有的观念中,认为大学是象牙塔,教师的教学和学术发展是最高的尊严,为社会提供服务会有损教师形象。这部分教师没有清楚地认识到,当前知识生产方式发生了深刻变化,知识不再是"形而上",而是能够"落地"的,高校教师只凭借研究旨趣,纯粹地进行学术研究,来确定研究领域的时代已然过去,抓住社会服务的机会,加强与外部社会的联系,了解地方社会需求,解决地方社会的实际问题,可以帮助教师更好地实现专业化发展,"闭门造车"式的学术研究并不适用于应用型高校教师。

第二,浅层次理解社会服务职能。这主要体现在机械地"并列式"理解教学、科研和社会服务作为大学的基本职能,将教学、科研和社会服务人为地割裂开来,使部分教师在参与社会服务的过程中,觉得走出校门、走向社会(如去地方企业服务等)加重了工作负担,延长了工作时间,为自身发展带来了很多不可控的因素,如社会服务渠道的宽窄、社会服务时限的长短、社会服务评价的高低等。这些教师还没有充分认识到社会服务职能之于应用型高校的重要性,从某种意义上来说,教师服务社会,履行社会服务职能,可以"为人才培养和科学研究指明方向,是促进教学和科研发展的重要途径"[1],教师作为高校与地方社会的衔接者、参与人,对社会服务职能理解的偏差必然制约其发展。

第三,片面解读社会服务活动。部分高校在开展社会服务的过程中,存在片面解读社会服务的现象,不太重视人文学科教师参与地方社会服务。不可否认,在开展社会服务和产教融合的过程中,理工学科有着天然优势,人文学科处于相对弱势地位,结合贵州省实情,大力发展与社会关系紧密的理工学科,大力支持理工学科专业教师为贵州省经济发展服务,充分发挥其学科优势,在这一阶段有其必要性和迫切性,但是与之相对,也不能忽视与社会关系联系度不高的人文学科的发展,不能忽视鼓励和支持人文学科教师参与社会服务,从长远来看,制约

[1] 张杰. 应用型本科高校社会服务合理存在的哲学基础 [J]. 铜仁学院学报, 2018, 20(4): 50-52.

人文学科的发展并不利于地方社会文化的建设[1]。

2. 社会服务制度不健全

应用型高校的社会服务职能要真正落实，既需要一套完善的社会服务制度加以指导，也需要相应的机构加以支撑，更需要相应的管理人员充分发挥主动性，推进高校各项社会服务活动的顺利实施。但当前贵州省应用转型试点高校在开展社会服务的过程中，尚处于初步探索阶段，还未形成一套完整的社会服务制度，也比较缺乏专门的社会服务机构和专门的社会服务活动管理人员参与其中。

第一，在专门的社会服务制度政策体系方面，社会服务制度政策体系还处于不完善阶段。从国家层面来看，目前只有国务院于 1989 年 1 月 15 日成文、2011 年 12 月 14 日发布的《国务院批转国家教委等部门关于深化改革鼓励教育科研卫生单位增加社会服务意见的通知》，其明确指出要"从政策、制度上采取措施，调动他们的积极性和创造性，正确引导和鼓励他们以多种形式增加社会服务""各单位要建立、健全各项管理制度"。从地方层面来看，相关高校社会服务政策，多散见于一些文件之中，如《云南省人民政府办公厅关于深化产教融合的实施意见》《江苏省人民政府办公厅关于深化产教融合的实施意见》等。从学校层面来看，结合贵州省政策实际，在应用转型试点高校中，只有铜仁学院出台了专门的社会服务管理办法，形成了具体的社会服务成果奖励和积分量化办法，在其他高校官网上并未见专门的社会服务管理办法的相关信息。

第二，在专门的社会服务机构设置及专门人员管理方面，笔者通过学校官网检索的方式，发现目前只有铜仁学院设有专门的社会服务机构，配置相应管理人员及管理经费，搭建社会服务网络平台(比如铜仁学院社会服务中心网站的设置)，形成社会服务中心工作落实流程图等来帮助教师更好地开展社会服务活动，以专门机构配套人员的方式落实高校社会服务职能。而其他高校主要由科研处、对外交流与合作处等机构承担社会服务职能，同时兼任管理职责。总体来说，贵州省应用转型试点高校，在现阶段还比较缺乏专门的社会服务机构和专门的管理人员来推动社会服务活动。

3. 社会服务效果不佳

第一，以企业为主体推进协同创新和成果转化的高校社会服务体系尚未完善，现有的应用型高校社会服务体系不足以从真正意义上落实社会服务，社会服务效果有待提高。2017 年 12 月 19 日发布的《国务院办公厅关于深化产教融合的若干意见》，为应用型高校社会服务工作的开展提供了有益指导。该文件明确指出"以

[1] 金保华，刘禹含. 地方高水平大学的社会服务职能: 问题与改进 [J]. 教育探索，2015(11): 67-70.

企业为主体推进协同创新和成果转化"。对照政策文本，反观贵州省应用型高校社会服务的现状，从社会服务经费项目的来源看，当前高校开展社会服务项目的经费主要来源于政府，来源于企业的经费较少。从社会服务内容来看，高校与地方企业开展社会服务的内容多是技术服务、学生实习实训，在产业关键技术、核心工艺协同创新、高校与企业联合建设技术创新平台等方面，校企协同创新能力不足，企业没有充分发挥在社会服务过程中的主体作用，社会服务质量有待提升。

第二，应用型高校的科技成果转化率较低。2018 年 5 月 14 日，贵州省教育厅发布了《全省高校服务农村产业革命工作方案》，从某种层面上佐证了应用型高校社会服务效果不佳的现实状况。从服务农村产业革命项目数量来看，在第一批贵州省服务农业产业革命的 100 个项目中，遵义师范学院 15 个，贵州工程应用技术学院 3 个，黔南民族师范学院、六盘水师范学院、凯里学院、铜仁学院各 1 个。除遵义师范学院外，其他应用转型试点高校在养殖业、种植业、农产品加工业、中草药等多个产业领域产生的专利技术较少。从服务农村产业革命内容来看，贵州省应用转型试点高校与研究型大学相比，受各种因素（高校自身发展的基础条件、所处地域的经济发展水平及具备的资源等）影响，存在发展不均衡，项目成效不显著的困境。比如贵州大学（研究型大学）的科技服务，在现阶段已经取得了显著效果，能够较好地支撑地方产业发展，在核桃种植、猕猴桃产值上分别超过 15 亿元，经济效益良好，刺梨（贵农 5 号）已经在全国 13 个省（自治区、直辖市）得到大面积推广。但反观应用转型试点高校的社会服务现状，贵州工程应用技术学院仅形成工作体系，铜仁学院只形成对接铜仁市的生态茶、中草药、生态畜牧业、蔬果菌 4 个支柱产业，所以亟待提高高校社会服务的质量水平，改善社会服务效果不佳的状况。

（二）贵州省应用型高校社会服务的优化路径

针对上述贵州省应用型高校社会服务存在的困境，需要以树立主动引领社会发展的服务观为立足点，以完善社会服务制度为支撑，通过打造社会服务精品项目，将其作为摆脱困境的切入点，共同影响教师群体的社会服务行动，共构应用型高校社会服务的优化路径体系。

1. 以树立主动引领社会发展的服务观为立足点

诚如哈佛大学原校长德里克·博克所言："服务于社会只是高等教育的功能之一，但是却是最重要的功能""现在的问题不是大学是否需要使自己关心社会问题的问题，而是它们能不能承担它们所应肩负的责任的问题"。时至今日，对于应用型高校来说，社会服务职能统摄办学全局，更需要承担起服务地方社会的重责，补齐社会服务意识薄弱的短板。第一步就需要树立高校主动引领社会发展的服务观，以此作为高校社会服务工作开展的立足点，在这个过程中，就需要政府、高校自身及教师群体共同参与，只有三方明确自身在高等教育体系中所处的位置，明晰自身在服务地方社会系统中的职责，相互影响，共同促进，才能真正意义上帮助高校树立起主动引领社会发展的服务观。

首先，在政府层面，"更希望政府在管理上作为监督者、校企促进者和购买教育服务消费者"[1]。相关政府部门需要在政策制定、制度建设和经费投入等方面，引导、规范、保障高校社会服务活动顺利开展，从而不断推进高校服务社会的深度和广度，以此影响、引导高校树立主动引领社会发展的服务观。

其次，在学校层面，高校要深入贯彻党的二十大精神，坚定不移走产教融合和科教融汇道路，将高校打造成为"应用型人才培养、地方政府需求的服务、协同创新科技推广、文化传承创新四个高地"[2]。高校应在充分认识、深刻理解社会服务职能的基础上，主动与地方社会建立联系，积极拓展社会服务的领域与范围。比如在合作平台方面，积极探索产教融合理念下校政企"三角"关系，主动建立健全服务基地的校政企共建机制，推动服务基地联盟型发展、协同型管理，最终形成政府、企业（行业）基地联盟、学校三方组成的稳定"三角协同模式"，以此产出高质量的社会服务成果，带来巨大的社会效益，以成果收益带动高校教师转变思想，进而树立主动适应、引领地方社会发展的服务意识。

最后，从教师层面来说，教师一方面需要根据政府、高校的相关政策、制度，转变对社会服务的偏见，积极投身其中，成为地方社会服务的重要参与者；另一方面，也要关注应用型高校社会服务体系建设理论研究，用理论武装思想，发挥高校教师的研究优势，成为应用型高校社会服务理论的研究者。唯有如此，才能帮助高校树立起主动引领社会发展的服务观。

2. 以完善社会服务制度为支撑点

应用型高校要落实社会服务宗旨，为地方社会提供全方面服务，需要完善相关社会服务制度，以此为支撑点，保障其各项社会服务活动顺利开展，而制度的完善离不开组织机构的搭建和专业团队的组建。

第一，要设立专门的能够推动社会服务工作的组织机构。从某种意义上说，大学行政机构的设置应是大学组织的价值体认和功能确认[3]，社会服务作为高

［1］王宾齐.关于政府、大学和社会三角关系的定量研究假设：对伯顿·克拉克"三角协调模式"的物理学解析［J］.黑龙江高教研究，2011(5)：13-16.
［2］谢维和.高等教育：区域发展的新地标［J］.中国高教研究，2018(4)：12-15.
［3］徐梅.大学行政组织机构变革研究［D］.武汉：华中科技大学，2015.

校的重要职能，是教学和学术发展的延伸，需要设置相应的组织机构来保障其各项社会服务活动的开展，如在社会服务过程中，如何保障教师的权益、如何实现教师群体与地方服务需求信息之间的有效匹配、如何扩大高校的社会服务影响力等，这些都需要专门的组织机构来推进。

第二，形成专业的社会服务团队，打造专门的管理服务团队＋教师社会服务团队＋学生社会服务团队发展模式，完善相关政策。其一，专门的机构需要配置专业化的管理服务团队。社会服务工作人员既要掌握高等教育理论知识，又要具备践行行政服务管理职能所需要的行政能力，同时指导项目课程、服务学习等教学活动有效开展。其二，在教师层面，高校要建立健全教师参与社会服务的内部激励机制，在分类考核、职称评定、岗位聘任、人才奖励、评先评优、进修访学等方面，尽量实现教学、科研和社会服务"同分同值"。其三，在学生层面，高校要完善学生参与社会服务的奖励政策，探索学生在国家奖学金、励志奖学金、国家助学金、校级各类奖项评定中引入社会服务评价指标。

3. 以打造社会服务精品项目为切入点

贵州省应用型高校的社会服务效果不佳现象的背后，从某种层面已经折射出当前这类高校社会服务精品项目的匮乏，所以需要打造应用型高校的社会服务精品项目，以此作为摆脱困境的切入点。

第一，结合二级学院的学科专业特点，打造"一院一品"精品项目，围绕"社会服务要反哺人才培养、反哺科学研究"的目标[1]，科学制定、规范实施、重点打造社会服务精品项目，鼓励技术服务、文化服务、人才服务等服务项目以产品、论文、著作、专利、报告、案例等形式产出成果，提高社会服务项目的质量。

第二，在人才培养过程中开设项目课程的教学内容，邀请行业企业专家参与课程建设，实现社会服务和课程的融会贯通，帮助师生体验真实的社会服务项目，做到学用结合。

第三，加强高水平、多方参与研究平台建设。对于应用转型试点高校来说，研究需要聚焦在"地方需求"上，但服务标准则要向"国家标准"看齐，因为唯有这样，才能"带动学校综合实力提升"[2]。高校可以从三方面着手：首先，可以把现有的国家、省、市、校等研究平台逐步提升为主动把握社会需求的研究平台；其次，根据学科方向，成立多个地方发展研究院（所、中心），将地方经济社会发展作为重要研究内容[3]，以此打造地方的智慧引擎平台，助力地方智

［1］罗静．对铜仁学院"铜仁需求·国家标准"办学理念的解析［J］.铜仁学院学报，2016，18(6)：49-54.
［2］侯长林．应用型本科高校社会服务的理性审视［J］.职教论坛，2018(6)：6-11.
［3］陈昌芸．对教学服务型大学服务社会的探讨［J］.铜仁学院学报，2017，19(2)：53-57.

库建设；最后，搭建不同学科专业背景技术服务团队成员的相互沟通交流平台，充分利用社会服务培育基金等经费，以此培育若干富有高校特色、师生参与的社会服务精品项目。

三、应用型本科高校实践教学中存在的问题[1]

布鲁贝克在《高等教育哲学》一书中对普通教育与专业教育进行论述时，引用威尔逊的"专业人员所获得的自由教育决不能只是他们接受技术训练之前的教育，而必须与技术训练同时进行"[2]来阐述普通教育与专业教育必须相结合的观点。这个观点与当前地方本科院校应用转型过程中对实践教学的认识相契合，对关于实践教学方面的改革具有指导意义。在此，笔者结合阅读《高等教育哲学》的感受，谈谈对应用型本科高校实践教学的思考。

布鲁贝克指出："如果高等教育排斥某些为谋生所需的专门训练，就会导致某种不适应。"[3]笔者认为，布鲁贝克所说的"专门训练"与应用型本科高校的实践教学是相吻合的。应用型本科高校的人才培养定位是高素质应用型人才，强调应用型，是区别于研究型高校培养"从事学术研究的创新型人才"而言的。《国务院办公厅关于深化产教融合的若干意见》指出："受体制机制等多种因素影响，人才培养供给侧和产业需求侧在结构、质量、水平上还不能完全适应，'两张皮'问题仍然存在"。为了解决这些问题，应用型本科高校需要加强应用型人才培养，而实践教学就是其中重要环节。

近年来，从宏观上看，国家采用以政策推动改革、以地方试点带动全局、以项目建设拉动改革、以服务促改革4种方式引导和推动地方本科院校应用转型，取得了较为显著的成绩。但是，从微观上看，地方本科院校在应用转型过程中的实践教学仍然存在一些问题，主要表现在以下3个方面。

（一）实践教学目的的认识偏颇

实践教学是应用型人才培养的重要环节，部分学校的管理者或具体从事实践教学的教师，受到传统观念的桎梏，认为实践教学就是在实验室做实验，就是通过验证理论教学内容中出现的原理或规律，使学生巩固理论知识和加深对理论的认识，这种认识已失之偏颇。应用型本科高校巩固理论知识和加深对理论的认识仅仅是过程而非目的，实践教学的最终目的是培养学生的实践动手能力和创新创

[1] 该部分为杨忠华著，曾以《应用转型本科院校实践教学中存在的问题》为题刊发于《铜仁学院学报》2018年第4期，本书收录时有修改。
[2] 约翰·S.布鲁贝克.高等教育哲学[M].王承绪，郑继伟，张维平，等译.3版.杭州：浙江教育出版社，2001：93.
[3] 约翰·S.布鲁贝克.高等教育哲学[M].王承绪，郑继伟，张维平，等译.3版.杭州：浙江教育出版社，2001：94.

造能力，从而提升学生的综合素质。这种认识上的偏颇就会使管理者在实践教学资源分配中仅仅停留在过去的验证性实验、测试性实验的需要上，使教师的教学过程仅仅停留在过去的验证性实验和测试性实验项目中，实验内容或指导方式都一成不变，与社会需求脱节，毫无新意，缺乏对设计性实验、综合性实验的重视和指导。

（二）实践教学指导教材内容落后

实践教学是服务应用型人才培养目标的，因此必须与专业人才培养定位相一致。现行通用的指导教材大多数是根据实验项目编写的，一些实践教学指导教师不清楚应用型本科高校人才培养的特点，完全依赖教材，被教材牵着鼻子走，出现了"用学术型的实验项目，培养应用型人才，为实践岗位服务""用昨天的知识，培养今天的人才，为明天的需要服务"等问题，必然会导致"某种不适应"。如园林专业的实践教学指导教师在讲授有关软件的实践课时，就务必重视所用软件的新颖性、应用性，避免学生所学习的技能是已经被行业、企业所淘汰的。

（三）实践教学基地建设理念落后

实践教学基地包括校内和校外两种类型，对于大多数应用型本科高校而言，校内实践教学基地建设虽然有"模拟"未来学生工作岗位、尽可能"仿真"的意识，但在具体操作过程中，由于受到校内资源、教师认识水平等因素的限制，仍然存在"将就""与实际脱节"等现象，其校内实践教学基地生产化得不到充分体现。而校外实践教学基地在建设过程中，受到所在单位（或企业）生产项目的影响，其教学性得不到充分体现。基于此，中央政府曾在2020年前投资100亿元在全国范围内支持100所转型发展意愿强烈的应用型高校建设，平均每所学校支持1亿元，主要用于深化产教融合、校企合作，促进项目学校吸引行业、企业，开展实习实验实训、平台和基地建设等。此举极大地鼓励了转型发展走在前列的应用型本科高校主动探索产教融合、校企合作的实践教学体制机制改革，走出一条应用型本科高校实践教学基地建设的新路。

以上是笔者对应用型本科高校实践教学存在问题的一些肤浅认识，如何针对存在的问题，拿出卓有成效的解决方法，更值得深思和探讨。总之，应用型本科高校人才培养必须将理论教学和实践教学相结合，只有这样才能培养出适应社会需求的应用型人才。

第四章　比较与借鉴：国外高校社会服务模式的特点及启示

一、4所袖珍型世界名校对高水平应用型高校建设的启示[1]

　　《国务院办公厅关于深化产教融合的若干意见》明确提出要开展高水平应用型本科高校建设试点。而要建设高水平的应用型高校，必须放眼世界，学习世界名校的发展经验。虽然普林斯顿大学、巴黎高等师范学校、加州理工学院、浦项科技大学4所袖珍型世界名校均为研究型大学，但是对其形成与发展历史进行考察，笔者发现对我国建设高水平应用型高校也有很多借鉴和启示。其实，研究型和应用型不是互相排斥的，许多世界名校都是从一般应用型高校发展而来的，并且现在仍然是应用型高校，只不过是研究型高水平应用型高校。普林斯顿大学、巴黎高等师范学校、加州理工学院和浦项科技大学就属于这种研究型高水平应用型高校。当然，这里所谈的应用型是广义的应用型，包括师范类院校，以及其他定位为服务地方的文科类或综合类院校等，而非狭义的科学技术的应用型。我国目前正在朝应用型方向转型发展的高校，对于这些研究型高水平应用型世界名校，还难以望其项背，但是不等于今后的发展没有这种可能。我国高水平应用型高校建设试点也不会排除这种发展模式的选择。因为高水平应用型高校建设模式应该是多元的。沿着重视应用理论研究及应用学科方向发展的院校就有可能最终建设成为研究型高水平应用型高校。更何况，不同类型的高校之间也是可以相互学习和借鉴的，应用转型高校更应该具有海纳百川的胸怀和气度。

（一）4所袖珍型世界名校的基本情况

　　普林斯顿大学、巴黎高等师范学校、加州理工学院、浦项科技大学的办学历史不同，但均为袖珍型研究型世界名校。在这4所世界名校中，普林斯顿大学的

---

[1]　该部分为侯长林著，曾以《精致化发展：高水平应用型高校建设的策略——基于四所袖珍型世界名校的考察》为题刊发于《教育学术月刊》2019年第1期，本书收录时有修改。

办学时间最长，已有近 300 年的历史。在雪莉·蒂尔曼（Shirley Tilghman）校长任期内，普林斯顿大学的地位得到了迅速提升，从 2001 年到 2008 年，在《美国新闻与世界报道》美国大学综合排行榜中，连续 7 年位居全美第一。巴黎高等师范学校创建于 1794 年，几乎与法兰西共和国同龄，到 2024 年已有 230 年的历史。巴黎高等师范学校作为法国的学术与科技中心，学生培养质量很高，享誉全球，比如路易斯·巴斯德、罗曼·罗兰、让·佩兰、皮埃尔·布尔迪厄等众多法兰西的杰出人才，都是巴黎高等师范学校的校友。加州理工学院创建于 1891 年，到 2024 年已有 133 年的办学历史。在 20 世纪 90 年代，加州理工学院已经走在美国一流大学前列，尤其是其物理专业在全美大学研究生院中排名第一，生物学第五，数学第八，计算机第十一。浦项科技大学创建于 1986 年，是韩国第一所研究导向型大学，在不到 40 年的发展历程中，浦项科技大学已跻身世界著名研究型大学的行列，展现出了强大的发展潜能。

（二）4 所袖珍型世界名校的核心竞争力探究

普林斯顿大学等 4 所袖珍型世界名校，之所以能够在激烈的竞争中崛起，成为世界一流大学，其秘诀就是都非常注重核心竞争力的打造。所谓核心竞争力，是指"那些最重要、最关键、最本质的能使整个学校保持长期稳定的竞争优势的竞争力"[1]。那么，普林斯顿大学等 4 所袖珍型世界名校的核心竞争力主要体现在哪些方面？笔者对其进行探究，认为其核心竞争力主要体现在以下 6 个方面。

1. "小而精"的办学理念

普林斯顿大学等 4 所袖珍型世界名校对其办学理念表述各有不同，但有一个共同点，那就是"小而精"的办学理念。"小而精"的办学理念主要体现在学生规模和学科建设两方面。

第一，学生规模小。2018 年 5 月，4 所学校官网发布的数据统计显示：普林斯顿大学学生人数为 8013 人，教师人数为 1238 人，师生比约为 1∶6；巴黎高等师范学校学生人数为 2400 人，教师人数为 800 人，师生比为 1∶3；加州理工学院学生人数为 2100 人，教师人数为 300 人，研究员人数为 600 人，师生比约为 1∶2；浦项科技大学学生人数为 3619 人，教师人数为 270 人，研究员人数为 630 人，师生比约为 1∶4。具有较高师生比师资队伍的学校能够做到一生一导师制，保证教师有充足的时间和精力对学生进行学术指导。

第二，学科普遍不多不全。这些袖珍型世界名校虽然学科普遍不多不全，但都特别重视主干学科建设，力求做精。普林斯顿大学在学科建设方面，一直坚持

[1] 侯长林. 技术创新文化：高职院校核心竞争力培植的生态基础 [D]. 重庆：西南大学，2011.

自身优势，坚持做精做细，其数学研究为学校赢得了良好的声誉，被誉为世界"数学之都"，同时，其物理学研究也处于世界领先水平，"这两大基础学科的优势渗透到各个院系，成为普林斯顿大学的骄傲"[1]。巴黎高等师范学校同样重视主干学科和跨学科发展，"在创办之初便对学科设置格外重视。其文理兼备，主要包括数学、化学、文学、地理、哲学、历史等"[2]，文理平衡的学科建设思路是巴黎高等师范学校学科建设的一大特色。加州理工学院从不盲目增加学科和学科方向，始终坚守理工学院的本质，决不增加教育学、农学、军事学等学科，即使在理学与工学方面也不随意增加，坚持要做就做到最好的原则，重点打造生物学、数学、物理学、化学与化工、天文学、地质学等学科，但是也有侧重，比如 20 世纪 20 年代学科建设的重点是发展天文学、物理学和生物遗传学，随着第二次世界大战的爆发，学校将学科建设的重点放在国防科学上，20 世纪 50 年代后，又将空间科学与技术方面的研究列为重点。浦项科技大学设有数学、物理、化学、生命科学 4 个科学部门和材料科学与工程、工业与管理工程、机械工程、电气工程、化学工程、创造性信息技术工程、计算机科学与工程 7 个工程部门，以及 1 个人文社会科学系，秉承"重点研究领域"学科发展的理念，精心挑选了工程技术、物理科学、生命科学及钢铁技术研究等领域作为学科发展的重点。综合性大学一般都拥有文、理、法、农、工、医、管理、商、教育、艺术等十大学院，学科门类齐全，但是相比之下，普林斯顿大学等 4 所世界名校的学院设置都不多，且学科都不齐全。学生规模小，学科少，容易把事情做好做精，正如普林斯顿大学原校长蒂尔曼所说，"小即是美。正因为不需要所有都做，我们才能够集中精力和资源"[3]做想做的事，并努力做到极致。

2. 一流的师资队伍

第一，对教师队伍建设投入较大。普林斯顿大学等 4 所世界名校都把延揽一流教授作为学校发展的重要战略，并且不遗余力。比如普林斯顿大学的威尔逊校长走马上任时，学校的基金总额只有 380 万美元，只能维持正常运转，但是，威尔逊却拿出了动用 320 万美元的预算来延揽一流教授的方案，更让人想不到的是，他一上任就提出了一项庞大的开支计划，耗资高达 1250 万美元，是当时年度预算的 25 倍以上。[4]这确实是惊人之举，但他也是不得已而为之，因为当时的普林斯顿大学办学水平比较低，不仅远远落后于耶鲁大学和哈佛大学，而且落后于

[1] 陈梦. 普林斯顿大学核心竞争力发展及其启示研究 [D]. 武汉：华中科技大学，2010.
[2] 胡凯. 巴黎高等师范学校的人才培养对我国教育部直属六所师范院校的启示 [J]. 高等理科教育，2013(1): 75-78.
[3] 陈梦. 普林斯顿大学核心竞争力发展及其启示研究 [D]. 武汉：华中科技大学，2010.
[4] 陈梦. 普林斯顿大学核心竞争力发展及其启示研究 [D]. 武汉：华中科技大学，2010.

约翰·霍普金斯大学、哥伦比亚大学和芝加哥大学等。他这样做是期望把学校彻底变成一所具有现代意义的大学。

第二，教师队伍中名人多，教授、博士占比较高。巴黎高等师范学校拥有国内外一流的专家和学者，其教师队伍建设的经验就是，每年都要诚邀百余名其他高等院校或者法国国家科学研究中心（CNRS）的教师或研究人员到校讲学。1990年，加州理工学院共有专任教师314名，100%具有博士学位，教授占72%。[1]优秀教师队伍是浦项科技大学的自豪和骄傲，以2008年的数据为例，学校有全职教师230名，不仅博士学位的教师高达100%，而且其中60.6%的教师是在世界排名前100位的大学获得博士学位的，在本国获得博士学位的只有19.1%，从本校获得博士学位的只占1.9%。[2]可见，要在短时间内提升学校的办学水平，用重金招聘世界一流的教授是这些高校普遍采用的办法和手段。

第三，严格的教授评估制度。浦项科技大学从2010年起学习借鉴美国哈佛大学的教授业绩评价制度，建立了自己的教授评估标准。在评估中，严格实行"同行评议"的审查制度。该审查制度规定：委托5名以上的学者推荐，遴选出与接受审查的教授相同专业的世界排名前20名大学的5名教授来比较学术成果，以及发展潜力等科研能力；新教师在7年工作期内须接受终身职位评估，未通过评估的必须在1年内离开学校。

3.关注学生培养质量远胜于关注学生数量

第一，在质量和规模之间，选择质量。普林斯顿大学在学生培养方面的价值观是质量远比数量值得关注。这是普林斯顿大学对其人才培养进行反思的结果。在历史上，普林斯顿大学曾有过因为盲目追求规模扩张而人才培养质量下滑，使学校发展出现危机的经历。1888—1902年，普林斯顿大学入学人数从600人一下增加到1300多人，学校从"学院"升格为"大学"。但是人才培养质量则每况愈下，曾一度引起了学生和社会的强烈不满。1902年上任的威尔逊校长，对普林斯顿大学办学规模进行了较大幅度的缩减，并且连续5年削减招生人数。在质量和规模之间，普林斯顿大学选择了质量。

第二，实施导修制和导师制。为了确保人才培养质量，普林斯顿大学实施了导修制。学校基础课程基本上都是在大礼堂上大课，学生人数在100～150人。学生每周都参加由教授或是助教带领的小班，人数在10～15人，任务是复习一周之内所学的课程，形式主要是讨论，通过讨论给学生提供更大的空间去理解课

[1] 李硕豪. 加州理工学院成功的原因及其启示 [J]. 长春工业大学学报（高教研究版），2003，24(3)：16-17.
[2] 李明忠. 韩国浦项科技大学的办学定位与特色发展 [J]. 高等工程教育研究，2012(4)：136-141.

堂所学的理论。普林斯顿大学的导修制深受本科生喜爱，有人认为是"最具普林斯顿特色的教学方法，是普林斯顿大学的标志"。巴黎高等师范学校和浦项科技大学等均实施与普林斯顿大学的导修制相近的导师制，由于学生人数少，教师对学生整个就读期间进行一对一的指导，增强了教师指导的针对性，并有利于学生个性发展。

第三，重视课程管理。一是严格课程审批程序。普林斯顿大学成立了学习课程委员会专门负责课程审批，并介绍或发布本科课程的变化情况及其管理本科生项目的有关政策。课程审批严格按照程序进行：第一步，课程变更的提案提交学习课程委员会；第二步，学习课程委员会对提案进行审核；第三步，学习课程委员会审核同意推荐的提案将提交教职员工月会让所有教师进行投票表决。加州理工学院的课程设置主要由课程委员会和注册办公室两个机构来负责。二是力主教授授课。巴黎高等师范学校、加州理工学院和浦项科技大学由于规模不大，所有本科生课程都由教授亲自讲授。此外，普林斯顿大学等4所世界名校由于均是研究型大学，所以都要求本科学生参与教师的科研项目，培养学生的研究能力。

4. 强调服务社区或国家乃至世界

每一所学校都十分重视大学社会服务职能的发挥，并有自己明确的社会服务理念。在庆祝250周年校庆期间，普林斯顿大学将其校训确定为："培养具有世界眼光和胸怀的一流学者和学生，以引领世界发展来服务于世界。"[1]巴黎高等师范学校作为一所高等师范学校，担负着服务法国基础教育的责任和使命，其建校法令明确写道："为了使知识浸透共和国的每一个角落……使得这纯净、充裕、光明的知识源头，从共和国的先人那里一步步地传遍整个法兰西。"[2]加州理工学院对社会服务特别重视，并且很有成效。强大的教学研究团队和先进的科研设备，既使加州理工学院有很强的研究开发能力，又为其进行有效的社会服务创造了良好的条件。第二次世界大战期间，加州理工学院的教师根据国家的需求，全部转向为战争服务。据统计，在第二次世界大战期间，美国使用的火箭，有90%以上是加州理工学院的教师研发的。[3]浦项科技大学建校初期就"明确提出发展科学前沿、服务于韩国和全世界进步的办学宗旨"[4]。

［1］李石，陈桂云，韩立新.大学办学理念及其发展方略研究：以普林斯顿大学为例[J].扬州大学学报（高教研究版），2016，20(3)：14-17.
［2］胡凯.巴黎高等师范学校的人才培养对我国教育部直属六所师范院校的启示[J].高等理科教育，2013(1)：75-78.
［3］李硕豪.加州理工学院成功的原因及其启示[J].长春工业大学学报（高教研究版），2003，24(3)：16-17.
［4］李明忠."小而精"：后发新兴世界一流大学的特色发展战略——以韩国浦项科技大学为例[J].中国高教研究，2012(8)：45-49.

5. 不断突破的国际教育

开放办学，重视国际教育，也是普林斯顿大学等4所世界名校的共识。普林斯顿大学把"让所有的学生都能拥有出国留学的经验"[1]看成学校重要的教育目标。为了帮助本科生建立国际联系，普林斯顿大学实施了留学计划和国际实习计划。巴黎高等师范学校通过设立联合培养课程等形式进行国际交流与合作，与世界上60多个国家的高校建立了密切的合作关系，并鼓励学生到国外进一步深造。在国际教育方面，浦项科技大学致力于打造一支国际化的优秀教师团队，面向全世界大量引进优秀的韩裔科学家回国工作，提高大学科研的国际化水平，鼓励教师在国际期刊上发表论文，2013年，全校270名教师共发表学术论文2262篇，其中在国外学术期刊上发表论文2078篇，占总数的91.8%[2]。

6. 独特的文化氛围

普林斯顿大学等4所世界名校在其发展的历史中都积累并形成了自己独特的文化，比如普林斯顿大学的下午茶就很有特色。普林斯顿大学的下午茶通常分为两种：一种是比较正式的教授聚会；一种是学生聚会。教授聚会每逢周三下午在西休息室进行，学生聚会课余时间在东休息室进行。教授聚会比较正规，系主任及其他教授和夫人都要戴着白手套，穿着长礼服，用英国骨瓷茶具和沉重的银壶招待大家。学生聚会，教授们几乎都会参加，参会者谈天说地，或讨论数学问题，或互通有关消息，非常自由，学生们还会玩各种牌局游戏，这就使沉重、紧张的教学和科研生活得以放松，给人以心灵的抚慰。

（三）4所袖珍型世界名校的借鉴和启示

4所袖珍型世界名校关于核心竞争力的打造，对我国大学发展均有启示，尤其是对建设高水平应用型高校有很多值得借鉴的地方。

1. 追求卓越，聚焦高水平

我国许多新建本科院校由于办学时间短、底子薄，不敢在办学定位上有更多的想法。其实，这是不利于学校发展的。办学定位过高，高得不切合实际，肯定不行。但是"不想当将军的士兵不是好士兵"，不想成为"一流大学"的学校也是难以成为好大学的。要想成为"一流大学"，就要有追求极致的理念，就要有梦想。浦项科技大学作为韩国的第一所研究型大学，其办学的初衷就是"服务国家，为世界科学事业作贡献"。我国新建本科院校在未通过国家合格评估前，不敢提更高的办学目标，是可以理解的，但是经过合格评估后，仍然沿袭过去比较

[1] 别敦荣，陈梦. 普林斯顿大学的发展历程、教育理念及其启示[J]. 现代教育管理，2012(6)：105-111.
[2] 姚云，唐艺卿. 浦项科技大学"弯道超车"发展分析[J]. 大学（研究版），2014(12)：45-50.

低的办学目标定位，可能就不符合新的发展实际，尤其是起步相对较早的学校已经走过了十七八年的办学历史，完全可以在更高的层次办学了。但如果不及时调整办学目标，就会延误发展。因此，笔者以为，我国部分新建本科院校已经发展到"追求卓越，聚焦高水平"的阶段。每个学校的发展目标可以有不同的内涵和不同的表述，但是，追求卓越，聚焦高水平，应该是我国大多数新建本科院校的选择。办学目标随着办学水平的提升而不断调整，也是世界名校发展的成功经验。加州理工学院最初只是一所艺术和工艺学校，名叫色罗珀大学，后才改称色罗珀工艺学院，在创办之初的 15 年里，其办学目标就仅仅定位在为社区服务，并且当时还有小学、中学、商业学校和教师培训等项目，直到 1907 年这些项目才被取消。加州理工学院追求高水平的办学目标，是在 1911 年 3 月 21 日西奥里多·罗斯福总统到校发表演讲后才确立的。罗斯福总统在演讲中表示，希望看到学校培养出来的每 100 名学生中有 99 名比一般人做得更好，希望看到能够在国内兴建大型水利工程比如开凿巴拿马运河的人，"更希望看到剩下的那第 100 位学生受过良好的科学文化熏陶，成为像你们伟大的天文学家海勒那样的人"[1]。学校受罗斯福总统演讲的影响很大，不久就将培养罗斯福所说的那"第 100 位学生"作为自己的目标。普林斯顿大学用卓越的学术水平与本科教育服务国家 "追求卓越、止于尽善的精英教育"的办学理念，也不是在办学之初就确定的，而是在威尔逊教授出任校长后才提出的。可见，我国部分办学实力较强的新建本科院校根据新的办学实际确立"追求卓越，聚焦高水平"的办学目标，是符合教育规律，也是切实可行的。当然，新建本科院校所追求的卓越更多的是应用型高校的卓越，聚焦的高水平更多的是应用型高校的高水平，而不是基础研究型高校的卓越和高水平。新建本科院校的应用转型，不是低水平的应用转型。《国务院办公厅关于深化产教融合的若干意见》已经明确提出了要开展高水平应用型本科高校建设试点。这就是说，党和国家所期待的应用转型是高水平的应用转型。何谓高水平？不同学者对此有不同的理解，但是人才培养的高水平、科学研究的高水平、社会服务的高水平、文化传承与创新的高水平等，无疑是应用型本科高校建设与发展的重要选择。即科学研究的高水平也是应用型本科高校发展的选项之一，或者说，研究型的应用型本科高校也是建设高水平应用型本科高校的途径之一。这就告诉我们，研究型高校既包括以基础研究为主的研究型高校，也包括以应用研究为主的研究型高校。

---

[1] 蓝劲松. 小而精的学府何以也成功：对加州理工学院崛起的分析 [J]. 复旦教育论坛，2003，1(1): 66-70.

2. 调整规模，关注质量

我国部分新建本科院校要追求卓越，聚焦高水平，实现更高的办学目标，最佳的选择就是"小而精"的发展模式。其实，随着生源的逐步萎缩，继续走"大而全"的发展道路也是不可持续的，因为未来生源萎缩首先受到影响和冲击的将是新建本科院校。

要走"小而精"的发展模式，必须从调整规模入手。我国新建本科院校在规模方面存在的问题是：第一，学生规模偏大。2018 年 5 月，笔者根据我国新建本科院校官网进行统计，在 432 所新建本科院校（不含独立院校）中，师生比普遍偏低，平均为 1 ：18.43，其中，我国中部地区最高，130 所院校平均为 1 ：20.21；东北地区次之，47 所院校平均为 1 ：19.25；东部地区 148 所院校平均为 1 ：18.36；西部地区最低，107 所院校平均为 1 ：15.91。而普林斯顿大学等 4 所世界名校其师生比均在 1 ：6 以上。就拿我国师生比最高的西部地区 1 ：15.91 来说，与 1 ：6 比也有较大的差距。新建本科院校转型发展所要建设的应用型大学绝不是低水平的大学，不管怎么发展，其终极目标都是要走向"高水平"，走向"一流"。要走向"高水平"，走向"一流"，首先需要调整发展战略，由重视学生规模转向关注学生培养质量。调整学生规模，不是说一定要压缩到像普林斯顿大学等袖珍型高校那样的学生规模，中国有中国的国情，各个新建本科院校也有各自的校情，具体要视学校自身的情况而定。只有压缩学生规模，才能让广大教职工有更多的时间关注学生培养质量，进行科学研究和社会服务。每天疲于奔命，怎么可能把事情做好，怎么能够做出高质量和高水平？第二，学科全、专业多。这是我国绝大多数新建本科院校存在的问题。许多学校升本的前 10 年，由于办学经验缺乏，没有学科专业规划，盲目上马了一大批专业。就拿铜仁学院来说，现有本科专业 46 个，分别属于 31 个专业门类，涵盖教育学、文学、法学、理学、工学、农学、管理学、历史学、艺术学、经济学十大学科门类。一个地方新建本科院校办如此多的专业和专业门类，以及那么多的学科，学校的资源不可能支撑，有限的资源也不知道如何投放。显然，要建高水平应用型高校就需优化学科专业结构，按照学科专业一体化的建设原则，聚焦主干学科和主干专业，促使其率先发展。对当前呈"五指张开状"的学科专业，地方新建本科院校要坚决"握拳"，该合并的合并，该裁减的裁减，促使学科专业结构更加优化。2017 年，铜仁学院经过反复讨论，最后决定停招 11 个专业，并建立"增一退一"的专业发展和调整机制。同时，地方新建本科院校要努力打破学科专业壁垒，倡导跨专业培养人才、跨学科进行科学研究，要进行跨学科发展，就需要建立跨学科平台，组建跨学科团队，形成跨学科氛围，只有这样，才能逐步提升学科专业的核心竞争力，否则，很难办出高水平应用型高校。

3. 引进和培养并重，打造高水平的教学科研团队

要建主干学科和主干专业，就要努力打造一批高水平的教学科研团队。经过10多年的发展，我国新建本科院校师资队伍建设的数量问题基本解决，但由于办学水平低，高层次的、大的科研平台少，吸引不了高层次人才。这就需要大力引进人才，尤其是延揽各主干学科专业的带头人及学术和教学骨干。没有高水平的学科专业带头人及学术骨干和教学骨干，要想建高水平的学科专业几乎是不可能的，因为学科是跟着人走的。爱因斯坦在欧洲工作，世界物理学的中心在欧洲，他被普林斯顿高等研究院聘请到美国工作后，世界物理学的中心就转移到了美洲。同时，更要加大对学校自身人才的培养。只有引进与培养并重，才能逐步提升师资队伍建设水平。此外，地方新建本科院校也可以学习巴黎高等师范学校的做法，每年聘请一定数量的科学家等高水平研究和教学人才到校讲学，弥补自身高层次人才不足的现状。不过，要特别注意的是，虽然应用型高校同研究型高校一样，打造高水平的教学科研团队离不开对高水平师资的引进和培养，但是其所引进和培养的重点是能够从事高水平应用型科学研究和培养高素质应用型人才的师资。

4. 重视本土国际化，营造国际氛围

我国新建本科院校对国际教育普遍重视不够，有相当一部分新建本科院校至今没有招收留学生。这主要还是理念的问题，认为自己是新建本科院校，加上一般建在地州市，主要服务地方，办不办国际教育影响不大。其实，这是错误的认识。笔者曾经说过"没有国际教育的大学在当今高度开放的时代很难立足，甚至算不上真正的大学"[1]。世界高水平大学也没有一所不是高度国际化的大学，普林斯顿大学等4所袖珍型世界名校无一不把国际教育作为自己的价值追求。因此，高水平应用型高校一定是开放的。所以，国际教育不是办不办的问题，而是如何办好的问题。国际教育当然离不开招收留学生，但更重要的还是国际教育氛围的形成，让中国的学生在国际氛围中开阔视野、提升素质。这就是所谓本土国际化的问题，即"让更多的没有机会出国的学生获得国际化的经验，从而推动本土国际化的发展"[2]。本土国际化，在欧洲一些高校已经成为一条重要的办学经验，我国高校近几年也开始在这方面进行探索。

[1] 侯长林. 没有国际教育的大学算不上真正的大学 [J]. 铜仁学院学报，2017，19(1)：53-55.
[2] 侯长林，罗静，陈昌芸. 地方院校"双一流"建设的策略 [J]. 高教发展与评估，2017，33(6)：1-8.

5.培育特色文化，建设精神家园

普林斯顿大学的下午茶已经成为其独特的文化风景，对其人才培养和科学研究发挥了极为重要的作用。新建本科院校因为建校时间短，本科办学的积淀不多，加上有的学校对文化建设的重要性认识不到位，总体看，文化建设的路还很长。如何建设其文化？有不同的路径和方法，但是对特色文化的打造，是所有学校的方向，高水平应用型高校建设也不例外。要建设特色文化，就要结合学校的办学实际，尤其是要结合自身的历史文化传统和其所处的特殊的地域文化。学校的不同，根本还是文化的不同。新建本科院校一定要在特色文化建设上下功夫，努力形成自己的文化品牌，把自己的精神家园建设好，才能不断提升办学水平，最终成为高水平应用型高校。

二、美国高校社会服务模式及启示[1]

随着高等教育的发展，高校的社会服务职能越来越受到社会的青睐，美国高校社会服务职能从确立至今已有 160 多年的历史，它的出现将高校从"象牙塔"引向"动力站"，从确立至今已具备较为成熟的社会服务模式。高校社会服务职能的发展过程其实就是将高校从探索理论推向理论与实践相结合的发展过程，强调的是将高校的理论知识与资源运用于社会实践中，这就和我国新型转型高校——应用型高校的办学特征具有一致性。应用型高校作为我国高校转型发展的一种新型模式，"应用"二字在其发展过程中起着导向性作用，社会服务就是将理论运用于实践的一个重要途径，因此，社会服务对于应用型高校来说尤为重要。[2]我国应用型高校作为一种新型发展的高校，虽然已具有一定的发展经验，但是底蕴还不够深厚，社会服务职能还不成熟，因此，探索美国高校社会服务模式对我国应用型高校具有重要的启示和借鉴意义。另外，笔者通过对相关文献检索发现，对美国高校社会服务职能的研究不多，对其社会服务模式的研究更是屈指可数，其中柯玲、庄爱玲（2013）对美国和日本高校社会服务模式进行比较研究[3]，周晨虹（2014）对"大学社区参与"模式进行了评析[4]，李斌、刘佳（2015）对美国高校服务学习模式与中国大学生社会实践进行了比较研究[5]，但都没有

[1] 该部分为李周珊著，曾以《美国高校社会服务模式对我国应用型高校的启示》为题刊发于《铜仁学院学报》2019 年第 1 期，本书收录时有修改。
[2] 侯长林.应用型本科高校社会服务的理性审视 [J].职教论坛，2018(6)：6-11.
[3] 柯玲，庄爱玲.美国和日本高校社会服务模式比较研究 [J].西南交通大学学报（社会科学版），2013，14(4)：63-67.
[4] 周晨虹.美国大学社会服务的"大学社区参与"模式评析 [J].广州大学学报（社会科学版），2014，13(5)：59-64.
[5] 李斌，刘佳.美国高校服务学习模式与中国大学生社会实践比较 [J].中国青年社会科学，2015，34(1)：114-117.

对美国高校社会服务模式作一个系统的研究。因此，在社会服务作为连接高校和社会的桥梁的今天，探索美国高校社会服务模式尤为必要。

（一）美国高校社会服务模式的演变发展

社会服务职能是一个动态发展的概念，它最初起源于美国，是"威斯康星思想"的代名词。根据美国的建国史，我们可知美国是由欧洲大陆移民共同建立起的一个具有独特性的国家。欧洲大陆移民的不断涌进，使政治、经济、文化以及教育也随之被带到了"新大陆"。这就为美国教育，尤其是为高等教育的发展创造了条件。在独特建国史的影响下，美国高等教育也兼具独特性，而高校社会服务职能的诞生就是美国高等教育相较于欧洲大陆高等教育之特色所在。美国高校的社会服务职能在殖民地时期就已初见端倪，例如殖民地时期创办的九大学院的课程设置已开始注重职业训练科目，强调培养牧师、政府及公共事务管理人员等为社会所需人才的教育目的，注重校外世俗人士的意见与满足社会发展实际需要的学院管理方式，与社会共同筹措经费[1]，均体现出美国高等教育与欧洲大陆高等教育在办学模式上的差异，也是高等教育开始从"象牙塔"走向"动力站"的萌芽，高等教育不仅为宗教服务，同时也为世俗服务，注重与社会联系的特征开始崭露头角。虽然这一时期九大学院已有社会服务的影子，但并未形成一种特定的服务模式。

直到 19 世纪，州立大学开始出现，其为州服务的办学理念将高校社会服务职能推向高潮。随后爆发的南北战争，使美国社会开始出现了一个新的转折时期，工业化、城市化成为这一时期社会发展的主旋律，赠地学院运动的爆发为实用性高等教育顺应社会发展开辟了道路。康奈尔计划和"威斯康星思想"成为赠地学院教育理念的导向，这两大理念，尤其是"威斯康星思想"的产生，为美国大学打破欧洲大陆传统的高等教育模式，屹立于象牙塔之林，提供了重要的理论指导，使美国大学开始走向美国的现实社会生活，为高等教育继教学、科研后的第三职能——社会服务的产生奠定了重要的理论基础。自此后，美国高等学校的教学内容与美国社会生产和生活的实际需要紧密联系，高校社会服务职能正式确立。这一时期，高校的社会服务模式主要是高校向社会提供校内服务，与企业、政府的联系处于若即若离的状态，还处于探索发展阶段。

第二次世界大战时期，由于受到战争的冲击，美国高等教育开始与社会紧密联系，参与军事和政府引导的科研活动中，对战争产生了深远的影响。第二次世界大战后，美国的高等教育在经济繁荣、军事扩张、知识创新及高新技术开发等

---

[1] 贺国庆，王保星，朱文富，等.外国高等教育史 [M].2 版.北京：人民教育出版社，2006：148.

领域扮演着关键性的角色。尤其是社区学院的出现，为美国高等教育从大众化过渡到普及化架起了一座牢固的桥梁，促进了美国高校的社会服务职能由早期威斯康星大学的高校内部资源服务转向与社会融合，即开始与政府、企业深化合作。1951年，斯坦福大学科学园的创建标志着高校产学研合作的社会服务模式开始成为日后美国高校社会服务的主要模式。这一时期，美国高校社会服务职能进入深入发展阶段。

除此之外，美国高校的社会服务在20世纪90年代掀起了一次新浪潮。20世纪70—90年代，美国高等教育的发展进入一个艰难时期。首先，体现在受到财政困难的影响，这一时期政府的经济收入开始出现赤字现象，这给高等教育的财政带来了阻碍，政府的经费困难直接导致对高校的财政拨款减少，而拨款减少会影响高校的办学。其次，受高等教育大众化的影响，美国高等教育的办学质量严重下降。最后，科技知识的不断更替，促进了大多数人渴望学习知识，为满足民众的需求与渴望，美国高校承担着必要的义务，以上这些都成为美国高校亟待解决的问题。为了解决以上问题，美国高等教育改革势在必行，这就使得一种新型大学——相互作用大学开始在美国产生。相互作用大学强调大学与社区的合作与互动，这就为美国高校社会服务模式带来了新的发展，大学—社区参与的社会服务模式开始成为之后一段时期内美国高校社会服务的主要模式。

美国高校社会服务模式随着美国社会的变化，产生了不同的发展模式，但这些模式之间并未相互取代，而是互补的关系。至今，这几大模式依然屹立于美国的高校社会服务之林，但是由于高校之间存在办学特点和办学定位的差异，不同高校在选择社会服务模式时侧重点也不同。

（二）美国高校社会服务模式的类型

辩证法的发展观认为，一切事物都是处于发展变化之中的，新生事物代表着事物的发展方向，是为适应某段时期的发展条件应运而生的，具有强大的生命力。从美国高校社会服务模式的历史演进来看，美国高校的社会服务模式遵循了事物发展的一般规律。随着美国历史的发展，美国高校社会服务模式不是一成不变的，而是随着国家经济、政治、文化、科技等的不断发展而变化的。美国高校社会服务从确立至今已经探索出了多种模式，根据高校与社会的交互状态，可将其归纳为两大类：以"自我为中心"的社会服务模式和以"他方为中心"的社会服务模式。

1. 以"自我为中心"的社会服务模式

以"自我为中心"的社会服务模式在美国兴起于1862年，以早期威斯康星大学为代表，主要是指以高校为中心，向社会提供知识、信息、咨询、教育的"高校主导模式"。这一模式中被服务者是被动地接受高校提供的服务，是一种单向输出行为。其服务形式主要有以下 3 种。

第一，提供基础设施服务。高校向社会开放大门，让社会人士可以享受大学里的教学设备、科研设施及体育场地等。例如，校外人士可以免费享用大学的图书馆，因为美国高校图书馆享受联邦政府的资助，因此，他们就把这当作给予社会的回赠，同时美国高校还认为接受了来自政府的补助，就理应为社会敞开大门。因为他们开放的对象涉及不同的层次及岗位，所以针对的对象不同，提供服务的层次也各不相同。比如，他们为残障人员及儿童提供完善的设施和人性化服务；开放的时间每周达到 100 小时以上。[1] 除此之外，高校为了满足社会各界开展会议及举办活动的需要，还向社会开放大学的教室、体育场、实验室等场地。需要特别说明的是，为了遵从公益性的原则，高校向社会开放这些设施，都是不以营利为目的的。[2]

第二，面向社会传授知识。这是指高校通过向社会提供知识，提高社会的整体学习水平，从而帮助社会人士提供解决社会难题的办法。范海斯曾说："教师如果只致力于校园内的学术，而不为社会传授知识贡献一臂之力，那么只能说他仅仅是完成了自己职责的一半。"范海斯不仅如此说，还采取了实际行动。他通过调研，认识到向大众普及知识势在必行，因而号召威斯康星大学的学者和教师纷纷行动起来，结合所在区域的实际状况传授相关的专业知识，通过深入浅出的方法为当地居民教授知识，从而改变他们的行事方式。范海斯除了个人身体力行外，还带动他所在的学校做了不少工作。例如：威斯康星大学为了向社会普及知识和培训工作，专门成立了"推广教育部"（the University Extension），就是为了给社会人士提供丰富的知识和学习内容[3]，大约有 5000 人在教学地区中心学习大学的函授课程，福利处还可以给校外人士解答有关政府、教育、经济、卫生和社会上的各种问题；高校的实验室也对州范围的水、土壤、燃料、黏土、矿石等进行实验研究；利用讲座的形式对整个州的争议性问题进行讨论，还为地区讨论小组送福利，比如寄送和挑选图书资料。这些活动促使威斯康星大学与州融为一体，使得全州都变成了大学的校园。[4]

第三，向社会提供咨询服务。这主要表现在高校为政府部门提供专家咨询服务。这里的为社会提供咨询主要是指为政府部门提供专家咨询和向民众提供农

[1] 洪跃，王贵海.国外高校图书馆社会服务模式及借鉴 [J].图书情报工作，2013，57(14): 6-11.
[2] 陈贵梧.美国大学社会服务使命及其实现路径 [J].高等教育研究，2012，33(9): 101-106.
[3] 李凤玮，周川.大学为社会服务：范海斯的知与行 [J].现代大学教育，2018(3): 68-72.
[4] 刘宝存.威斯康星理念与大学的社会服务职能 [J].理工高教研究，2003(5): 17-18.

业咨询，这一服务方式首先由埃利倡导，其后由范海斯继承并发扬光大，增强了大学与州政府之间的关系。大学里各领域的专家，如社会学家、经济学家、农业专家、政治科学家通过在政府部门担任各种不同的职务，给社会提供研究与咨询服务。根据相关数据记载，威斯康星大学到1910年为止，在政府部门担任过职务的教授达到35人，但是，为政府部门提供的服务是非政治性的（nonpolitical service）。范海斯校长首先以身作则，在多个公共委员会中任职。受到范海斯的影响，许多大学的经济学、政治家、工程师、农业科学家都纷纷为各自领域提供服务，如政治科学家帮助政府起草立法草案、农业科学家则使该州的牛奶业有了较大的发展、工程师帮助州设计道路建设计划。[1]

2. "以他方为中心"的社会服务模式

以"他方为中心"的社会服务模式是指社会服务不仅是高校单方地向社会提供服务，而是与社会第三方建立联系，在相互协作、互相掌握对方动态的基础上向社会提供服务的一种模式，这一模式表现为产学研合作和大学——社区参与。

（1）产学研合作模式

产学研合作模式兴起于20世纪50年代的美国，在高新技术领域不断兴起与发展，美国高校意识到与企业、研究机构合作成为必然趋势，这成为20世纪50年代以后，美国高校为社会服务的另一种选择。产学研合作模式主要是指高校通过与企业、科研机构相互合作，共同协作，将科研成果产业化，从而加快国家经济发展的社会服务模式。美国高校产学研合作模式通过多种形式进行，主要具有以下几种形式：

第一，建立科技工业园区。科技工业园区主要建立在高校密集的地区，是由产业界和政府部门以高校为中心，利用大学里的人力资源和技术资源优势而建立的从事高新技术研究与开发的研究所或实验室及高科技园区。科技工业园区主要有3种组建方式：第一种就像1951年建立的"斯坦福研究园"，由高校建立；第二种就如同年修建的波士顿128号公路高技术园区，由企业构建；第三种就像1956年建立的北卡罗来纳州三角研究园区，由政府修建。[2]这些园区为了便于利用高校的先进设备与科研人才，选择修建的位置基本与大学毗邻，如硅谷科技园位于斯坦福大学、加州大学伯克利分校的附近，北卡罗来纳州三角研究园区位于北卡罗来纳大学与杜克大学的附近，亚特兰大科技园坐落于佐治亚理工学院附近。这些科技工业园区在建立技术企业集群的基础上，以世界级大企业，如通用

［1］刘宝存.威斯康星理念与大学的社会服务职能［J］.理工高教研究，2003(5)：17-18.
［2］许惠英.美国产学研合作模式及多项保障措施［J］.中国科技产业，2010(10)：72-75.

汽车公司、微软公司、苹果公司、沃尔玛等为标杆，促进科学、教育、产业之间的交融互惠。[1]

第二，建立企业孵化器。企业孵化器（Business Incubator）是一种为了给小企业和产品创新提供辅导的一个机构。[2]其主要作用就是培育出具有创新性及技术密集型的新建小企业，为它们的成长提供一系列服务设备、设施、融资援助、技术与管理咨询服务，为相关专家和企业家创造更多交流的机会，降低小企业成长的跌倒率，让小企业从中寻找经验，以此孵化出一批科技型企业家。这一机构的出现是科技工业园区对小企业与新公司成长照顾不周的一种补偿。根据企业孵化器生养父母的不同，可将其划分为地方政府或非营利组织主办、大学和研究机构主办、私营企业主办、公私合营的孵化器四大类。

第三，工业—大学合作研究中心。工业—大学合作研究在美国产学研协同创新模式中是最完善的一种，它主要由美国国家科学基金会管理实施，高等院校是研究的主要基地，围绕企业的要求开展课题研究。迄今为止，美国大概已创办了120个合作研究中心，它们的合作对象主要有众多国家实验室、联邦政府机构、行业合作伙伴、大学等。该形式主要有3种组织结构：第一种主要为了突破某项单一的技术项目，就是一对多的关系，即一个大学与多个有技术需求的企业结合，从而形成一个研究中心，这种组织结构在美国占比最高，达55%～60%；第二种是针对需要众多人力与物力才能解决的复杂技术项目，属于多对多的关系，就是需要几个学校和几个企业共同合作，当前在美国占比20%～30%；第三种是由联邦实验室、大学与国家科研院所等共同协作，相互之间通过签订合同来为大型公司提供技术创新上的支持，目前，这种合作形式占比相对前两者较低，只有10%左右。

（2）大学—社区参与模式

大学—社区参与的服务模式兴起于美国20世纪90年代，受到信息时代进步的影响，美国政府以及民众对大学主动对接社会需求的呼声也日益强烈，通过转变高校的办学理念和思想，与其他社会组织进行协作，共同为区域社会经济的发展和繁荣做出贡献[3]，这就对社会服务职能做了进一步深化和拓展。这一模式主要得益于厄内斯特·博耶提出的一种参与型机构的概念：一种在其社区结构中

[1] 李有刚，孙庆梅，于加东.美国高校参与产学研合作的模式、经验及启示[J].管理观察，2016(12)：126-128.
[2] 李有刚，孙庆梅，于加东.美国高校参与产学研合作的模式、经验及启示[J].管理观察，2016(12)：126-128.
[3] 曾蔚阳.从"威斯康星思想"到"相互作用大学"：我国新建地方本科院校战略发展启示[J].教育评论，2015(6)：162-164.

相互交织的机构。这是大学转型的一种参与方法和过程，不是基于从大学到社区的专业知识转移（技术转移），而是基于一个互动过程，其中所有参与伙伴都将批判性思维技能应用于复杂的社区问题。大学—社区参与模式相较于产学研合作模式，其服务范围更广泛，产学研合作模式的主体主要是高校、企业和政府，而大学—社区参与模式中的社区就包含企业与政府机构以及慈善机构、房地产开发公司、医院、中小学校、高等教育机构、各种协会等其他机构。这一模式的服务途径包括：

第一，衔接理论与实践，提升学习质量。美国州立大学在这一方面颇有成就，它们提供了服务学习（Service Learning）、顶点课程（Capstone Courses）等策略。服务学习的概念最初由美国南部地区教育委员会提出，其后，不同的学者对其有着不同的定义，其中最权威的理解由美国全国服务-学习交流中心（National Service-learning Clearinghouse，NSLC）在官网提出，认为服务-学习是一种教与学的策略，其目的是将理论学习、社会实践以及结构化反思相结合，让参与者在情境中学习，从而使公民负有促进社区发展的使命感和责任感。[1] 这一策略受到国家的高度重视，予以立法——《1990年国家和社区服务法》和《国家和社区服务信托法》的保障。除此之外，它具有教育性、强调服务与学习并重性、贯穿服务与学习每个阶段的反思性以及服务提供者与被服务者的互惠性等特征。顶点课程与服务学习有共通之处。顶点课程主要强调通过团队与项目的方式运行，其目的在于促进学习者将理论知识与实际运用相结合，在掌握学科知识的基础上解决实际生活中的问题。顶点课程除了传授学科或专业知识和强调对已经学过的知识进行重构与整合外，更强调知识技能的掌握与社会工作岗位之间的相互应和，以及通过知识的延伸、思索并加以批判，从而为知识赋予实际的内涵。在这一方面颇有造诣的是波特兰州立大学。该校于1995年就在社区的基础上开发了教与学的活动，并且将社区经验整合在顶点课程中，通过学生与社区成员共同参与、携手完成实践项目。比如，他们开设了众多的相关课程，在2019年开设的课程涉及395个主题，包括可持续发展、商业工程技术、生态学或可持续发展、在线或混合课程……例如，他们开设的一门课程叫"自行车障碍：波特兰的替代运输问题"，该课程主要研究波特兰问题中的替代交通，特别关注自行车在我们的交通系统中的作用。该课程与波特兰交通局合作，以评估居民对自行车和交通选择的态度。

第二，增加服务项目，拓宽服务领域。在新的历史时期，美国许多高校的服

---

[1] 李福春，李良方. 美国高校服务-学习：审视与反思 [J]. 中国高教研究，2013(5)：43-49.

务项目在原有基础上不断增多数量，而且拓宽了服务项目的领域及服务的人群，使服务项目类型更加丰富多样。例如，"密歇根州立大学就将服务活动扩展到州内所有 83 个县，为校外人士开展多种类型的学术项目、专业项目和证书项目；20000 多人参与到 80 多个项目，涉及教育、社会生态学、艺术、人类健康、工程、农业、自然资源等多个领域"[1]。密歇根州立大学社区音乐学院（CMS）是密歇根州立大学音乐学院的一个分支，为社区中不同年龄、能力和收入的个人提供音乐教育和音乐治疗。同时，密歇根州立大学将与社区的合作和伙伴关系作为参与奖评定的核心。密歇根州立大学在 2015 年的时候就为该校教育学院和底特律公立学校的合作项目颁发了社区参与学术奖，因为该项目给底特律有需要的孩子带去了数学及科学教育，为那些孩子提供学习的机会和为生活做准备。[2]

第三，构建国际平台，共解全球难题。在大学—社区参与模式下，社区不仅仅指大学附近的城市或州，这里的社区已经开始扩大到全国及全球范围，因此，全球化是这一模式的一个重要转向。建立国际之间的相互交流与协作、共同解决全球面临的问题是这一模式的一个新突破。当前，全球化时代社区服务关注的核心主要在卫生健康问题的解决、科技发展的推动力及能源问题的解决方面。例如，美国正开展的"为海地及荒漠化地区研发生物能源"（AE）和"多米尼加共和国山区水质优化"（WQD）项目体现的就是对能源问题解决的关注。面对国际难题，仅靠一个国家的力量是不够的，构建解决问题的国际平台也至关重要。为此，美国威斯康星大学麦迪逊分校还设立了国际化研究中心，以此来整合世界各国的资源，如他们为了给东亚地区提供法律服务而设立的东亚法律研究中心（EALSC），这一研究中心通过组织交换和工作坊的形式将泰国、中国、美国、日本与韩国各国的学生、贸易组织、政府人员与专家结合在一起，从而加强国际合作。[3]

第四，利用信息技术，拓宽服务渠道。进入 21 世纪以来，在保留了传统的辩论、函授教学和公共讨论等大学推广教育模式和科技不断革新冲击的背景下，新的推广教育模式开始逐渐映入我们的眼帘，一些新的推广性技术，如"名校公开课""电台""习明纳"等的出现，不仅为社区居民的学习提供了便利，并且这些活动通过向全国及全世界传递最新的信息技术，也实现了远程教育。这些新兴技术的兴

[1] 臧玲玲，吴伟. 美国州立大学社会服务的新框架："大学—社区参与"[J]. 外国教育研究，2018，45(7)：16-26.
[2] 臧玲玲，吴伟. 美国州立大学社会服务的新框架："大学—社区参与"[J]. 外国教育研究，2018，45(7)：16-26.
[3] 钱露. 全球化时代"威斯康星理念"的更新与实践：以威斯康星大学麦迪逊分校为例[J]. 中国高教研究，2017(4)：98-102.

起，不仅在很大程度上缩减了人力资本和时间成本，而且提高了过去由人为带来的准确率，比如莫格里奇中心与技术信息部门合作创建的一种简单易行的志愿者注册系统，就是这样的存在。除此以外，美国倡导的独立网站以及其他媒体资源、推特（Twitter）、脸书（Facebook）等一系列的电子产品，以便扩大校内社会服务中心及项目影响力。[1]

（三）美国高校社会服务模式的特点

美国高校社会服务模式的特点主要表现为"五性三化"，即动态性、地方性、针对性、互惠性、学术性；多元化、国际化、规范化。

1. 动态性

辩证唯物主义的绝对运动和相对静止原理告诉我们，运动是无条件的、永恒的和绝对的，静止是有条件的、暂时的和相对的。美国高校社会服务模式也遵循这一关系原理。美国高校的社会服务模式从开始形成到发展至今，并不是原封不动地继承，而是根据社会和经济的发展而处于不断地调整与发展过程之中的。高校社会服务模式的历史演变——由最初的"以自我为中心"，即通过高校向社会提供咨询、传授知识、提供基础设施的服务到"以他方为中心"，即面向社会的需求提供服务进行转变，从"被动地提供服务"向"主动地向社会提供服务"转变，从古典的"象牙塔"这一名称到现代社会"动力站"这一称呼的转变，都体现出美国高校社会服务模式中的动态性特征。

2. 地方性

正如德里克·博克所说："大学因拥有众多的图书馆、实验室、教室和办公室等综合设施而成为其所在社区的重要组成部分。无论如何，大学都不可能不引起社区的注意，学校里大量的学生和具有特色的建筑很容易吸引在周围生活和工作的人们的注意力。"[2]这就体现出大学是与周边居民紧密联系的，大学受到周边居民的关注。美国高校社会服务自始至终都是面向地方的需求开展的。例如，殖民地时期产生的九大学院中，"哈佛学院的教育目的就是要为文法学校培养合格的教师，为地方政府训练有学识的绅士及掌握各行业专业知识的实用人才"[3]，"19世纪杰斐逊创办的第一所州立大学——弗吉尼亚州立大学确立了州立大学应为地方发展提供服务的优良传统"[4]，西部州立大学的教育目标在于满足当地社区发展的需要，康奈尔大学和威斯康星大学将服务社会和促进地方

[1] 钱露. 全球化时代"威斯康星理念"的更新与实践：以威斯康星大学麦迪逊分校为例 [J]. 中国高教研究，2017(4)：98-102.
[2] 德里克·博克. 走出象牙塔：现代大学的社会责任 [M]. 徐小洲，陈军，译. 杭州：浙江教育出版社，2001：246.
[3] 贺国庆，王保星，朱文富，等. 外国高等教育史 [M]. 2版. 北京：人民教育出版社，2006：137.
[4] 赵静. 托马斯·杰斐逊与弗吉尼亚大学的创建 [D]. 保定：河北大学，2006：43.

经济发展作为自身的教育理念，其后的社区学院更是将为地方服务的理念发挥到了极致。因此，我们可以从中看出美国高校在社会服务的对象上将地方性贯穿其始终。

3. 针对性

美国高校在向社会提供服务的过程中就是与社会进行互动，在了解社会需求的基础上，根据社会的需求不断调整自身的服务形式和内容。因此，美国高校社会服务的针对性主要表现在服务内容和服务形式上。美国州立大学在专业设置上就体现了社会服务内容的针对性。美国州立大学对专业的设置会考察以下几个方面的问题：其一，设置的专业是否与地区需要相适应；其二，是否该州的其他高校已经开设该专业；其三，该专业是否符合市场需求及生源状况等。服务形式针对性的表现，如1925年创建的威斯康星校友研究基金会——美国较早设立的大学知识产权管理和转移机构之一，就是为了针对该校知识产权的转化、申报、权益以及管理等事务的处理。

4. 互惠性

在进行社会服务的过程中，美国高校从注重单向输出向双方共同参与转变，更加注重各参与主体的相互协作，以满足各参与主体的需要，形成了一种合作伙伴关系，这主要从新型的社会服务模式，即大学—社区参与模式中体现出来。服务主体关系的转变，即服务者与被服务者从被动地提供服务向主动提供服务转变，既是美国社会服务职能不断完善的体现，也是符合当下社会发展需求的体现。互惠性主要表现在：一是共同参与，社区不是被服务者，而是社会服务的同辈合作伙伴。大学与社区共同制订、实施和评价活动计划，双方均可作为活动的发起者。与此同时，为了提高社区的参与度和满意度，社区和其成员扮演的角色与发挥的作用在活动过程中应充分地考虑。二是互利共赢、互利互惠是参与型学术活动的出发点，指大学和社区均应得到提升和发展。这一点体现为大学和社区在合作过程中，大学能够从实践中为教学、科研和服务的探索提供佐证，并得到学术范式创新、教学实践平台拓展等资源上的支持，同时社区成员的整体素养得到了提升，并解决了关于环境、教育和安全等一系列问题。

5. 学术性

学术性主要体现为高校在社会服务过程中所表现出来的对知识的发掘、传播、保存与应用的过程，而非一般意义上的"志愿服务"[1]。学术性主要表现为利

---

[1] 臧玲玲，吴伟.美国州立大学社会服务的新框架："大学—社区参与"[J].外国教育研究，2018，45(7)：16-26.

用已知的知识向社会提供服务，在服务过程中又发现新知识，将学术作为连接大学与社区的一条红绳，从重视科研成果转向重视大学对社会产生的实际作用。例如，产学研结合的社会服务中，建立科技工业园区就需要利用高校的人力资源和技术资源，就要求参与的学者拥有丰富的理论知识和较高水平的专业知识，如果缺乏学术性，则高新技术研究与开发的研究所或实验室及高科技园区就难以建成。美国高校社会服务中的学术性既为服务活动提供了与大学人才培养和科研同等的地位，也为解决社会中的困境提供了智力支持。

6. 多元化

从美国高校的社会服务模式中，我们可以看出社会服务模式的类型和服务的形式是灵活多样的，不仅表现为校校合作，而且还体现在校企合作、高校与研究机构及与社区之间的合作方面，且每种合作方式都是非常多元的。例如，以高校为主导型的服务模式，就有提供基础设施服务、面向社会传授知识、向社会提供咨询服务的方式；产学研结合的模式也通过不同的路径开展社会服务。美国高校在社会的不断变革中，探索出了多元化的服务内容和服务方式。

7. 国际化

美国高校在开展社会服务的过程中已经开始把国际化作为其发展的方向。随着复杂问题的不断增多，地区和国家开始碰到一些难以仅靠一国之力就能够解决的问题，美国显然已经意识到这一点。比如，"威斯康星大学从2010年以来就开始为创建'无国界的威斯康星项目'与世界大学互联网，全球健康组织，国际学习、实习项目等组织建立伙伴关系，以此鼓励学生和教师打破地域和学科之间的阻碍，促进国际化问题的解决"[1]。因此，国际化作为未来发展的趋势，应受到高度重视。

8. 规范化

美国高校社会服务模式的不断深化发展，其健全的法律法规在其中发挥着不可忽视的作用。1862年颁布的《莫雷尔法案》是第一部将高校社会服务作为一种职能写入其中的法案。其后相继颁布的《哈奇法案》（1887年）、《亚当斯法案》（1906）、《史密斯—莱沃法案》（1914年）、《为了美国民主的高等教育》（1947年）、《高等教育法》（1965年）、《贝赫—多尔法案》（1980年）、《2000年目标：美国教育法》（1993年）等一系列法案也对高校社会服务的内容做出了规定，为美国高校社会服务的开展提供了保障体系，使社会服务作为高

---

[1] 钱露. 全球化时代"威斯康星理念"的更新与实践：以威斯康星大学麦迪逊分校为例 [J]. 中国高教研究，2017(4)：98—102.

校的一项义务为其在之后的实施过程中明确了规范性。除此之外，他们还制定统一的评估指标对大学社会服务的绩效进行衡量，认为如果没有绩效衡量，大学就无法知道他们在哪里伫立、他们是谁，或者他们是否已到达目的。

（四）对我国应用型本科高校社会服务模式的启示

应用型本科是在高等教育转型发展及我国经济社会蓬勃发展的背景下应运而生的一种高等教育办学方式。"用布鲁贝克的高等教育哲学观来评判，应用型本科高校更加偏向政治论，并且社会服务职能在应用型本科高校中占有统摄性地位"[1]，因此，学习借鉴他国的社会服务模式提高其办学水平十分重要。通过对美国高校社会服务职能的历史背景、模式及特征进行探索，可以给我国应用型本科高校办学提供以下启示与借鉴。

1. 应强调其社会服务的"动态性"

辩证法强调用发展的眼光看问题，认为发展是一种带有前进性质的运动，是事物由低级向高级、由简单向复杂、由无序向有序的上升的运动，它揭示出事物运动、变化的整体趋势和方向性的范畴。应用型本科高校在向社会服务的过程中应根据社会的变革和经济的发展来调整社会服务的模式，寻找能够顺应社会和经济发展的社会服务模式，如果提供的社会服务模式总是停留在原地，那么高校的发展也必将落后于社会。因此，掌握社会服务模式的"动态性"既是提高应用型本科高校自身发展的重要因素，也是其更好地服务于社会的重要条件。

2. 应注重其社会服务的"针对性"

矛盾的特殊性原理启示我们要具体问题具体分析，因此，高校在向社会提供服务的过程中应具有针对性。高校向社会提供服务并不是把自己具有的硬塞给外界，提供自己有而社会不需要的服务，而应在充分了解社会需要的基础上，向社会提供服务。正如拉里·R. 福克纳（Larry R. Faulkner）所言："大学在经济上的作用是区域性的，一所大学要想在区域经济中发挥作用，就必须了解这个地区的特点以及用什么方式为这个地区服务。"[2]应用型本科高校作为一种地方应用转型的新型高校，应科学合理地定位，抓住区域特点，了解所在区域的需求，因地制宜地采取服务方式。

3. 将"多元化"作为其社会服务的特色之路

多元化常被用于不同的领域。例如：在文化领域，强调文化多元化；在经济领域，常用来形容战略多元化；在管理领域，常用来强调多元化管理等。此处强

[1] 侯长林. 应用型本科高校社会服务的理性审视 [J]. 职教论坛，2018(6)：6-11.
[2] 陈丽萍. 看外国大学怎样实践体制创新走出"象牙塔" [N]. 中国教育报，2007-04-09.

调的多元化，主要是指高校社会服务职能的多元化，是突出个性发展和走特色发展之路的重要渠道。各应用型本科高校想要在高校社会服务的百花园中一枝独秀，就应选择多元化的发展道路。美国高校在向社会服务的过程中，并没有选择单一的服务路径，而是通过不断地探索，寻求不同的社会服务路径。美国高校社会服务从一开始发展至今，也在不断顺应新的历史潮流，在不同时期，对社会服务模式进行创新，根据各高校的发展情况选择不同的服务模式，促进社会服务模式和路径的多元化。比如，美国高校社会服务模式中，既有高校主导型服务模式，又有产学研结合、大学—社区参与的社会服务模式。在这几种模式之下，美国高校又采取了不同的服务方式和路径，如在产学研结合的社会服务模式中，通过建立科技工业园区、企业孵化器、工业—大学合作研究中心等渠道来开展服务。因此，应用型本科高校在开展社会服务的过程中也应注重多元化的服务模式和路径。

4. 把"学术性"作为其社会服务的价值选择

学术性是高校区别于其他类型机构社会服务的价值和特色所在，应用型本科作为高等教育机构的一种办学方式，在社会服务的过程中应该注重其学术性。此处的学术性不仅指通过学术向社会服务，还指在社会服务的过程中应保障高校内部的学术性。美国高校在向社会提供服务的过程中应以实践为基础进行学术知识的扩展，将学术性的社会服务与一般意义上的志愿服务区别开来，认为学术性是指知识的发现、应用、传播和保存等过程。同时，美国高校也对国家、政府和学校之间的关系进行了妥善处理，在保障高校学术自由和学校自治的基础上开展社会服务。应用型本科高校在办学过程中，虽然非常注重应用性，但是为了能避免其与我国高职高专社会服务的冲突，应用型本科高校更应注重其社会服务中的学术性，这就要求学校在处理与社会的关系时应保障高校的学术自由和学校自治的基本原则。因为，"学术自由不只是社会对言论自由作出承诺的一种反映，而且还是捍卫大学目的和教职员工利益必不可少的一个条件" [1]。

5. 注重"规范性"的根本保障和"互惠性"的长期保障

规范性是指国家为高校开展社会服务提供必要的法律依据，以保障高校社会服务的顺利开展。美国自《莫雷尔法案》以后也颁布了一系列法案，在服务内容和形式上都做了相应的规定，为美国高校社会服务能够顺利开展提供了根本的保障。规范性可以防止高校社会服务的短期行为，应用型本科高校在向社会提供服务的过程中为了规避短期行为的发生应注重社会服务的规范性。互惠性是指各主体在相互作用过程中，各司其职并各取所需，从而使各主体相互受益的过程。高

[1] 德里克·博克.走出象牙塔：现代大学的社会责任[M].徐小洲，陈军，译.杭州：浙江教育出版社，2001：20.

校在向社会提供服务的过程中，也得到了服务对象的反哺，双方在互动的过程中相互受益，这样一种服务形式是保障高校社会服务能够长期存在、永恒发展的重要措施。美国高校在开展社会服务的过程中非常强调与被服务主体间形成双向互动、合作的形式来满足各自的需要，形成一种伙伴与合作的关系。首先，高校通过与企业合作办学、向企业转让科研成果，加强理论与实践、科技与生产实际之间的结合，高校利用所获取的资助促进其物质条件的发展。其次，企业借助高校雄厚的科研实力来提高企业绩效和员工素质，合作双方就能够实现互利共赢，以此来保障双方的长效合作与发展。因此，为了保障应用型本科高校社会服务的长期性和长效性，规范性和互惠性就应得到重视。

6. 注重"地方性"的短期目标和"国际化"的长远目标

"面向地方，着眼于国际"是应用型本科高校提供社会服务的目标定位。"地方性"是指高校要根据高校所在地区的需求，向社会提供必要的、能够促进地方经济增长的服务。应用型本科高校作为大多数地方的"智囊团"，是推动地方经济发展的核心力量。但随着全球化和信息化的不断发展，国与国之间、民族与民族之间的联系日益紧密，全球化既给我国的经济发展带来了机遇，如果应用型本科高校不追求社会服务的国际化，那么未来也将会与世界脱轨。因此，应用型本科高校将国际化作为未来社会服务的追求尤为重要。所以地方性和国际化都是高校社会服务的目标，考虑到应用型本科高校办学历史短、办学条件还有待完善，应用型本科高校可以先追求地方性的短期目标，同时将国际化作为其社会服务的长远目标。

三、日本高校社会服务模式及其启示[1]

日本高校社会服务职能的发展是伴随着日本高等教育的兴起而出现的，自第二次世界大战后发展至今，已形成相对成熟的服务模式。2015年10月，教育部等三部委联合发布《教育部 国家发展改革委 财政部关于引导部分地方普通本科高校向应用型转变的指导意见》，明确提出了"应用型高校"的概念，因此，中国应用型本科高校面临着发展起步晚的问题。为了加快促进应用型本科高校的社会服务职能的发展，探索日本高校社会服务模式，对中国应用型本科高校社会服务的发展具有一定的启示和借鉴意义。

（一）日本高等教育的发展演变

日本近代意义上的高等教育起始于明治维新时期，从起源到发展大致经历了

---

[1] 该部分为李周珊、侯长林合著，曾以《日本高校社会服务模式及其启示》为题刊发于《高教发展与评估》2019年第3期，本书收录时有修改。

战前、战中、战后 3 个发展阶段。第一阶段为明治维新时期至第一次世界大战前。1868 年的明治维新打破了日本经济发展的封闭状态，开始向外界开放，这就给日本带来了挑战，既需要应对幕藩体制带来的国内危机，又需要应对欧美资本主义列强国家的侵略。国内外危机为日本社会经济的发展开启了一个新的模式，即要求打破封闭的国门，走资本主义的发展道路。基于此背景，日本政府做出了政策调整，并呼吁实施"富国强兵""殖产兴业""文明开化"的政策。作为文化开明的工具，高等教育是实现国家富强繁荣的一种方式，日本政府高度重视其发展[1]。

迫于当时实际状况的影响，培养一批有管理能力、指挥能力的高级人才来引导国家的发展成为当务之急。在这一时期，日本高等教育进入快速发展阶段。第二个阶段为第一次世界大战到第二次世界大战结束。这一时期日本的经济发生了转变，开始进入垄断资本主义阶段，政治上属于军事封建性的帝国主义国家，战争对高等教育产生了很大冲击。日本政府为了缓和国内矛盾、满足增强国力和继续侵略扩张的需要，对高等教育进行扩张并加强控制，开展军国主义教育。但是由于日本在第二次世界大战中处于战败国的劣势，日本的高等教育步入瘫痪和崩溃阶段。第三个阶段是第二次世界大战结束后。由于日本在第二次世界大战中战败，日本军国主义势力失败，所以日本高等教育的民主教育体制开始取代军国主义教育体制。从日本高等教育的发展演变来看，它从正式成立之初就具有浓厚的国家主义色彩，日本高等教育是伴随着日本政治和经济的兴而兴、衰而衰的，因此，日本高等教育的社会服务职能是从高等教育兴起之初就存在的。

（二）日本高校的社会服务模式

第二次世界大战后日本高校的社会服务受到多种因素的影响，政府占有绝对的控制权，通过制定政策等措施对高校的社会服务职能进行控制，终身雇佣制度使市场的流动性较差[2]。从日本高等教育产生至今，日本高校为社会提供了多种多样的服务，主要包括校内资源共享的校内服务模式和产官学研合作的校外服务模式。

1. 校内资源共享的校内服务模式

校内资源共享的校内服务模式是指高校通过学校内部资源和设施向社区提供服务的模式，日本高校校内服务模式主要体现在以下几个方面：

第一，学校图书馆对社会开放。日本高校采取了相应措施促进学校图书馆对

[1] 贺国庆，王保星，朱文富，等. 外国高等教育史 [M].2 版. 北京：人民教育出版社，2006：72.
[2] 刘晓光，郭霞，董维春. 日本高校社会服务：形式、特点及启示 [J]. 现代教育管理，2011(10)：122-125.

社会开放，1952年颁布了《改进大学图书馆纲要》，之后连续几年都发布了要求图书馆开放的政策， 1986年发布了《关于当前国立大学图书馆开展开放服务的策略》的调研报告，该报告提出，为了适应社会的发展需求，高校图书馆必须对外开放。1996年又颁布了《新设私立大学图书馆改善纲要》，该纲要和政策促进了日本高校的图书馆向社会开放[1]。2004年，日本总务省要求国立大学图书馆不限制身份和目的分享图书馆资源。日本高校图书馆全部资源与设施均向公众免费开放，所需费用由国家税收来支付。日本高校图书馆对外服务的方式主要有：校外用户利用图书馆网页进行电子刊、纪要、学术论文及学位论文等学校内资料的全文阅览；网络预约借书；文献的复制等数字化信息服务；节假日开馆服务。另外，图书馆联盟也是其社会服务的一项措施[2]。

第二，开展志愿者教育。1995年，阪神大地震是日本志愿者活动的导火索，日本志愿者活动由此发展至顶峰。有效开展志愿者活动需要志愿者教育鼎力支持，日本高校的志愿者教育开始受到重视并得以发展。日本高校志愿者教育的理论来源于美国的服务学习理念，但日本更强调为社区作出贡献，日本的志愿者教育是一种整合了区域、服务、学习的综合教育。日本高校为了保障日本志愿者教育顺利开展，主要采取了以下措施：①政府制定出相关政策；②开设涉及志愿者内容的课程；③设立与志愿者教育相关的管理机构。立命馆大学开展的志愿者教育最具代表性，其在1995年1月阪神大地震发生后，成立了以学生为主体的常设机构——志愿者信息中心，2004年设立了志愿者教育中心，2005年日本文部科学省授予其"现代教育需求支援项目"，支持立命馆大学开展志愿者教育，建立了全校层面的体系化实施方略[3]。

第三，制定成人招生制度。日本高校开展的成人招生主要是面向社会招收已经在岗的社会人士进入高校学习，学生年龄一般大于适龄人口，主要任务是通过在岗培训来拓展他们的知识，帮助他们解决工作中遇到的难题。其招收的学生分为两类：一类是"履修生"或称为进修生，他们需要学习学校制定的科目和专业，并参加考试，考试合格后学校向他们颁发某专业或科目的修业证书；另一类是旁听生，他们参与旁听，不必参与考试，学校也不给他们颁发任何证书。部分学校在招收的过程中制定了相应的要求。例如，要求学生要具备高中毕业文凭或者同等学力证明；有部分学校在年龄、职业、工作经验以及工作单位推荐等条件上做

[1] 陈枝清.日本大学图书馆面向社会开放及对我国的启示[J].图书馆建设，2008(9)：101-103.
[2] 孙颉，叶勤.日本大学图书馆社会化服务及启示[J].图书馆，2010(3)：60-61.
[3] 刘原兵.实现区域与学生的共同发展：以日本大学志愿者教育为核心的考察[J].洛阳师范学院学报，2014，33(1)：21-26.

出了相应的规定，但是在进入学校后就和学校的普通大学生享受同等待遇。由于这些学生基本上都是已在岗者，教学时间通常被安排在晚上、周六、周日及寒暑假；还有一部分学校在教学计划上也做了相应的调整，如外语和体育不作为必修科目。此外，一些学校还给成人学生颁奖，并且60岁以上的入学者具有免费入学以及减少课时的优待[1]。

第四，开展面向社会的公开讲座。日本高校开展公开讲座的目的主要是向社会普及专业知识。但是日本高校开展的讲座大多数是免费的，通常收费讲座的收费标准是在500日元到9万日元的范围内，讲座的内容也比较丰富，如涉及人生问题、社会与环境问题及一些实用知识，另外还涉及资格考试等。

第五，校园基础设施对社会开放。高校大门向社会敞开也是高校为社会提供服务的一种方式。在日本，多数高校已打破围墙的设置，向校外人士开放体育馆、运动场、教室等基础设施，校外人员可以自由进出高校，但有部分高校会设立门岗，校外人员进入需证件或登记，还有部分高校对幼儿和中小学生进入校园有相关的要求，例如，幼儿进入高校校园需家长陪同或教师引导，部分学校会禁止中小学生进入校园嬉戏与运动

2. 产官学研合作的校外服务模式

产官学研合作的校外服务模式主要是指高校通过与企业、政府和研究机构进行交流与合作，了解社会发展的需求，直接为社会提供服务的模式。自日本建立"科技创新立国"的基本国策以后，日本高校校外社会服务模式开始兴盛，主要体现在以下几个方面：

第一，高校与政府、企业以及科研机构开展交流与合作。日本政府的主导性决定了政府是实施高校与企业之间合作的保障机构。为了加强高校与企业的合作，政府制定了一系列制度，如委托培训制度、委托研究制度及共同研究制度等。除此之外，政府还颁布了一系列法律条文，例如，《大学技术转移促进法》《研究交流促进法》《产业技术能力强化法》《促进大学等向民间转移有关技术的研究成果之法律》《国立大学法人化》等法律条文[2]。增加资金和建立中介机构也是政府增加企业和高校之间的合作措施。中介机构主要包括政府认定的事业法人机构、非政府科技中介机构和金融体系中的大型咨询机构等。另外，政府还通过资助大学开设专题讲座、实施技术密集型地区规划和高新技术发展政策加强各机构之间的协作。政府在政策层面发挥着技术密集型地区建设和发展中的协调作

[1] 姚传德. 向社会开放的日本私立大学 [J]. 辽宁教育，2012(2)：88-89.
[2] 柯玲，庄爱玲. 美国和日本高校社会服务模式比较研究 [J]. 西南交通大学学报（社会科学版），2013，14(4)：63-67.

用，强调技术密集型地区的发展方向应符合当地生产和经济发展的方向。政府又借助各种优惠措施，鼓励企业投资技术密集型地区，争取高校和科研机构开展技术合作。同时，政府向投资技术密集型地区的企业提供税收、财政补贴等方面的帮助与扶持，为技术密集型地区的合作项目提供低息贷款，大力支持中小企业的发展，不断提高企业的自主创新能力。

第二，企业和学校的合作促进了产业与教育的融合，而企业与学校、研究机构的合作则促进了产业、教育和科研的融合。自第二次世界大战结束以来，日本主要通过官产学合作的方式向社会提供服务，日本政府高度重视高校与企业的合作。20世纪80年代在通产省的"通商产业政策的展望"中，日本政府第一次将原来的"民学官"变为"产学官"，并将产业界和学术界的合作视为国家战略措施[1]。共同研究、委托研究、建立科技园区是日本高校与企业合作的主要渠道。

共同研究是指通过在企业、大学和科学研究3个机构中选拔出一批优秀的、专业技术过硬的人员，共同构建一支科研队伍，以企业的发展需求为导向，进行研究的方式[2]。这种方式主要来自美国，其合作的方式主要有两种：第一，以高校或企业为研究中心，高校和企业共同投入研究人员、设备、经费，共同进行实践性、创新性的合作研究；第二，各个机构的科研人员在各自的机构完成各自的项目，之后各机构的科研人员进行集中讨论、研究、汇总。

委托研究是指企业将自己需要研究开发的项目完全移交、托付给高校和研究机构，由高校和研究机构的研究人员构建一支研究团队，利用高校和研究机构的设备开展研究，而企业完全不参与研究，仅提供经费支持的一种研究方式。委托研究的形式有：企业将需要研究开发的项目完全交付给大学和科研机构；大学或科研机构派人员到企业中进行研究开发。官产学研合作是推动日本科学技术创新的重要渠道、推动高校自身发展和人才培养的重要手段，现已被纳入日本的基本国策，也是高校社会服务重要渠道。日本这种外部社会服务模式主要是借鉴西方国家，尤其是美国的经验，并在结合自身国情的基础上进行吸收与借鉴，主要体现在以下几个方面："以官方为主导，作为立国之策"；"从企业需求出发，构建了产官学研合作的创新体系"，日本国家科技计划中的重大产业化项目主要采用产学研合作方式，而产学研合作项目主要从企业的发展需求出发，政府鼓励企业与科研机构和大学联合申请国家重大科研项目，同时鼓励中小企业参与国家科技计划项目；"技术转移组织，加强科技成果产业化"，技术转移组织的建立，

[1] 马磊.日本官产学研合作的经验与启示[D].沈阳：东北大学，2011.
[2] 李晓慧，贺德方，彭洁.美、日、德产学研合作模式及启示[J].科技导报，2017，35(19)：81-84.

为企业、高校和研究机构之间良好的沟通架起了一座桥梁，促进高校、科研机构的研究项目直接进行产业化。

建立科技园区。日本的科技园区体现在两个层面，即科学城和技术城。20世纪60年代，日本将发展战略从"贸易立国"转向"技术立国"，自此，日本科技园区建设开始兴起。日本科技园区的建立是基于美国硅谷的做法和经验，他们投入了大量的资金在兴建科学城和技术园上。1963年，日本兴建了第一个大学科学园——筑波科学城，1980年竣工。之后，日本又陆续兴修了一批科技园，例如：关西科学城、横滨高新技术园及九州高新技术园等产学研合作基地；神奈川科技工业园、广岛新技术园以及熊本技术城等一批科技工业园；日本硅谷也是在2002年文部科学省出台"知识群体创业计划"后开始兴起的[1]。日本高校科技园区的建立具有以下几个特点：首先，政府在其中承担着重要的角色，参与科技园区的建设规划、审批以及园区的建设和运营等；其次，科技园区的资金来源多元化，不仅政府投入资金，财团、企业等民间组织也是科技园区建设资金的重要来源；最后，人力资源丰富，科技园区的人力资源来源于大学、研究机构、国有企业及私营企业等，各个机构资源的协同整合，促进了科技园区的兴起及高新技术成果的转化。

（三）日本高校社会服务模式的特点

1. 立足"国家社会"的需要开展服务

日本高校是在满足国家需求的功利主义和实用主义办学思想指导下，在社会经济发展需求推动下和科学技术的发展下建立的，因此，从其出现起就有别于传统"象牙塔"似的高校。国家通过经费资助掌控高校的发展，并使其满足国家的发展需求。因此，日本高校注重为国家服务的理念，通过开展社会服务活动，支撑和引领国家与社会的发展需求是日本高校办学和发展的必然选择，也是其与生俱来的使命和义不容辞的责任。各高校通过瞄准国家和社会发展需求，开展切实的社会服务实践，提升社会服务能力，从而促进高校与国家、社会共同发展，履行日本高校的使命。

2. "政策法律性"的保障措施

完善的法律法规是日本高校社会服务顺利开展的保障。日本是一个具有浓厚的"国家主义色彩"的国家，政府在高校中占据着主导性的作用，通过颁布法律与政策的形式对高校社会服务进行引导与控制。日本政府颁布了一系列政策和法律文件，鼓励和支持高校更好地服务社会，保障了高校社会服务的长期性。日本

[1] 陈何芳. 论日本高校的科学研究与科技园区建设 [J]. 高校教育管理，2008, 2(5): 66-69.

政府颁布了一系列激励高校社会服务的政策法规，加强企业、学校及研究机构之间的合作，如《大学技术转移促进法》《研究沟通促进法》《知识产权基本法》《工业技术能力提升法》及《促进大学等向民间转移有关技术的研究成果法》等，这一系列政策法规的颁布促进了日本高校向社会敞开大门，加强了高校与社会的联系。政府不断完善和更新政策法规，加强高校、企业和社区之间的合作，使之更加规范和长远，避免了合作中可能出现的麻烦和纷争。

3. "互利互惠"的合作原则

在向社会提供服务的过程中，大学既是为社会服务的服务者，也是社会服务的被服务者，大学社会服务的过程既是对社会服务的一种反馈，也是大学发展到一定阶段的产物[1]。日本高校向社会提供服务并非仅是高校向社会单方的付出，而是一种双方各取所需、互利互惠的服务形式。这种合作的优势表现在两个方面：一方面，高校在向社会提供服务的过程中充分加强了高校自身与社会的联系，打破了高校"象牙塔"式的发展模式，在全球化、经济化、信息化的时代背景下，"象牙塔"式的高校已不能顺应社会的发展，使高校与时代发展接轨；另一方面，企业通过高校提供的社会服务，可以顺利解决企业高层次人才的需求问题以及科学理论与生产技术缺乏的问题。日本为了加强高校和企业的沟通，促进双方更好的合作，搭建了一些平台，如共同研究中心、技术成果转移组织等。

4. "内外兼容"的服务方式

日本高校为社会提供的服务是全方位的。日本高校在开展社会服务的过程中，既在校园内提供设施，也以"走出去"的发展方式与企业、研究机构结合，通过与企业和研究机构的交流与合作，了解日本社会经济发展的需求，更好地为社会提供服务。此外，实体机构也是日本高校发挥社会服务职能的载体，主要包括共同研究中心、科技园区、咨询中心等，这些实体机构促进了高校社会服务流程的规范化，为高校、企业和社区之间架起了沟通与协作的桥梁，使社会服务呈现规模化的趋势。

（四）对我国应用型本科高校社会服务的办学启示

结合日本高校近百年来社会服务实践的特点可知，日本高校社会服务职能是以德国模式为内核，参照美国模式，并以产官学研合作作为主要方式的政府主导后发外生型模式[2]。我国应用型本科高校作为高等教育转型的产物，是为了解决高等教育同质化问题、弥补本科层次职业教育的空白而制定的一个发展战略，其

[1] 陶培之. 大学社会服务职能的理性审视 [J]. 学校党建与思想教育，2015(21)：81—83.
[2] 龚云智，李冲. 日本大学社会服务职能制度化浅析 [J]. 当代教育实践与教学研究，2017(11)：222.

主要职能就是为地方经济发展服务。因为应用型本科高校的类型标签是"应用"二字，而应用就意味着广大师生不能蜗居在校园之内，将自己封闭起来，一心只读圣贤书，而要走出"象牙塔"，主动与社会对接，积极为社会服务。目前，我国应用型本科高校的发展存在许多问题，例如，由于起步晚、机制体制不完善、各方主体的定位不明确等问题，因此，社会服务职能尚待完善。日本是政府主导型的国家，政府在高校中占有主导性的作用，这和我国高校管理体制有一定的相似性，日本高校社会服务模式自第二次世界大战结束以来就不断发展，至今已具备较为成熟的模式，探索日本高校社会服务模式，对我国应用型本科高校社会服务职能的发展具有借鉴和指导意义。

1. 制定相应法律政策，保障社会服务顺利开展

在服务社会的过程中，日本高校极其重视制度建设，采取了制度化的方式来促进高校社会服务的长期性。从高校提供社会服务的历史和形式看，无论是学校、企业、社区还是其他机构或单位都愿意以正式或非正式的规范来加强相互之间的合作，以促进未来的交流与发展，同时为双方的合作提供制度保证。政府的作用是鼓励和支持高校通过法律、法规来提供社会服务。例如，2004 年，日本政府进行的国立大学法人化改革，将国立大学与市场紧密结合。我国应用型本科高校在开展社会服务时，应借鉴日本的做法，制定相应的法律政策，促进其服务的长远性和规范性。

2. 发挥政府职能，坚持适当治理原则

政府促进高校发挥社会服务职能时，应坚持适度性的原则。高校社会服务职能的开展需要政府采取适度的措施和一定政策来引导，政府适度参与可以促进高校社会服务职能在短时间内得以快速普及并实施，但政府如果超过了这个度，就会导致高校社会服务职能发生质的变化，导致高校开展社会服务奉命唯谨，使高校社会服务没有灵活性。日本在 2004 年的国立大学法人化改革中，就赋予了日本高校较大的"自主权"。我国应用型本科高校在发展过程中，必须处理好政府与高校的关系，政府在对高校进行治理时，应把握好"度"，不要管得过宽或统得过死，使高校失去自主性。

3. 了解社会需求，探索多元化服务渠道

在为社会提供服务的过程中，大学并非出于自愿，而是根据社会发展的需要，促进大学为社会服务[1]。高校通过了解社会需要和探索多样化社会服务渠道，可以提高社会服务职能。随着知识经济时代的到来，技术日益更替，作为人类社

[1] 陶培之. 大学社会服务职能的理性审视 [J]. 学校党建与思想教育，2015(21)：81-83.

会发展"动力站"的高校要主动适应社会，了解社会发展动向，给社会提供有实际价值的服务。当前，我国应用型本科高校还处于探索阶段，与社会对接，提高区域经济的发展是其责任和义务，新建本科转型应是"朵朵不同"[1]，这就要求应用型高校立足于地方的经济发展为社会提供需求，并追求不同的服务方式。

4. 坚守服务底线，保障校园人员的优先权

在提供社会服务时，高校必须坚持大学的基本学术原则，捍卫大学象牙塔的精神底线，走出校门承担相应的社会责任[2]。日本高校在向社会提供服务时，并非毫无底线。高校应该带给社会需要的，而不是社会想要的事物。正如德里克·博克所说，大学必然要走出象牙塔，但大学必须遵守一定的道德标准。弗莱克斯纳对此也说过，大学可以满足社会的需要，但不能迎合社会的欲望。大卫·科伯也提到，大学不能过分迷信市场，否则就会成为提供星级服务的宾馆。日本高校在向社会提供服务的过程中，首先保障了校园人的需求，有边界地提供服务，这就启示我们虽然高校向社会提供社会服务已是势不可挡的趋势，但是，高校在提供社会服务的同时还要守住自己的底线。高校的底线就是不要成为以经济为导向的工具性组织，而应保障高校内在的标准，比如，学术自由和以人为本的办学思想，当学生和社会人员存在利益冲突时，应首先保障学生的需求，高校在提供社会服务时，不要过于追求极端的功利主义、实用主义，不要过于追求物质而忽视了大学精神文化的培育，应保存好其学术价值。

[1] 侯长林. 新建本科转型应是"朵朵不同" [N]. 中国青年报，2016-03-21 (11).
[2] 侯长林. 大学的社会责任：对德里克·柯蒂斯·博克《走出象牙塔：现代大学的社会责任》的解读 [J]. 铜仁学院学报，2016，18(5): 36-42.

第五章 探索与重构：贵州省应用型本科校政企耦合型社会服务模式构建研究

一、地方高校社会服务反哺人才培养模式的构建[1]

社会服务是高校三大基本职能之一。地方高校身处地方，在履行社会服务职能时就应扎根地方、着眼地方，以服务地方为己任。自教育部等三部委 2015 年出台《教育部 国家发展改革委 财政部关于引导部分地方普通本科高校向应用型转变的指导意见》以来，一大批地方高校尤其是地方新建本科高校纷纷朝应用型方向转型发展。在发展过程中，高校社会服务职能得到进一步彰显，学校与社会之间的融合得到进一步深入。如何将社会服务资源转变为人才培养资源，构建社会服务反哺人才培养的模式，已成为亟待探讨的问题。

（一）地方高校社会服务反哺人才培养模式内涵解读

1.高等学校社会服务职能的缘起

高等学校社会服务的职能缘起于美国。1862 年，美国国会通过了《莫雷尔法案》，授权联邦政府通过土地捐赠的形式，资助各州建立面向产业界、培养工农业实用技术人才的新型大学。1904 年，范海斯在出任威斯康星大学校长一职的就职演说中明确表示："州立大学的生命力在于她和州的紧密联系。州需要大学来服务，大学对州负有特殊责任……州立大学教师应运用其学识专长为州做出贡献，并把知识普及给全州人民。"[2] 在这一理念的指导下，威斯康星大学确立了"为州服务"的办学思想。经过几年的发展，威斯康星大学得到了社会的广泛认可。1912 年，威斯康星大学教授、时任威斯康星州立法咨询图书馆秘书麦卡锡（McCathy）对威斯康星大学社会服务的实践活动进行了总结概括，并形成

---

[1] 该部分为罗静、侯长林合著，曾以《地方高校社会服务反哺人才培养模式的构建》为题刊发于《中国高等教育》2020 年第 5 期，本书收录时有修改。
[2] 陈学飞.美国、德国、法国、日本当代高等教育思想研究 [M].上海：上海教育出版社，1998：45.

了一部书稿，取名为《威斯康星理念》。同时，该理念还得到了时任美国总统罗斯福的充分肯定，并随之闻名美国。从此，社会服务逐步成为美国大学的一个重要职能并逐渐在世界各地的大学中推广开来。

2. 地方高校开展社会服务的含义及目标

高校开展社会服务的领域宽广，方式多样，路径多条。只要开展的工作对社会发展有用，为社会进步作出了贡献，都可以归属到高校社会服务的范畴之中。对地方高校而言，社会服务应更加接地气，更加着眼解决实际问题。具体而言，地方高校开展社会服务就是指地方高校派出师生，以政策研究、决策咨询、科技成果转化、项目委托、技术指导、进驻行业（企业）、挂职锻炼、支教等形式，为推动地方经济社会发展提供服务，在服务过程中打造"双师型"教师队伍、培养高素质应用型人才、履行社会服务职能。

3. 高校人才培养模式的概念

模式作为主体行为的过程，是连接理论与实践的桥梁，兼具理论与实践价值，任何一种活动的有效开展都需要构建合理的行为模式来支撑。高校人才培养要想提高质量，也需要构建人才培养模式。所谓人才培养模式，就是"指培养主体为了实现特定的人才培养目标，在一定的教育理念指导和一定的培养制度保障下设计的，由若干要素构成的具有系统性、目的性、中介性、开放性、多样性与可仿效性等特征的有关人才培养过程的理论模型与操作样式"[1]，既不是理论模型，也不是实践模式，而是理论与实践相结合所体现的主体的行为过程。这个过程，"不仅仅关涉'教学'过程，更关涉'教育'过程，它涉及教育的全过程，远远超出教学的范畴"[2]。

4. 地方高校社会服务反哺人才培养模式构建

社会服务反哺人才培养的模式，不同类型、不同层次的高校由于其所处区域及历史传统和现实状况不同，可以有不同的选择。铜仁学院地处贵州省东部，是2006年在原铜仁师范高等专科学校基础上升本的新建本科院校，在近几年的转型发展实践中，逐步探索构建了"引社会服务之水，灌人才培养之田"的社会服务反哺人才培养模式，因此受邀参加第六届产教融合发展战略国际论坛并以《产教融合是应用型高校厚植劳动育人土壤的引擎——基于铜仁学院"引水灌田"模式的考察》为题作创新案例发言，得到与会专家和兄弟院校的好评。该模式具体包括"直饮水"和"灌装水"两种形式。

[1] 董泽芳. 高校人才培养模式的概念界定与要素解析 [J]. 大学教育科学，2012，3(3): 30-36.
[2] 刘献君，吴洪富. 人才培养模式改革的内涵、制约与出路 [J]. 中国高等教育，2009(12): 10-13.

第一，"直饮水"式：师生直接参与社会服务项目实施并在其中得到培养与提升的过程。在这个过程中，学生与教师一起在具体项目实施过程获得直接的相关知识、技术及项目管理经验，就像一位口渴的人直接站在汩汩的泉水边，酣畅地享受水的润泽，所有收获都是直接的，没有经过任何的加工，也不需要另外的建构。间接获得知识、技术及经验的渠道固然重要，但是直接获得知识、技术及经验的过程更宝贵，给人留下的印象更深刻、更持久，也不存在传递过程中信息的衰减。

第二，"灌装水"式：在一个社会服务项目任务完成后，用文字、图片、视频的方式撰写案例，尽量清晰地呈现项目实施的全过程，并将案例放入专业教学资源库中，建立相关机制，引导教师将案例带入课堂，彰显应用型课堂教学的实用性，让没有现场参与社会服务项目实施的师生能够间接获得社会服务项目有关的知识、技术及经验，即间接"饮水"，促进其成长与发展。

（二）地方高校社会服务反哺人才培养模式形成的因素分析

关于超越教学过程的人才培养模式，要查找其形成因素，就需要跳出教学过程，把眼光放在整个教育过程中进行考察。因此，从社会服务反哺人才培养的教育过程看，这个模式的形成主要涉及以下三大因素。

第一，人才培养的需求。美国心理学家马斯洛（Maslow）在阐述需求层次理论时指出，人的一切行为都是由需求引起的。所以，人才培养的需求，是社会服务反哺人才培养模式形成的根本动力。高校不是单纯的科研机构，其社会服务的目的不能单纯地看作科技成果的转化和解决社会问题，更重要的是回归高等教育的初心——为人才培养服务，即"'引社会服务之水，灌人才培养之田'，是社会服务的宗旨"。所以，人才培养的需求，是社会服务反哺人才培养模式形成的动力性因素。

第二，开展社会服务的基础。没有一定的社会服务基础，对"社会服务之水"就没有吸引力，也就无法"引水"来灌溉"人才培养之田"。对地方高校尤其是大多数新建地方本科高校来说，不仅科学研究的基础薄弱，社会服务的基础更加薄弱，甚至大多数管理者和一线教师对社会服务的价值和意义认识都还不到位，致使许多学校管理者认为教师开展社会服务是在"干私活""挣外快"，教师开展社会服务也处于"私下""自发"的状态，无法形成团队，提升层次和水平。当然，这样的学校也就不可能将社会服务和人才培养职能融合加以思考，进而构建社会服务反哺人才培养模式。

第三，模式运行的制度。任何"现代组织要生存和运作，就必须有制度化安排，是制度化的安排使各种行为变得规范和稳定"[1]。社会服务反哺人才培养模式一旦形成，就是比较稳定的形式。这种稳定形式的保持离不开制度的保证。著名教育家夸美纽斯说得更到位："制度才是一切的灵魂。通过它，一切产生、生长和发展，并达到完美的程度。"[2]因此，如果没有良好的制度机制作保障，社会服务反哺人才培养模式也难以形成，就是形成了也难以长期正常运行。社会服务反哺人才培养模式牵涉学校所有的二级学院及其系或专业的广大教师和学生，以及校外的服务对象，如政府、行业、企业及社区等，涉及面非常广。同时，这个模式的运行将同人才培养、科学研究一样是长期存在的事业，没有健全的制度和有效的机制作保障，是难以良性运行的。

（三）地方高校社会服务反哺人才培养模式构建的策略

1. 坚持人才培养中心地位

《中华人民共和国高等教育法》明确规定："高等学校应当以培养人才为中心，开展教学、科学研究和社会服务，保证教育教学质量达到国家规定的标准。"但遗憾的是，有的地方高校在具体的办学过程中，人才培养的中心地位并未得到全面落实，口头上坚持人才培养中心地位，实际上并非如此，有的甚至在理解上都还存在问题。比如，有的学校管理者和教师至今分不清人才培养中心和教学中心的关系，往往用"教学中心"替代"人才培养中心"，这是大错特错的。教学只是教学工作部门的中心，而不是学校所有部门的中心，学校所有部门包括所有工作的中心应该是人才培养，即学校所有部门及其工作都应该围绕人才培养这个中心转，而不是围绕教学工作转。学校只有一个中心，即人才培养中心。科学研究、社会服务包括教学都应该围绕人才培养这个中心开展工作并为这个中心服务。人才培养的中心地位在学校真正确立了，广大教师才能真正认识到"引社会服务之水，灌人才培养之田"这个社会服务反哺人才培养模式的价值和意义所在，从而使模式的践行成为一种自觉。

2. 努力增强社会服务能力

没有较强的社会服务能力，就没有构建社会服务反哺人才培养模式的基础和前提。如何增强社会服务能力？首先，要确立社会服务在学校办学中的地位。大家都不怀疑大学的三大职能，但地方高校尤其是新建地方高校普遍重视的还是人才培养和科学研究，没有把社会服务摆在应有的位置。其次，要拓宽社会服务面。

[1] W. 理查德·斯格特. 组织理论：理性、自然和开放系统 [M]. 黄洋，李霞，申薇，等译. 北京：华夏出版社，2002：28.
[2] 夸美纽斯. 夸美纽斯教育论著选 [M]. 任钟印，选编. 任宝祥，熊礼贵，鲍晓苏，等译. 北京：人民教育出版社，1990：242.

为了能对参与服务的教师进行科学有效的管理和评价，铜仁学院将其所开展的社会服务项目划分为人才服务、文化服务、科研服务、技术服务、资源服务、公益服务、公共关系服务七大类型，这既是地方高校社会服务管理体系的创新，也是深化产教融合、对具有不同学科背景和专业知识的教师"量身定做"的类型，为"双师型"教师队伍建设开辟了新的道路。2017年，铜仁学院社会服务项目数243个，项目经费2225万元，2263人次学生和667人次教师参与；2018年，项目数227个，项目经费2228万元，4393人次学生和1098人次教师参与，项目任务涉及农业、林业、环保、旅游、大数据、教育、法律、交通、规划、文化、艺术等多个领域，教师的"双师"特质和学生的实践动手能力得到极大的锻炼和提升。最后，要提升社会服务的质。只有社会服务的质提升了，才能达到做强的目的。如何提升？一是要尽可能多地争取横向科研服务项目。这是本科高校社会服务的优势，也是高校社会服务品位的体现。就反哺人才培养的作用而言，横向科研项目对学生的培养和对教师的历练作用更大。二是要尽可能地争取大的社会服务项目。项目越大，涵盖的学科专业跨界越宽，参与的师生人数越多，反哺人才培养的作用越大。

3. 组建社会服务组织机构

人才培养职能作用的发挥有教务处主抓，科学研究职能的发挥有科研处主抓，那么，社会服务职能的发挥为什么不能设立主管的职能部门？这是我国目前许多地方高校社会服务职能发挥不好的最大的问题之所在。2016年，铜仁学院率先在地方新建院校中成立了校级社会服务中心，各二级学院相应成立了社会服务科。近年的实践证明，社会服务中心和社会服务科的成立是卓有成效的，并且"可以预测各地方高校迟早都会仿效铜仁学院的做法成立社会服务中心和社会服务科等与社会服务职能相对应的组织机构，可以不叫社会服务中心和社会服务科等名字，但这样的组织机构一定会有的"[1]。

4. 建立社会服务案例库

要"引社会服务之水，灌人才培养之田"，开展具体项目实施的师生团队不仅要直饮"泉水"的甘甜，更要通过撰写案例、丰富教学资源库，做育人资源的"搬运工"。专业负责人要定期组织讨论，研判案例信息与专业课程的关联度和课程建设需求的契合度，做好"库管员"。铜仁学院十分重视社会服务案例库的建设，到目前为止，已公开出版《依托梵净 服务发展：铜仁学院社会服务经典案例》第一辑和第二辑，共收录了社会服务经典案例70个，其目的就是："期望通过这套案例系列丛书，帮助广大师生总结社会服务经验，让更多师生了解区

[1] 侯长林，罗静. 论教学服务型大学的哲学基础[J]. 贵州社会科学，2017(1)：113-117.

域社会经济发展需求和行业最新发展动态，并将这些需求和动态带进课堂，为教育教学服务，为人才培养打开新的天地。"[1]

5. 完善制度和机制

地方高校社会服务反哺人才培养模式能不能建构起来，关键还是制度和机制。各个学校的制度和机制可以有所不同，但是至少要包括两方面：一是鼓励社会服务反哺人才培养方面的制度和机制。铜仁学院为了鼓励教师带领学生参与社会服务项目，出台了《铜仁学院社会服务管理办法》，在明确学校、二级学院、项目主持人责权利、项目及经费管理规则的同时，还要求教师在组建团队实施社会服务项目时，必须有 3 名以上的学生参与，且同一教师一年主持多个项目时，学生重复参与率（每两个项目之间的相同学生人数占总人数的比率）在 40% 以下。这就从制度和机制上将"社会服务之水"引向了"人才培养之田"。二是在人才培养方案中给"引水灌田"找一个着力点。比如，铜仁学院专门设有项目课程学分，将学生参加社会服务项目的培养过程"课程化""学分化"，这就在"人才培养之田"找到了"社会服务之水"浇灌的着力点。

二、应用型本科高校耦合型社会服务模式的构建[2]

自 2015 年教育部等三部委联合发布《教育部 国家发展改革委 财政部关于引导部分地方普通本科高校向应用型转变的指导意见》以来，应用型本科高校作为高等教育的一种类型如雨后春笋般地发展起来，为大多数地方本科高校的办学定位指明了方向。虽然国家给应用型本科高校的萌芽播下了政策的种子，但是应用型本科高校如何从一棵树苗成长为一棵参天大树仍需靠自我经营。这类高校如何成长为一棵棵参天大树？一方面，正如美国著名高等教育家德里克·博克所说，走出象牙塔是现代大学的社会责任，应用型本科高校作为现代大学的一部分，理应走出象牙塔，承担社会责任；另一方面，从应用型本科高校的"应用性"特征来看，应用型本科高校在一定程度上也是为承担社会服务职能而生的。因此，在应用型本科高校办学的初期，研究应用型本科高校的社会服务职能势在必行，而社会服务模式作为发挥社会服务职能的重要渠道，理应得到重点关注和深入研究。

笔者在中国知网搜索框输入"应用型本科高校社会服务模式"进行检索，截至 2019 年 5 月，仅检索到 1 篇文章，为学者李天源（内蒙古大学满洲里学院）从"应用型人才培养服务模式、应用型科研服务模式、区域文化传承创新服务模式、资

[1] 王岚.依托梵净 服务发展－第二辑：铜仁学院社会服务经典案例[M].湘潭：湘潭大学出版社，2019.
[2] 该部分为李周珊著，曾以《校政企耦合模式：应用型本科高校社会服务模式构建》为题刊发于《铜仁学院学报》2020 年第 2 期，本书收录时有修改。

源共享服务模式对应用技术型本科高校社会服务模式进行了构建"[1]。在知识经济与市场经济的背景下,应用型本科高校要走独立封闭式的象牙塔发展之路已不现实,应用型本科高校要深入发展就必须与市场相联系,并且社会主义市场经济的主体与主导——市场和政府应相互促进、共同协调、优势互补才能帮助其更好更快地走出自己的独特办学道路。"耦合型社会服务模式正好顾及了服务与被服务双方或多方的利益,强调双方或多方的紧密联系、深度融合与相互支持。"[2]基于此,笔者提出了构建应用型本科高校耦合型社会服务模式。

(一)应用型本科高校现有社会服务的模式及特征

理清应用型本科高校现有社会服务模式及特征可以了解其发展的程度与现有的优势与不足,从而发现耦合型社会服务模式的优势。基于此,笔者选取了铜仁学院(该校定位为应用型本科高校且社会服务开展情况走在前列)为典型案例,以此来探讨应用型本科高校的模式及特征。

1. 应用型本科高校社会服务的运作模式及其服务内容

笔者通过访谈该校的社会服务管理人员,了解到该校在2013年就开始对社会服务运作模式进行探索,并提出了"引水灌田"模式。"引水灌田"模式主要是在2013年国家倡导地方本科院校应用转型背景下,学校内部的生产性实习实训基地以及教师"双师"素养不足的基础上提出的。"引水灌田"是"引社会服务之水,灌人才培养之田"的简称。这种社会服务模式的主要目的是通过社会服务来反哺人才培养[3]。由此可见,这种社会服务模式是比较符合高校以人才培养为中心的定位,并且在学校转型发展的初期,针对办学资源比较缺乏的情况,引进校外的资源来打造校内的"双师型"师资队伍和提高人才培养质量是比较适用的。

该模式所采取的社会服务内容有:第一,人才服务,主要是指利用学科专业知识为社会提供专项服务,其内容有进驻企业(行业)、教职工挂职、教育培训、生产性实习实训、企事业职工在岗培训、支教等。第二,资源服务,主要是指为社会提供学校拥有的图书馆信息资源、体育馆、教学、科研等有形资产与其他可供利用的无形资产,如承担各种社会考试或赛事等。第三,科研服务,主要是指通过科研方式和科研设备向社会提供服务,如决策咨询、科技成果转化、软件开发、政策研究、科技研发、规划设计、文艺创作等。第四,技术服务,主要是指通过利用掌握的专业知识和专业技术向社会提供服务,如科技成果推广、各类资

[1] 李天源. 应用技术型本科高校社会服务模式新探 [J]. 呼伦贝尔学院学报, 2017, 25(2): 12-14.
[2] 侯长林. 应用型本科高校社会服务的理性审视 [J]. 职教论坛, 2018(6): 6-11.
[3] 罗静, 侯长林. 地方高校社会服务反哺人才培养模式的构建 [J]. 中国高等教育, 2020(5): 21-22.

源调查（普查）、技术指导、专家咨询服务、技术策划等。第五，文化服务，主要是指通过学科的优势为地方文化建设提供服务，如承办或主办、参与当地的文化与体育活动、为当地的文体活动做策划、做文化顾问等。第六，公益服务，主要指对有关社会公众的利益与福祉进行无偿性服务的一种行为，如政策宣讲、社区服务、"三下乡"活动、慈善活动、环境保护、法律援助或由社会或政府倡导与鼓励的其他公益性服务。第七，公共关系服务，主要是指通过与公众建立双向沟通与交流、互动，从而更好地服务社会的活动，如向社会提供参观学习的机会和主办（承办）会议等。

2. 应用型本科高校社会服务的主要特征

应用型本科高校在办学过程中，具有应用性、地方性与服务性等典型特征。铜仁学院在开展社会服务的过程中也形成了比较典型的特征：第一，主动性；第二，互补性；第三，多样性。

（二）应用型本科高校在社会服务工作中存在的不足

常言道："只有正视自己的不足，才能成就更好的自己。"因此，只有对应用型本科高校社会服务发展中存在的不足进行反思，才能构建起更加适切的应用型本科高校社会服务模式。从当前来看，应用型本科高校社会服务模式发展还存在以下不足。

1. 服务意识待提高

正如辩证唯物主义中所说："理论来源于实践，又反过来指导实践。"理论和实践是辩证统一的，因此，应用型本科高校社会服务的开展也应坚持理论指导和实践探索辩证统一的观点。但当前应用型本科高校社会服务还处于探索阶段，相关理论研究还有待深化。从大部分应用型本科高校的发展史来看，可以发现其办学根源不同：有部分是源于专科升格为本科的院校，也有部分源于新建的本科院校，还有一部分是老牌本科院校等。从国家层面来讲，应用型本科高校是在2015年10月教育部等三部委联合发布《教育部 国家发展改革委 财政部关于引导部分地方普通本科高校向应用型转变的指导意见》后正式兴起的，并以试点的方式开展实施。这些学校虽然转型定位为应用型本科高校，但是对怎样应用转型尚处于摸索前行阶段，对自己的转型方向也比较迷茫，对应用型本科高校的概念界定尚不清晰。此外，受传统大学办学模式的影响，这些学校对社会服务职能的重视也不够。这就使学校的教师和学生都认为学校还是"象牙塔"的一种存在，一时难以转变从"象牙塔"变为社会"动力站"的角色，而学校的服务主体缺乏了走出"象牙塔"的意识，就难以推动学校与社会接触，从而阻碍社会服务的开展，导致学校师生也缺乏服务的意识。虽然铜仁学院开展的各项社会服务活动具有主动性，但是这种主动性只是学校层面的，对于师生来说服务意识仍有待提高。

2. 互动耦合性较低

应用型本科高校在开展社会服务的过程中，对社会产生的效益有限，被服务主体的发展困境和深层次问题未能如愿得以解决，从而导致服务主体与被服务主体间的耦合性没有得到很好的接洽。这主要表现在高校内部和外部：从高校内部来讲，互动耦合性较低是应用型本科高校办学资源缺乏导致的。应用型本科高校的物质资源与人力资源相对于研究型大学来说缺乏学术研究，而相对于高职院校来说缺乏"双师双能型"师资，这就使应用型本科高校的社会服务模式还倾向于需求式。从外部来讲，外发牵引力不足，主要是指除应用型本科高校自身以外的其他社会机构对其开展社会服务的参与度不高、互动性不强。高校社会服务的开展不只是学校的事情，更需要社会各界的相互配合与支持。但目前应用型本科高校与外界的互动还不够深入。例如，地方政府对应用型本科高校社会服务的参与明显不够，主要表现在地方政府仅将应用型本科高校作为一个下属单位，缺乏"牵线搭桥"的意识，在应用型本科高校开展校企合作、提供优惠政策或者服务平台、加强校企之间人才培养合作模式等方面缺乏有效的管理。"地方政府对这类高校财力投入不足，如无法按照规定标准足额拨给应用型本科高校生均经费，不能提供这些引进人才的配套政策等，这些问题影响和制约了应用型本科高校社会服务的开展"[1]，导致地方高校、政府和企业三者之间耦合性较低。企业对地方高校的科研和技术等利益诉求不足，例如，地方的许多大型企业对应用型本科高校还不够信任，因此，当有需求的时候，通常会寄希望于省外或区域以外的名校，与应用型本科高校联合协作的机会比较少，而与应用型本科高校合作的大多是一些中小型企业。

3. 服务特色未彰显

服务特色是提升一个学校办学的核心竞争力，服务特色的彰显也是一个学校提升服务效益的关键。虽然"应用型本科高校"的名称是统一的，但是由于各个学校的办学经验、办学逻辑起点、地理位置等不同，因此每所学校都应该彰显其各自的特色。同时，用特色服务地方，凸显地方的特色，是带动一个地方走特色发展道路、提升地方竞争力的法宝。因此，应用型本科高校找准特色尤其重要。但遗憾的是，当前大多数应用型本科高校还没有意识到这一点，学校开设的专业还是之前没有转型时开设的，或是迎合研究型高校的专业设置，没有利用好地方

[1] 涂双滨. 地方高校社会服务的激励机制研究 [J]. 洛阳师范学院学报，2015，34(4)：122-125.

的特色，打造属于自己独特的专业品牌，在社会服务过程中也没有将特色之处展现出来。

4. 顶层设计有待完善

顶层设计是一个工程学的术语。在工程学中，顶层设计的本义是统筹考虑项目各层次和各要素，追根溯源，统揽全局，在最高层次上寻求问题的解决之道。[1]应用型本科高校作为一种新的办学类型，重点在于对接地方经济的发展需求，注重理论与实践的结合，而不再是单纯地寻求理论和基础教育的发展。这就需要应用型本科高校有一套专门针对其发展的制度体系，要促进这类学校的发展，仅靠学校自己的力量是不够的，国家层面的顶层设计至关重要。现实中，由于应用型本科高校的发展历史较短，还缺乏相应的促进机制。比如，高校教师都十分注重职称的评审，但是在教师的职称评审上，无论是研究型大学还是应用型本科高校都还主要以科研为导向。应用型本科高校想要走出自己的康庄大道，就应该注重社会服务职能的发展，但现行的以科研为主的职称评审导向并不利于社会服务职能的发展，所以国家层面关于应用型本科高校社会服务职能有效发挥的顶层设计还有待完善。

综上所述，应用型本科高校在社会服务过程中还存在一系列问题与不足，社会服务模式是其有效开展社会服务的重要路径，因此，对应用型本科高校社会服务模式的构建是解决应用型本科高校社会服务问题的必要前提。

（三）应用型本科高校社会服务模式的构建与选择

根据应用型本科高校社会服务模式的特征与不足来看，笔者以为，耦合型社会服务模式是应用型本科高校社会服务模式的优选，鉴于此，从理论基础、构建原则、模式构建与选择方面对应用型本科高校社会服务模式进行构建。

1. 应用型本科高校社会服务模式构建的理论基础

首先，从耦合的含义来看，"耦合"是一个复合词。"耦"字有不同的词性，作动词表示耦耕（古代犁田的一种方式）、耦犁（一种耕作法），引申意义为二人一组，指二人并肩耕地，例如，"长沮、桀溺耦而耕"（《论语·微子》）；做名词表示配偶、偶像，例如，"南郭子綦隐机而坐，仰天而嘘，答焉似丧其耦"（《庄子·内篇·齐物论》）；做量词表示双、两个一组，例如，"射者三耦"（《左传·襄公二十九年》）。"合"也可作为动词、形容词、名词、副词、介词、量词等，主要有闭合、合拢之意，例如，"公孙龙口呿而不合"（《庄子·外篇·秋水》）。"耦合"作为一个合成词，最初用于物理学概念中，其后又应用于计算

[1] 薛云，施琴芬，于娱.管理实践视角下的管理设计研究[J].科技与经济，2015，28(3)：11-15.

机科学、化学、数学、电子学等理工学科领域及社会科学领域。耦合的类型主要包括多场耦合、能量耦合、数据耦合、标记耦合、控制耦合、外部耦合和内容耦合。其耦合度的分类排列为内容耦合＞公共耦合＞外部耦合＞控制耦合＞标记耦合＞数据耦合＞间接耦合。由此可见，内容耦合的耦合度最高，间接耦合的耦合度最低。根据耦合的松散性来划分，分为高内聚、低耦合和高耦合、低内聚。高内聚低耦合是指两个模块（系统）或多个模块（系统）之间的依存度比较低或相互独立，而两个或多个模块（系统）内部的各要素之间的紧密度是比较高的。应用型本科高校的校政企耦合就属于高内聚低耦合，指这 3 个系统之间是相互独立的，而这 3 个系统内部的各要素之间却紧密联系。

其次，从耦合的要点来看，耦合主要包括 4 个要点："第一，关联性，指耦合的系统之间的各个耦合要素是开放的、相互关联、流动的。第二，多样性，即参与耦合的各个系统的耦合要素通过发挥各自的自组织能力，遵循信息自由流动和自然关联的原则，从而形成多种组合方式。第三，整体性，指参与耦合的各个系统的耦合要素以其所需进行重组，从而形成一个新的系统。第四，协调性，指参与耦合的各个系统的耦合要素通过打破原本的系统组合，重新构建一个新的各要素优势互补、相互协同的良性系统。"

另外，从耦合现象的特点与耦合效应来看，耦合现象包括 3 个特点，即系统之间是彼此独立的，系统之间有交流和联系的互动性，系统与系统之间、系统内部的各要素之间是会产生相互作用和相互影响的。耦合效应也称为互动效应，是指"两个或两个以上的系统或两种运动形式之间通过各种相互作用而彼此影响以至联合起来的现象，或者是通过各种内在机制互为作用，形成一体化的现象"[1]。两个或两个以上的系统之间形成共生发展的耦合关系时，就会呈现出一个新的结构功能体——耦合系统，这个系统能够发挥一加一大于二的整体效应与耦合效应。其中各子系统通过发挥辅助与缓冲作用，使耦合系统建立更优的负反馈机制、产生更强的能量集聚能力、发挥更稳定的组织结构与更高效的组织功能。[2]

2. 应用型本科高校社会服务模式构建的原则

原则是指"说话或行事所依据的法则或标准"，构建应用型本科高校社会服务模式的原则有共赢性原则、整体性原则、阶段性原则、核心性原则与多样性原则。

（1）共赢性原则

共赢性是合作长期开展的重要保障。美国在 20 世纪 90 年代产生的相互作用

[1] 黄剑坚，王保前. 我国系统耦合理论和耦合系统在生态系统中的研究进展 [J]. 防护林科技，2012(5)：57-61.
[2] 李培凤. 不同省域政产学研合作体系的耦合效应比较 [J]. 科技管理研究，2018，38(9)：99-103.

大学是大学社会服务发展到一定阶段的产物，其中就强调了寻求服务主体与被服务主体共赢的社会服务模式。应用型本科高校在提供社会服务的过程中，应遵循共赢性"原则，以保障社会服务的有效长期开展。一提到"社会服务"一词，人们更多地想到与公益有关的服务，认为得到报酬的服务就不算社会服务，其实这是对社会服务的一种狭义理解，社会服务职能不仅包括无偿服务，还包括有偿服务。高校社会服务职能是逐步发展的，最初高校的社会服务更倾向于无偿性服务，但发展到高级阶段后就更趋向于双赢的服务。共赢性主要表现在以下几方面。从服务主体（学校、教师、学生）来说：对于学校，不仅可以弥补应用型本科高校教学硬件设施不足问题，还可以便于掌握社会服务人才需求，有利于校本课程的开发，从而调整人才培养方向、专业的调整以及"双师双能型"师资队伍的打造；对于教师，参与社会服务不仅可以反哺教学和科研的发展，还能提升教师的实践动手能力，从而打造"双师双能型"师资队伍；对于学生，参与社会服务可以更加了解自己的专业，培养专业的兴趣，提高自己的专业素养，明确自己的未来发展方向，增强自己的实践动手能力、团队协作能力、学术能力等。从被服务主体（企业、政府、社区等）来讲，企业既可以提高经济效益和社会效益，也可以弥补企业员工在理论知识上的不足，学生来顶岗实习可以降低企业在招工、用人方面的成本与风险，缩短学生和企业的磨合期，降低企业对员工的培训成本，帮助企业减轻工作负担等。所以，为了保障应用型本科高校社会服务模式高效地运行和社会服务职能的长期开展，在构建社会服务模式的过程中需要遵循共赢性这一原则。

（2）整体性原则

整体性原则是指在构建社会服务模式的过程中，整体有效地发挥不同的服务主体、服务对象与服务内容的作用，从而提高应用型本科高校社会服务的整体水平的原则。服务主体包括教师、学生及行政管理人员，服务对象（即被服务主体）包括政府、企业、社区、农村等，服务内容包括人才服务、科技服务、文化服务、咨询服务等。因此，根据经典系统论"整体大于部分之和"的观点，社会服务模式的构建不应该是将服务主体、服务内容、服务对象等各要素的简单相加，而是要对各要素进行统筹协调、优化组合、相互作用，从而发挥 1+1>2 的服务效果。

（3）阶段性原则

阶段性原则主要是随着社会结构的不断转型和应用型本科高校转型发展逐渐深化，构建的社会服务模式应适应不同阶段的需要。例如，美国在开展社会服务的早期，主要是"以自我为中心"的社会服务模式，发展到一定阶段后，就开始向"以他方为中心"转变，我国的高校社会服务也应遵循这样一个原则，在开展社会服务的早期，主要是间接地为人才培养服务，到社会经济发展到一定程度后，高校的社会服务模式就应开始向"教育—科研—生产联合体"社会服务模式转变。因此，应用型本科高校的社会服务模式构建也应遵循阶段性原则，随着应用型本科高校不断发展，就应该向更加完善的社会服务模式发展。校政、校企、校政企耦合型社会服务模式正是遵循应用型本科高校深入发展阶段的需要。

（4）核心性原则

核心性原则是指在构建社会服务模式的过程中要弄清楚开展社会服务的核心是什么。正如亚伯拉罕·弗莱克斯纳在《现代大学论：美英德大学研究》一书中所说："大学不是风向标，不能什么流行就迎合什么，大学应不时满足社会的需求，而不是它的欲望。"[1]这句话指出了高校服务社会和市场的本质区别。应用型本科高校社会服务的核心：对内目标是人才培养；对外目标是引领地方经济社会的发展。人才培养是所有高校都存在的核心要素。应用型本科高校开展社会服务并不是要求高校选择了社会服务职能就摒弃教学和科研，高校之所以是高校正是因为有学生这个群体存在，应用型本科高校作为高校的一种类型，如果没有学生，只有科研，那么就不称其为高校而是科研所，因此，人才培养是其主要任务，不可忽视，即无论是高校的三大职能——人才培养、科学研究与社会服务，还是后来的文化传承与创新、国际交流合作都应该坚持人才培养的中心地位不可动摇。应用型本科高校开展社会服务必然要对社会产生社会效益和经济效益，否则就不能体现其开展社会服务的价值，因此，在构建应用型本科高校社会服务模式的过程中应抓住其核心，遵循核心性原则。

（5）多样性原则

多样性原则是指应用型本科高校在构建社会服务模式的过程中，应提供多样的模式，以供不同的被服务主体选择，从而提高应用型本科高校与地方的耦合度。应用型本科高校在服务社会的过程中，所面对的服务对象不是单一的某个人，而是复杂的社会机构，以至于应用型本科高校在向社会提供服务的过程中，为了适应不同服务主体的选择与不同被服务主体的需要，就应提供多样的服务类别、服务形式与多元的评价方式等。比如企业，有不同性质的企业，就算是同一企业也有不同的需求，这就需要多样的服务形式、服务内容等，从而提高服务的效益。因此，社会服务模式应遵循多样性原则，这也是提升社会服务效益的重要路径。

[1] 亚伯拉罕·弗莱克斯纳. 现代大学论：美英德大学研究 [M]. 徐辉，陈晓菲，译. 杭州：浙江教育出版社，2001：12.

3. 应用型本科高校耦合型社会服务模式的选择

基于国内外高校社会服务模式的发展经验，我们可以发现高校的社会服务模式发展到比较成熟的阶段后，开始与企业、政府进行合作，说明校政、校企、校政企之间的合作是高等教育社会服务模式的高级阶段。因此，本研究基于耦合理论，提出构建校企耦合型社会服务模式、校政耦合型社会服务模式及校政企耦合型社会服务模式。

（1）校政耦合型社会服务模式

校政企耦合型社会服务模式是指通过将应用型本科高校与地方政府通过各种内在机制互为作用，而彼此影响以至联合起来，形成一体化服务社会的行之有效的规则、服务内容以及服务程序等。

第一，关于应用型本科高校与政府耦合关系的本质。凡事的发生都会有个所以然，对校政耦合关系的本质进行分析是为了掌握二者耦合的内在动力，也就是要理清可以使两个系统之间更切合的关联、产生最大化效益的根本原因是什么。我国政府与大学的关系在大学出现之日就已存在，我国高校又被称为高等"学府"，其中的"府"在古代代表的是一级政权组织，根据我国高校的历史演变不难看出，早期的社会服务主要是为统治阶级培养人才，这说明我国高校与政府在历史上就存在着不可分割的交融关系，而应用型本科高校作为高校的一种办学类型，与政府的耦合是历史的必然。

第二，关于应用型本科高校与政府间的耦合关系。应用型本科高校与政府的耦合关系主要表现在两个方面：一是应用型本科高校对政府的耦合关系，主要表现在应用型本科通过人才培养、咨询服务对政府进行耦合。人才培养主要是高校通过与企业进行交流、沟通，了解企业所需要的人才，从而为企业进行"订单式"的人才培养，培养出政府可以直接运用的人才。为政府提供咨询服务，应用型本科高校作为地方智库，其中的教师多是有理论基础的研究人员，因此，教师应该积极为政府的政策制定建言献策。由于高校教师主要以发表学术论文的方式呈现自己的研究成果，但是基层公务人员很少有时间和兴趣研读论文，因此，教师应该直接参与政府的咨询活动。高校在派遣教师到政府参与咨询研究项目时应注意以下几个问题：应派遣与研究领域相关的人员、建立相应的激励机制等。二是政府对高校的耦合关系，主要表现在政府通过政策立法、经费投入等对应用型本科高校进行耦合。在政策立法方面，由于应用型本科高校是近年来才发展起来的，针对应用型本科高校发展的专门文件还比较欠缺，因此，政府应从宏观到微观层面为应用型本科高校的发展制定配套的发展法律政策，在制定法律政策的过程中应听取应用型本科高校管理人员的意见和建议，不能按照自己的想法制定不符合应用型本科高校发展的法律政策。在经费投入方面，教育是准公共产品，应用型本科高校作为教育的一种类型，政府的经费投入是促进其办学公益性的重要渠道。

（2）校企耦合型社会服务模式

校企耦合型社会服务模式是指通过将应用型本科高校与地方企业通过各种内在机制互为作用而彼此影响以至联合起来，形成一体化服务社会的行之有效的规则、服务内容以及服务程序等。

首先是关于应用型本科高校与企业耦合关系的本质。从应用型本科高校和地方企业的性质来看，应用型本科高校多为公益服务的独立组织，重在为社会培养所需的高层次、高水平应用型人才，而企业是通过赚取利润来维持其正常的运行，因此，企业创办的初衷和最终目的都是营利、获得利润。由此可见，公益性是应用型本科高校的本质属性，而逐利性是企业的本质属性。正是应用型本科高校的公益性和企业的逐利性使得二者的交互建立在共同利益基点的基础上，不能违背各自的本性，从而谋求发展的可持续性。[1]这就体现出了著名物理学家玻尔（Bohr）提出的互补原理，即"两个相互矛盾的原理同时存在，只有两者相互补充，才能正确解释一些现象"[2]。基于此，应用型本科高校与企业的耦合也是两者之间的优势互补、相互依赖的一个过程，以实现双方的利益最大化。从应用型本科高校与企业的耦合类型来看，二者的关系依然属于系统与系统之间的耦合关系；从耦合的松散度来看，适宜选择高内聚低耦合，即在保持应用型本科高校与企业之间的独立性的基础上，两个系统内部之间的各要素形成紧密的联系。考虑到应用型本科高校与企业之间的性质不同，二者的紧密联系是以共同利益基点为纽带相互交织在一起的。

其次是关于应用型本科高校与企业间的耦合关系，包括应用型本科高校对企业的耦合关系与企业对应用型本科高校的耦合关系。

第一，应用型本科高校与企业的耦合关系。企业通过与应用型本科高校的耦合，优势互补，对企业有以下益处：①应用型本科高校通过输送人才为企业的人才梯队建设打下基础，一个企业要发展，不能永远是那么几个领头人，这是需要一个不断更替发展的过程，在这个过程中，人才梯队的建设是保障企业持续发展的一个重要链条，因此，应用型本科高校作为本科层次职业高校，应承担起为企业储备人才的重要责任。②应用型本科高校通过对企业的员工进行理论知识拓展，

[1] 王莹莹. 高职院校校企耦合－互惠共赢的机制探讨 [J]. 武汉职业技术学院学报，2013，12(2)：9-12.

[2] 宋旸. 互补原理的哲学意义讨论 [J]. 才智，2014(17)：265.

提升企业员工理论素养，为企业做好前期培训工作。③企业可以直接向应用型本科高校寻求技术上的帮助，应用型本科高校应该集全校教师之力为企业解决技术难题。④应用型本科高校作为本科层次的职业高校，应用研究是其必要的责任，因此，应大力发挥应用型本科高校的应用研究，为企业的科技研发注入新鲜血液，为企业的创新发展提供导向，增强企业的核心竞争力。

第二，企业对应用型本科高校的耦合关系。①企业可以为应用型本科高校提供实践基地，学生可以进入企业，对所学习的理论进行直接的实践操作，增强学生的动手能力，从而为应用型本科高校培养高层次、高素质应用型人才提供助力。②由于应用型本科高校要凸显"应用"的特色，"双师双能型"师资队伍是必备的条件之一，基于教师长期蜗居于学校，理论知识掌握得比较好，实践知识较为缺乏的现状，教师可通过在企业挂职，为企业提供服务的同时提升其实践操作能力，这一方式可以成为应用型本科高校打造"双师双能型"师资队伍的重要路径。③由于应用型本科高校的"地方性"办学特征在办学上还有很多硬件条件跟不上地方社会发展的需求，如设施设备缺乏，导致一些比较前沿的科研活动无法开展，与之相应，企业一般经费比较充足，为了发展，必须具备先进设备，所以，应用型本科高校与企业进行耦合，可以为师生解决学校物质资源匮乏的难题。④应用型本科高校与企业进行耦合，有助于学校根据社会的需求调整自己的学科专业建设，打破企业招工难和学生就业难的局面，为企业培养对口的应用型人才。⑤应用型本科高校的科学研究只有在实践中得以运用，才能真正发挥出科学研究的价值，否则就没有实际意义。在应用型本科高校与企业进行耦合的过程中，师生可以直接为企业的需求进行科学研究，也可以将自己研究的成果在企业进行转化，为选题找到灵感，从而提升师生的科研能力和科研价值。总之，企业与应用型本科高校进行耦合可以提升应用型本科高校竞争力，促进应用型本科高校的快速发展。

（3）校政企耦合型社会服务模式

首先，关于校政企耦合关系的本质。从实践层面看，大学、政府和企业三者间的关系主要有3种模式：第一，国家干预主义模式。这种模式中的国家是指学界和业界，其中的政府在社会中扮演着主导机构的作用，控制着大学与企业的项目开发与创新活动，企业和大学基本属于下属机构，受到政府的控制与领导。比如东欧国家与拉丁美洲国家等均属于这种模式。第二，自由放任主义模式。这种模式是指企业、大学、政府3个组织之间会划定明确清晰的组织边界，各自在自己的范围内运行，形成松散的组织间关系形态，企业的作用就是生产，政府的作用就是调节，大学的作用就是进行基础研究，三者之间不存在互动关系。比如

20世纪80年代以前的美国就属于此种模式。第三，三螺旋模式。这种模式是指"大学、企业与政府三者之间以共同的利益需求为出发点，将三者紧密地联系在一起，形成三力合一、相互依存的组织间关系形态，共同协力为创新国家知识、技术与制度等发力"[1]。根据资源依赖理论的观点，任何组织都不是一个独立的存在，要生存与发展不可能自给自足，需要与环境中的其他组织进行互动，从而弥补自己缺乏的资源。简而言之，为了获得发展，组织需要向外部寻求资源，其依赖程度和范围由资源的重要性和缺乏性所决定。由此，我们可以归结出：世界上不存在孤立的组织，任何组织都与其他一个或多个组织处于相辅相成、共同依存的网络系统之中。在全球化、信息化与知识经济发展的今天，三螺旋模式就成为大学、企业与政府发展的必然选择。应用型本科高校与地方企业和政府也正是由于资源的相互依存、互为补充而聚集在一起，成为组织间网络的一种重要形式。因此，可构建高内聚低耦合的应用型本科高校与地方政府、地方企业之间的耦合型社会服务模式，即3个组织之间相互独立，其内部各要素之间联系紧密。

其次，是关于校政企三者间的耦合关系。在这个网络关系中，地方政府和地方企业为了推动社会政治经济的协调发展，就需要依赖应用型本科高校的人才、科技与知识优势，从而获得高质量的科研成果与优秀的人才支持。应用型本科高校需要依赖企业的经济实力，来赢取科研经费、资金的支持并提供教学实验、科研成果转化基地、生产性实习实训基地与产品孵化基地等。政府作为生活和社会生产的领导者与组织者，应用型本科高校的发展需要依赖政府提供宏观的指导、经费的支持与政策环境。[2]

总的来说，应用型本科高校参与校政企耦合可以从中获得以下几个方面的利益：第一，增加办学经费的来源；第二，促进科研成果转化；第三，推进应用转型走向深处。应用型本科高校由于转型时间比较短，普遍还处于摸索阶段，且受传统注重理论轻实践办学思想的影响，顺利转型还比较困难，要让应用型本科高校与地方企业、地方政府进行互动，根据地方的需求进行办学，面对地方的需求调整学科专业结构，挖掘地方的资源，从而打造新兴学科、特色学科专业，为应用型本高校的应用转型走出特色、转向深处、提高竞争力提供重要路径。企业参与校政企耦合可以获得如下利益：第一，创新管理；第二，节约科技研发成本；第三，降低风险。地方政府参与校政企耦合可以获得的利益有：第一，整合资源，提升国家的整体创新能力；第二，集中优势，促进地方经济发展。

[1] 马永斌，王孙禺.浅谈大学、政府和企业三者间关系研究[J].清华大学教育研究，2007，28(5)：26-33.
[2] 马永斌，王孙禺.浅谈大学、政府和企业三者间关系研究[J].清华大学教育研究，2007，28(5)：26-33.

第六章 实践与检视：贵州省应用型本科校政企耦合型社会服务模式构建的实践效果研究

一、应用型高校"引水灌田"模式的形成及其价值[1]

《中华人民共和国高等教育法》第三十一条规定："高等学校应当以培养人才为中心，开展教学、科学研究和社会服务。"也就是说，人才培养职能始终处于高等学校工作的中心地位。应用型高校是高等学校中的一种类型，主要"从事服务经济社会发展的本科以上层次应用型人才培养"，必然需要强化社会服务职能，并通过社会服务凸显其应用属性。但是，应用型高校是大学，不是一般的社会服务机构，如果远离人才培养中心地位，单纯强调社会服务，是对大学职能的片面理解和分割。

遗憾的是，目前许多应用型高校管理者缺乏系统性思维，在推进应用转型的过程中只看重对社会的贡献，忽视了人才培养的中心地位，更没有用服务社会所获得的资源培养人才。笔者认为，如果一所应用型高校只考虑履行社会服务职能，而不谋划社会服务对应用型人才培养的反哺，是不符合应用型高校社会服务的内在要求的。因此，铜仁学院构建的"引社会服务之水，灌人才培养之田"模式（简称"引水灌田"模式），将应用型高校的社会服务与人才培养职能有机融合，既遵循了大学职能的理论逻辑，也促进了应用转型的路径创新，对应用型高校的建设和发展有着十分重要的价值和意义。

（一）"引水灌田"模式的提出及其形成

2014年2月，时任总理李克强在主持召开的国务院常务会议上明确提出"引导一批普通本科高校向应用技术型高校转型"。铜仁学院同大多数新建本科院校一样，都是在这样的背景下走上应用转型发展之路的。只不过，在转型发展的

---

[1] 该部分系罗静、杨天友合著，曾以《应用型高校"引水灌田"模式的形成及其价值》为题刊发于《铜仁学院学报》2020年第3期，本书收录时有修改。

第一阶段，铜仁学院把办学类型定位为应用技术大学，经过半年多的实践探索，发现这个定位有一定的问题。因为铜仁学院是在原铜仁师范高等专科学校基础上升格的本科高校，这一类新建本科院校"没有技术积累和积淀，也没有行业技术支撑和支持，如果定位在应用技术大学，显然是不符合实际的"[1]。于是，铜仁学院在 2015 年 4 月 28 日召开的第二届第二次"两代会"（共青团铜仁学院代表大会、铜仁学院学生代表大会）上，果断地将应用技术大学定位调整为教学服务型大学。对此，校长侯长林在其所作的工作报告中进行了比较详细的分析，他认为：铜仁学院作为新建本科院校，既没有工程技术学科优势和技术积淀，更没有密集技术行业、企业支撑，如果定位在应用技术大学，会举步维艰，铜仁学院的前身是铜仁师范高等专科学校，而铜仁师范高等专科学校是以教师教育为主，有深厚的师范教育教学积淀，定位为教学服务型大学，既能促进服务经济社会发展能力，又能发挥传统教学优势。这是我们下一步争取进入国家试点高校的有力基础。教学服务型大学定位的确立，为"引水灌田"模式的提出奠定了基础。

教学服务型大学是应用型大学中的一个类型，在分类中处于应用型大学的下位，与应用技术大学并列。学校定位在教学服务型大学之后，必然强化社会服务职能。因为教学服务型大学的哲学基础是"政治论统摄下的人本论、认识论和文化论的有机结合"[2]。而要强化社会服务职能，就需要建立相应的组织机构。2016 年 7 月，铜仁学院成立校级社会服务中心并在各二级学院设立社会服务科，此举在全国高校都是创新。至此，铜仁学院构建了教学职能有教务处和教务科主抓、科学研究职能有科研处和科研科主抓、社会服务职能有社会服务中心和社会服务科主抓的组织机构体系。传统的高校组织机构体系中没有社会服务中心和社会服务科，社会服务职能没有抓手，只能依附于其他部门开展，长此以往，必然弱化社会服务职能，甚至使社会服务职能成为摆设。从某种意义上说，社会服务组织机构的缺项，也是大部分新建地方本科院校人才培养供给侧与地方经济社会发展对人才的需求侧之间错位的原因之一。对于走在应用转型发展道路上的教学服务型大学来说，如果弱化社会服务职能，与地方经济社会发展"井水不犯河水"，其政治论哲学基础就难以得到体现，也就违背了地方政府举办大学的初衷，就等于放弃了应用转型、放弃了发展。所以，笔者可以作出这样的预测，各应用型高校迟早都会"成立社会服务中心和社会服务科等与社会服务职能相对应的组织机构，可以不叫社会服务中心和社会服务科等名字，但这样的组织机构一定会

[1] 侯长林，罗静，叶丹. 应用型大学视域下新建本科院校办学定位选择 [J]. 教育研究，2015，36(4)：61-69.
[2] 侯长林，罗静. 论教学服务型大学的哲学基础 [J]. 贵州社会科学，2017(1)：113-117.

有的"[1]。其实，对于地方高校来说，即使定位为研究型大学，不走应用转型发展道路，作为大学都要履行社会服务的职责，这是我国高等教育法规定的高等学校的职能。若长期没有相应的组织机构主抓此项工作，其结果是不可想象的。

铜仁学院于2016年7月组建校级社会服务中心和各二级学院社会服务科后，当年横向项目到账经费就超过了800万元，而以往一直在600万元左右徘徊。此后的2017年、2018年、2019年，横向项目到账经费分别连续超过了2000万元。在2017年公开出版的《依托梵净 服务发展（第一辑）：铜仁学院社会服务经典案例》序言中，笔者代表学校社会服务中心明确提出了"引水灌田"模式的概念——"'项目课程'是学校培养高素质应用型人才的必修课，学校将'引社会服务之水，灌人才培养之田'从对教师的'鼓励、倡导'变为'必须'。"在2019年修订的《铜仁学院社会服务工作管理办法》（铜院政发〔2019〕83号）的第一章中已明确："社会服务是指学校派出师生，以政策研究、决策咨询、科技成果转化等形式，为推动地方经济社会发展提供服务，其目的是培养高素质应用型人才，打造'双师型'教师队伍，履行社会服务职能，即'引社会服务之水，灌人才培养之田'。"学校将"引水灌田"模式写入正式印发的文件，说明其在铜仁学院已经取得了合法地位，为学校所认同。但是"引水灌田"模式逐步在校外产生影响，是从笔者在河南省郑州市参加由郑州升达经贸管理学院承办的2019年"圆通制杯"第四届全国大学生工作能力竞赛暨第二届全国文科应用转型改革交流会，并在会上作题为《新建地方本科院校社会服务与人才培养职能融合实践——基于铜仁学院"引水灌田"模式》的交流发言开始的。这次交流发言得到了与会专家的一致好评，尤其是教育部学校规划建设中心创新发展处刘志敏处长对"引水灌田"模式的改革实践给予了高度评价，他对笔者说："你今天讲得太好了，我给你做个升级版，下个月去驻马店讲，讲讲应用学科如何做？社会服务反哺人才培养，推动应用学科建设，你们做得好。人才培养、科学研究、社会服务不能分离，需要用应用学科这条主线将其融合。"2019年5月，第六届产教融合发展战略国际论坛在河南省驻马店市举办，笔者应邀参会并在第一分论坛作了题为《产教融合是应用型高校厚植劳动育人土壤的引擎——基于铜仁学院"引水灌田"模式的考察》的创新案例分享。这次分享产生了较大影响，"引水灌田"模式得到了刘志敏、刘向兵（中国劳动关系学院党委书记）、郭锐（中国农业应用技术智库主任）、韩峻峰（北部湾大学原校长）等领导和专家的广泛认可。会后，笔者还围绕"引水灌田"模式的产生、推进和效应等内容，接受了凤凰传媒教育集团的现场采访。

[1] 侯长林，罗静. 论教学服务型大学的哲学基础[J]. 贵州社会科学，2017(1)：113-117.

这次会议上的发言，"通过在国际论坛分享铜仁学院的故事，向与会专家学者和兄弟院校传递了贵州省地方高校转型发展的声音"[1]。此外，基于"引水灌田"模式的实践基础，笔者领衔的"命运共同体视角下西部地区应用型本科高校产教融合行动方案与推进保障机制研究"课题成为中华职业教育社与机械工业教育发展中心联合启动"职业院校和行业企业形成命运共同体研究与实践"课题的子课题，结题成果被评为一等奖。2019年9月，课题组获邀参加课题结题及成果交流会，并以《编织"命运共同体"纽带 搭建校政企融合桥梁——基于铜仁学院"引水灌田"模式的考察》为题作成果交流发言。在此基础上，学校社会服务管理团队积极进行学理上的探讨，成功申报全国教育科学"十三五"规划2017年度单位资助的教育部规划课题《贵州应用型本科校政企耦合型社会服务模式构建研究》及铜仁学院校本研究项目《铜仁学院高水平社会服务体系构建研究》，公开发表《社会服务：地方本科院校应用转型的突破口》《应用型本科高校社会服务合理存在的哲学基础》《贵州省应用型高校社会服务的困境及优化路径》《知识溢出视角下"新型大学·特色小镇"建设模式探讨》等文章，尤其是《地方高校社会服务反哺人才培养模式的构建》一文在教育部主管的期刊《中国高等教育》2020年第5期发表，给团队以极大的鼓舞。

当然，"引水灌田"模式的提出及其形成，凝聚了铜仁学院广大师生尤其是第一批从事社会服务管理工作的同仁们的智慧和心血，其在打造铜仁学院"双师型"教师队伍、培养高素质应用型人才方面的成效，更是得到了直接从事社会服务工作的师生们的验证，在扩大影响，形成可复制、可推广成功经验方面，离不开学校领导的支持和教育部学校规划建设中心专家学者的激励。作为社会服务中心主任，笔者只不过是代言人而已，成绩属于大家。

（二）"引水灌田"模式的构建的价值

1. 高水平应用型高校社会服务的应然选择

在最近几十年的学术研究中，"模式"一词出现的频率较高，汉语中将其解释为"标准的形式或样式"，英语中与"模型"（Model）的意义比较接近，具体是指"被研究对象在其历史发展过程中逐步形成的比较清晰的轮廓或较为稳定的结构"[2]，尤其是"那种稳定的结构得以构成的基本要素和基本关系，就构成了所谓结构'模式'"[3]。

美国高校特别重视社会服务工作，著名教育家、原哈佛大学校长德里克·博

［1］侯长林. 我眼中的大学实践逻辑[M]. 湘潭：湘潭大学出版社，2019.
［2］侯长林. 校园文化学导论[M]. 修订版. 南昌：江西人民出版社，2018.
［3］刘敏中. 文化模式论[J]. 学习与探索，1989(S1)：11-20.

克曾在《走出象牙塔：现代大学的社会责任》中说"大学有理由承认自己的义务，应该向公众提供有助于解决重大社会问题的服务，回报于社会"[1]，还提出了"大学是只根据要求作出反应，还是应该更主动地去引导社会的需求"[2]等问题。在社会服务模式方面，美国构建有以"大学为中心"的社会服务模式、"以他方为中心"的社会服务模式和大学、社区参与的模式，日本构建有"校内资源共享"的校内服务模式、"产官学研合作"的校外服务模式[3]。目前，虽然我国在"十三五"期间将高等学校分为研究型、应用型和职业技能型3种类型，明确了"应用型高等学校主要从事服务经济社会发展的本科以上层次应用型人才培养，并从事社会发展与科技应用等方面的研究"，将应用型高校服务地方经济社会发展职能鲜明地提了出来，但是，学界对社会服务模式的研究并不多。已有的研究中，耦合型社会服务模式比较有代表性，这种社会服务模式是针对应用型本科高校主体构建的，具体包括"校政企耦合""校政耦合"和"校企耦合"3种模式[4]。

履行社会服务职能的机构有很多，除了高校，还有科研院所、行业技术服务站等。高校的社会服务与其他机构社会服务的不同之处在于，高校的一切工作都要"以培养人才为中心"，也就是说，开展社会服务工作要反哺人才培养，即"应用型本科高校的社会服务不能仅仅是为社会服务而社会服务，社会服务的目的之一就是要反哺人才培养"[5]。这就告诉我们，在社会服务工作开展过程中，无论是横向项目，还是公益性服务，在项目争取、方案制订、具体开展等工作中，都要尽可能让更多的学生有机会参与，并使其在参与的过程中能够接触社会、开阔眼界，学到更多的知识或技能，得到更多的锻炼。铜仁学院构建的"引水灌田"模式，还要求项目团队对社会服务工作进行全方位的总结，撰写社会服务案例，将案例放入教学资源库，以便教师课堂教学选用，为课堂七性（教育性、实用性、丰富性、前沿性、思辨性、研究性、艺术性）中的"实用性"提供更多素材，让更多没有直接参与某个项目的师生间接享受社会服务资源，这个渠道被形象地称为"桶装水"。从高校的职能要求看，"引水灌田"模式是落实"人才培养中心地位"的创新之举。所以，在这个意义上，"引水灌田"模式本来就是高校社会服务模式的有机组成部分，或者说，就是高校社会服务模式的具体体现。德里克·博克对此也早有认识，他说："如果组织和管理得当，海外援助项目不仅应该为发

[1] 德里克·博克.走出象牙塔：现代大学的社会责任[M].徐小洲，陈军，译.杭州：浙江教育出版社，2001：73.
[2] 德里克·博克.走出象牙塔：现代大学的社会责任[M].徐小洲，陈军，译.杭州：浙江教育出版社，2001：69.
[3] 李周珊，侯长林.日本高校社会服务模式及其启示[J].高教发展与评估，2019，35(3)：74-81.
[4] 侯长林.应用型本科高校社会服务的理性审视[J].职教论坛，2018(6)：6-11.
[5] 侯长林.应用型本科高校社会服务的理性审视[J].职教论坛，2018(6)：6-11.

展中国家作出特殊贡献，而且在帮助大学自身提高教学和科研质量方面也应该有所收益。"[1]帮助高校提高教学和科研质量，不就是社会服务反哺人才培养和科学研究吗？但是，目前我国许多高校的社会服务与人才培养仍然处于分割状态，只注意抓横向项目而没有想到利用这些横向项目资源培养人才。可以说，这样的分割状态非常不利于大学职能的融合，甚至对其系统性的形成有阻碍，同时也表明，这一类型高校的社会服务还处于比较低级的阶段。只有在社会服务过程中，既为社会作出了贡献，又培养了人才，才是高水平和高质量的社会服务，对于应用型高校更是如此。铜仁学院要建设高水平应用型高校，必然要求其人才培养、科学研究及社会服务走向高水平。所以，"引水灌田"模式的构建就是高水平应用型高校社会服务的应然选择。

2. 人才培养中心地位的具体体现

在过去很长一段时间内，很多从事高等教育工作的人都有一种错误的认识，将教学等同于人才培养，认为高校的中心就是教学。这种情况在现代大学诞生的初期是很正常的，因为在那个时候，科学研究和社会服务的大学职能还没有产生，大学的职能只有人才培养，而人才培养的渠道又只有教学。因此，那个时候的教学就是人才培养，人才培养就是教学。随着现代大学的发展，当大学被赋予了科学研究和社会服务职能之后，人才培养的渠道就不仅是教学了，科学研究和社会服务也要反哺人才培养，甚至行政管理包括后勤管理都有培养人才的责任，如管理育人、后勤育人等，讲的就是这个道理。所以，在当今时代，大学不再是象牙塔，大学生的信息来源很广，其所受的教育和影响是多元的，其成长成才"不仅是学校内部所有综合教育资源共同作用的结果，而且还是校内外教育资源共同作用的结果，因此，只有坚持以人才培养为中心，才能调动学校各方面的资源，形成整体育人合力"[2]。只有人才培养的中心地位在大学得以真正确立，其"广大教师才能真正认识到'引社会服务之水，灌人才培养之田'这个社会服务反哺人才培养模式的价值和意义所在，从而使模式的践行成为一种自觉"[3]。没有这种自觉，就证明人才培养中心地位没有真正确立。人才培养中心地位真正确立了，不仅社会服务会反哺人才培养，科学研究等其他方面也应该反哺人才培养。学校的党建、行政、后勤甚至建筑、绿树、花草等各方面的资源虽然都有不同的责任和使命，但"以人才培养为中心"这个要求是需要长期坚持的，除非我国高等教育法的规定发生了变化。所以，高校就像以人才培养为中心的一盘棋，这盘

[1] 德里克·博克.走出象牙塔：现代大学的社会责任[M].徐小洲，陈军，译.杭州：浙江教育出版社，2001：225.
[2] 余东升，魏署光.中国院校研究案例（第五辑）[M].武汉：华中科技大学出版社，2016.
[3] 罗静，侯长林.地方高校社会服务反哺人才培养模式的构建[J].中国高等教育，2020(5)：21-22.

棋一旦形成，"以人才培养为中心"的文化就得以真正形成。因此，"引水灌田"模式的制度和机制的构建，虽然为社会服务反哺人才培养的理念找到了落实的路径，但还不能说是人才培养中心地位的真正确立，只有当"以人才培养为中心"的文化形成了，人才培养的中心地位才算真正得以巩固和延续。

铜仁学院的"引水灌田"模式有"直饮水"和"桶装水"两条路径。无论是"直饮水"路径，还是"桶装水"路径，都开辟了将"社会服务之水"引入"人才培养之田"的渠道，是人才培养中心地位的具体体现。

铜仁学院经过几年的实践探索，构建了"通识教育+专业教育+自主学习+项目课程"的"山"字形人才培养模式。在这个模式中，通识教育是根基，用"山"字下面一横表示；专业教育是主峰，用"山"字中间一竖表示；自主学习、项目课程为侧岭，用"山"字两边的笔画表示。[1]社会服务中的横向项目资源就是该模式中项目课程的主要素材。同时，正如英国著名教育家阿什比在《科技发达时代的大学教育》中所说："德国人相信，参加研究工作，其本身就是通才教育。"[2]此处的通才教育与"山"字形人才培养模式中的"通识教育"的意思大同小异。通过近几年的实践观察，我们也发现，学生参加社会服务，在服务过程中获得综合素养的提高，其本身也是通识教育。

为此，在学校"山"字形人才培养模式中，师生主持或参与的社会服务项目，从项目课程模块找到了修学分的切入点。也可以说，"引水灌田"模式就是从"山"字形人才培养模式中产生并从其项目课程中生长出来的。同时，"山"字形这个奇妙的构架也为"引水灌田"模式在学校的应用型人才培养中找到了生存和发展的空间。

3. 科教、产教融合的重要方式

科教融合是高等教育领域中古老而常新的话题。说它古老，是因为科学研究与教学结合的理念可以追溯到柏拉图及其学派。柏拉图及他的学生亚里士多德带领一群古希腊哲学家，一边从事学术研究，一边传授知识，开创了科学研究与教学相结合的模式。但是，将科学研究与教学相结合作为高等教育的原则确立下来是德国著名教育改革家威廉·冯·洪堡完成的。他于1806年提出"科学研究与教学相统一"的原则，被大学教育界看作科学研究职能产生的标志，也被许多人当成科教融合的滥觞。此后，科学研究与教学在高等教育界成为经久不衰的话题。英国、美国、澳大利亚、加拿大和新西兰等国都相继展开过有关科学研究与

[1] 龚静，张新婷.铜仁学院"山"字型人才培养模式的内在逻辑探析[J].铜仁学院学报，2019，21(1)：38-45.
[2] 阿什比.科技发达时代的大学教育[M].滕大春，滕大生，译.北京：人民教育出版社，1983.

教学关系的大讨论，中国高校也就"科学研究和教学'两张皮'"等展开过争论。说它常新，是因为近几十年来科学研究与教学相结合的问题人们还在讨论。1987年，原国家教委发布的《关于改革高等学校科学技术工作的意见》就明确提出，高校开展科学研究的目的有两个：一是满足人才培养的需要；二是促进科学技术发展的需要。因此，两者必须紧密结合，相互融通，既培养人才，又产出成果。1995年，中共中央、国务院提出"科教兴国"发展战略，为建设高水平大学指明了方向。就连铜仁学院这所新建地方本科院校也存在科学研究与教学孰重孰轻的讨论。《国家中长期人才发展规划纲要（2010—2020年）》指出："依托国家重大科研项目和重大工程、重点学科和重点科研基地、国际学术交流合作项目，建设一批高层次创新型科技人才培养基地，加强领军人才、核心技术研发人才培养和创新团队建设，形成科研人才和科研辅助人才衔接有序、梯次配备的合理结构，提高自主创新能力。"因此，"坚持科教融合理念是全面提高中国高等教育质量的必由之路，是建设高等教育强国的现实选择"[1]。那么，如何实现科教融合呢？有硕士研究生和博士研究生教育的高校可以通过其开展的研究生教育实现科教融合，没有研究生教育的地方高校可以主动开辟渠道，通过利用科学研究资源、成果及它们的产生过程培养本科层次人才，从而实现科教融合。在铜仁学院"引水田"模式中，社会发展对高校的服务需求是多方面的，铜仁学院为了便于管理，在《铜仁学院社会服务管理办法》中，将社会服务项目分为人才服务、文化服务、科技及创作服务、技术服务、资源服务、公共关系服务和公益服务七种类型。无论怎么划分，每一种类型中都有"学术"的底蕴，都与科技有直接或间接的关系。因此可以说，"引水灌田"模式中实际也包含了"引科技服务之水，灌人才培养之田"的内涵，是利用科技服务资源培养人才的重要路径。因此，科研重要还是教学重要这本身就是一个伪命题，在我国高等教育法的规定中，二者处于并列的地位，但都有一个共同的要求——"以培养人才为中心"，也就是说，都服务于人才培养。教师没有高水平的科研积淀，就培养不出高水平的人才，没有高水平的人才产出，学校就不是高水平的学校。因此，高水平的科学研究与教学都是学校发展不可或缺的重要方面，不存在谁重要、谁不重要的问题，只有走向融合，才是智慧的发展之道。德国著名的哲学家、教育家卡尔·雅斯贝尔斯说得好："科研与教学的结合是大学至高无上不可替代的基本原则。"[2]而要遵循这一基本原则，使科学研究与教学走向融合，对于应用型高校来说，就

[1] 周光礼，马海泉.科教融合：高等教育理念的变革与创新[J].中国高教研究，2012(8)：15-23.
[2] 卡尔·雅斯贝尔斯.大学之理念[M].邱立波，译.上海：上海人民出版社，2007.

离不开"引科技服务之水，灌人才培养之田"的路径。教育部高教司原司长张大良认为，科教融合是世界一流大学的核心理念，各高校要积极推动其内部科学研究与教学紧密结合，"把优质科研资源转化为育人资源和优势，把科研设施转化为教学创新平台，把科研成果转化为教学内容"[1]。因此，铜仁学院"引水灌田"模式中所包含的"引科技服务之水，灌人才培养之田"，就是将优质横向科研资源转化为育人资源，把横向科研成果转化为教学内容的重要路径。

产教融合，是指产业与教育的融合。产教融合的概念最早出现在职业教育界。据公开资料介绍，江苏省无锡市技工学校在探索提高学生实习质量的过程中，首先使用了"产教融合化"的提法，此后较长时间没有使用这一概念，直到 2007 年，《中国职业技术教育》和《中国劳动保障报》在报道紫琅职业技术学院、青岛技师学院等院校时，再次使用了"产教融合"的概念，不过没有阐释其内涵。[2]这一概念正式得到党和国家的认可，是 2013 年 11 月 12 日召开的中国共产党第十八届中央委员会第三次全体会议上，在这次全会上通过的《中共中央关于全面深化改革若干重大问题的决定》明确提出："加快现代职业教育体系建设，深化产教融合、校企合作，培养高素质劳动者和技能型人才。"那么，对产教融合的内涵到底如何理解？学界有不同的意见，笔者比较赞同这样的说法："'产教融合'这个术语的本质是生产和教育培训的一体化，在生产实境中教学，在教学中生产，生产和教学密不可分、水乳交融。"[3]2017 年 12 月，《国务院办公厅关于深化产教融合的若干意见》出台，认为产教融合是"促进教育链、人才链与产业链、创新链有机衔接"，甚至"双一流"建设高校都被纳入其中，提出了"完善世界一流大学和一流学科建设推进机制，注重发挥对国家和区域创新中心发展的支撑引领作用""促进高等教育融入国家创新体系和新型城镇化建设"的具体要求，这份文件将产教融合推到了前所未有的高度。至此，产教融合已经由职业教育拓展到我国整个高等教育领域。

这份文件中还明确提出了"开展高水平应用型本科高校建设试点，加强产教融合实训环境、平台和载体建设。支持中西部普通本科高校面向产业需求，重点强化实践教学环节建设"。那么，高校如何实现产教融合？张大良认为，应该"在校外汇聚各类社会资源、拓展育人空间，与政府、行业产业和用户实现多元主体的跨界整合、协同创新，面向产业需求深化教学内容与课程体系改革，以学科前

[1] 张大良. 提高人才培养质量 做实"三个融合"[J]. 中国高教研究，2020(3): 1-3.
[2] 陈年友，周常青，吴祝平. 产教融合的内涵与实现途径[J]. 中国高校科技，2014(8): 40-42.
[3] 曹丹. 从"校企合作"到"产教融合"：应用型本科高校推进产教深度融合的困惑与思考[J]. 天中学刊，2015，30(1): 133-138.

沿、产业和技术最新发展成果更新教学内容"[1]。铜仁学院"引水灌田"模式中所包含的"引产业服务之水，灌人才培养之田"，就是张大良关于产教融合这一理念的体现。应用型高校要担当社会服务使命，履行社会服务职责，就必然要强化对其所处区域产业的服务，并将服务产业所获得的资源用于人才培养。铜仁学院"引产业服务之水，灌人才培养之田"，就是将产业发展资源转化为育人资源的具体路径。

"引水灌田"模式的提出，将高校社会服务与人才培养职能"肩并肩"的简单分割融合为"手挽手"的相互协同，但在实践的过程中，路径、平台、策略等方面不断涌现出新的问题。比如，铜仁学院在社会服务案例进课堂的过程中，就存在服务团队编撰的案例与课堂教学需要的案例外形差异较大，前者已经比较充裕，而后者的需求还得不到满足，就像在一个饭店〔学校〕，经营者（社会服务团队）在田野（产业）采摘了很多鲜美的、原生态的食材（社会服务案例）放在了饭店的库房，但是不能直接摆上顾客（学生）的餐桌（课堂），这就需要大厨（教师）根据顾客的口味，在保持食材鲜美的前提下精心烹饪（教学准备），才能完成从"田野"到"餐桌"的"最后一公里"的路程，顾客才能享用他们生长需要的美味。所以，我们要正视问题，积极开展调查研究，从根子上找到问题的成因，拿出解决问题的办法。基于这个问题，铜仁学院已经做出了安排和部署，2020 年将"'引水灌田'模式最后一公里路径开发——基于'七性'课堂的实用性建设需求"列为校级改革项目推进。笔者坚信，只要与时俱进，不断探索与实践，铜仁学院"引水灌田"模式就会在学校发展过程中发挥越来越大的作用，为学校实现高水平应用型高校的目标作出应有的贡献。

（三）应用型高校构建"引水灌田"模式的问题探究[2]

地处黔东武陵腹地的铜仁学院，是 2006 年在原铜仁师范高等专科学校基础上升格的新建地方本科院校。2013 年，学校确立了应用转型发展道路，将"高素质应用型"作为人才培养目标。在应用型人才培养过程中，该校主动作为，积极响应《国务院办公厅关于深化产教融合的若干意见》，探索构建了"引社会服务之水，灌人才培养之田"的社会服务与人才培养职能融合模式。这个被概括为"引水灌田"的模式，既是对当前我国应用型高校人才培养道路的形象诠释，也是应用型高校转型发展的应然选择。

1."引水灌田"模式是应用型高校发展的应然选择

［1］张大良.提高人才培养质量 做实"三个融合"[J].中国高教研究，2020(3)：1-3.
［2］该部分系杨成光、左文合著，曾以《应用型高校构建"引水灌田"模式的问题探究》为题刊发于《铜仁学院学报》2020 年第 3 期，本书收录时有修改.

应用型高校历史使命清晰。世纪之交，我国高等教育领域进行了一场重大改革，有计划、有步骤地将一大批条件较好的高等专科院校进行整合并升格。此后，中国高等教育发展史上产生了一个新的概念——新建地方本科院校，这批院校构成了一个新群体，这个新群体成为应用型高校的主力军。但在对应用型高校进一步分类上经历了一段探索历程。最初，人们把应用型高校全部归结为应用技术型，后来才发现这个归类与我国大多数应用型高校产生的历史和现状不相符。部分学校是在师范高等专科学校基础上升格的，应该属于"应用型高校"下位的教学服务型高校。有学者对此作了很好的阐述："教学服务型大学的内涵主要包括：一是在'教学'方面既重视科学知识的传授，也重视技术技能的传授，尤其强调科学知识和技术的应用；二是在'服务'方面强调全方位服务社会，既有科学知识的服务也有技术技能的服务，既通过培养技术人才进行服务，也通过科技研发进行服务。"[1] 当然，无论属于应用技术型大学还是教学服务型大学，都不会改变应用型这个基本性质。国家构建应用型高校群体，加强应用型高校建设，一方面倡导这些学校走适合自身实际的特色发展道路，另一方面也明确了这一群体共同的历史使命，即在服务社会的过程中，培养建设中国特色社会主义的合格应用型人才。

"引水灌田"模式是应用型高校产教融合的应然选择。当前，党和国家高度重视教育和产业统筹融合、良性互动、共育人才，将其提升到推进"五位一体"总体布局和"四个全面"战略布局的高度。党的十九大报告指出："完善职业教育和培训体系，深化产教融合、校企合作。"《国务院办公厅关于深化产教融合的若干意见》指出："深化职业教育、高等教育等改革，发挥企业重要主体作用，促进人才培养供给侧和产业需求侧结构要素全方位融合，培养大批高素质创新人才和技术技能人才，为加快建设实体经济、科技创新、现代金融、人力资源协同发展的产业体系，增强产业核心竞争力，汇聚发展新动能提供有力支撑。" 可以看出，国家层面已经明确了应用型高校产教融合的历史责任，指明了产教融合的发展方向。所以，从这一层面来说，"引水灌田"模式是应用型高校产教融合的应然选择。

首先，应用型高校必须在产教融合过程中发挥好社会服务职能。一是要按照《国务院办公厅关于深化产教融合的若干意见》的要求，"建立紧密对接产业链、创新链的学科专业体系"。例如，铜仁学院顺应经济社会发展形势，设置了大数据学院、大健康学院、材料与化学工程学院、农林工程与规划学院等应用型二级

[1] 侯长林，罗静，叶丹. 应用型大学视域下新建本科院校办学定位选择 [J]. 教育研究，2015，36(4)：61-69.

学院；紧紧围绕梵净山产业发展需求，构建了以梵净教育生态、梵净文化生态、梵净环境生态、梵净林业生态为主体的学科群；根据地方应用型人才的需求，建设了水产养殖学、数据科学与大数据技术、食品科学与工程等应用型专业，应用型专业占比达70%以上。二是落实《国务院办公厅关于深化产教融合的若干意见》精神，发挥高校科研及人才资源优势，立足地方产业发展需要开展科学研究，及时转化研究成果，为产业发展提供人才和技术支持。

其次，应用型高校必须在产教融合过程中开展好"引水灌田"工作。不管是哪一类型的高校，人才培养始终都处于中心地位，"引水灌田"模式就是将社会服务与人才培养职能融合，更加确立人才培养的中心地位，这也是产教融合的具体路径之一。

"引水灌田"模式有助于应用型高校基本职能的实现。在我国，应用型高校数量庞大，为培养人才奠定了坚实基础。问题在于，应用型高校应该如何培养人才，应该走怎样的人才培养途径？

首先，国家对高校类型的调整，赋予了应用型高校重要责任和义务，那就是：坚定不移走应用型发展的道路，为地方经济社会发展培养高素质应用型人才。中国特色社会主义建设已进入新时代，在这个重要的历史时期，迫切需要一大批应用型人才。但现实情况是，各行各业严重缺乏既具备理论素养又掌握生产技能的综合性应用型人才。应用型高校作为培养应用型人才的摇篮，自然而然地要担起这个历史重任。

其次，在服务社会的过程中培养应用型人才是应用型高校特色发展的最佳选择。绝大多数应用型高校在发展初期，对走什么样的发展道路，如何特色发展较为茫然。一是对应用型的具体类型把握不准，在应用技术型、教学服务型等类别上争论不止，探索了相当长的时间。二是在如何形成办学特色上徘徊不前。许多应用型高校从专业设置、教材使用、培养方案到办学模式都照搬研究型高校的做法，这显然是不切实际的。应用型高校植根于地方经济社会，与地方融合度最高，最容易在地方产生重要的影响，发挥引领作用。因此，在为地方培养应用型人才过程中彰显自己办学特色是促进新建地方本科院校应用型发展的重要选择。铜仁学院在转型发展中坚持走特色发展、错位发展道路，与地方社会发展深度融合，在社会服务中"引水灌田"，树立了"铜仁需求·国家标准""依托梵净·服务发展"的办学理念，形成了"扎根山区，服务地方"的办学特色，办学水平已走在省内应用型高校的前列。

最后，就应用型高校的科学研究而言，必须要注意两点。一是科学研究必须立足地方经济社会发展实际，致力于解决地方发展过程中存在的重要问题，真正做到"把文章写在大地上"。二是科学研究成果一定要很好地反哺人才培养。教师把科学研究取得的成果、经验与专业课程教学结合起来，培养学生创新能力。关于文化传承，应用型高校要特别注重并充分挖掘地方文化特色，吸收地方文化精华，将其与人才培养紧密结合起来，形成自己的办学特色，同时利用高校的智力优势，助推地方文化发扬光大。

由此可见，"引水灌田"模式是应用型高校的应然选择，这是由应用型高校在社会发展中的作用及自身特性所决定的。对应用型高校而言，清楚认识到这一点，并按此探索发展道路，意义深远。

2. "引水灌田"模式中必须解决的几个问题

谁来引"水"？应用型高校首先要做好"引水"工程规划，对"引水"中的主要工作进行全面部署，其中必须找准、抓牢"引水"主体——教师。但是，我国应用型高校基本上正处在转型发展阶段，有的才刚刚开始转型，为此，要使教师真正发挥"引水"的主体作用，当前要解决以下两个问题。

第一，尽快实现教师的转型发展。学校转型教师是关键，教师不转型，不与社会发展融合就不可能引来社会服务之水，就不可能培养出合格的应用型人才。首先，应用型高校必须引导教师树立转型发展的理念。要让教师充分认识到，转型发展是时代的要求，是学校发展和个人进步的重要前提，要在思想上打破传统的"象牙塔"观念，形成符合应用型人才培养的转型发展新理念，以理念指导行动，促进教师主动从课堂走向社会，形成主动融入社会的应用转型高度自觉。其次，要指导好教师转型发展的具体过程，要求教师在教学内容、教学方式、发展道路等方面做到真正转型。教师要科学整合教学内容，将理论知识与社会实践知识有机结合起来，培养学生的综合能力。在教学过程中，教师要改变局限于教室的传统教学模式，必须拓展教学空间，根据教学需要，组织学生走进机关、学校、企业、农村，深入行业、产业以及各种实训基地，广泛吸收实践营养，增强社会实践能力。教师要因地制宜，认清学校的办学定位与发展特点，把个人发展与学校转型发展紧紧联系在一起，寻找适合自身成长的发展道路。应用型高校的绝大多数教师，最好的成长道路是在应用转型中谋发展，在提供社会服务的过程中使自己的价值最大化，从而成为引领地方经济社会发展的专家型人才。

第二，提高教师实践应用能力，着力打造"双师型"师资队伍。教师要引好水必须具有较强的实践能力。这种能力主要表现为教师在社会活动、科学实践、生产实践和教育实践中的素养与水平。教师在教育教学活动中，要特别体现应用型发展特点，有效组织和率领学生开展社会服务活动，同时，自己要具备较强的专业实践技能，起到专业实践技能示范作用，成为名副其实的"双师型"教师。应用型高校要高度重视"双师型"师资队伍建设，将其作为师资队伍建设的核心工作来抓。按照《国务院办公厅关于深化产教融合的若干意见》要求，加强产教融合师资队伍建设，制定科学的"双师型"教师培养制度、评定制度、考核制度、激励制度等制度体系，加大资金投入，高标准严要求，激发"双师型"教师的积极性和创造性，构建高水平"双师型"师资队伍，确保有雄厚的师资力量来引社会服务之"水"。

引什么"水"？"引水灌田"模式所说之"水"，是社会服务之"水"。应用型高校在社会服务过程中，涉及面非常宽广，社会服务之"水"，涉及党和国家大政方针的落实状况，联系着地方政治、经济、文化发展的现实。因此，在引什么"水"的问题上必须科学选择。学校必须围绕应用型人才培养目标，确定社会服务项目范围，选定恰当的"总水域"。各二级学院要针对不同专业，根据专业人才培养要求来划定"分水域"。学校要把握好涉及"水域"的深度和广度，防止过度"自由泳"而淡化了人才培养的主题，要选择好涉及"水域"的优质"水"，广泛吸收那些有利于学科建设、专业建设、学生应用能力培养的社会服务优质元素，提高应用型人才培养质量。我们可以将所引的社会服务之"水"作以下具体划分。

①"自然水"。学生在教师组织开展的社会服务实践课程和项目过程中，必然要涉及社会各个领域，接触各个类型的人群，看到各种社会现象。所以，教师很有必要指导学生懂得如何观察社会、认识社会，要让学生看到中国特色社会主义建设快速发展的步伐，看到人民群众创造历史的巨大力量，看到社会各行各业艰苦创业的历程，等等。当然，教师也要指导学生认清社会中存在的消极现象，懂得如何对其进行辨别和评判，还要指导学生如何解决社会生活中遇见的各种困难和问题，增强学生社会适应能力，等等。这些社会现实也许与所进行的课程和项目没有直接关系，却是社会服务过程中自然而然形成的社会资源，对学生的成长有着直接的影响，是培养应用型人才不可缺少的重要土壤。科学合理地使用"自然水"，不仅能够提高应用型人才的社会适应能力，为社会服务活动顺利开展奠定基础，而且是对学生进行思想政治教育的重要途径，是提升应用型人才思想素质的必要方式。

②"直饮水"。有学者认为"直饮水"是"指师生直接参与社会服务项目实施并在其中得到培养与提升的过程"[1]，并且把学生在社会服务实践中直接得

[1] 罗静，侯长林.地方高校社会服务反哺人才培养模式的构建 [J].中国高等教育，2020(5)：21-22.

到的培养，生动地描述为"就像一位口渴的人直接站在汩汩的泉水边，酣畅地享受水的润泽"[1]。这个解释很到位。在实践课程和服务项目实施过程中，学生在教师组织下参与了每一个环节，亲身体验了每一项工作，直接获得了课程和项目设置的实践知识和技能锻炼。这种"直饮水"是社会服务之"水"的主要内容，教师需要特别重视，并让学生很好地"饮用"。因为，它是"引水灌田"人才培养模式的重点，是学生在课堂上饮用不到的，饮用这种"水"不仅是"酣畅地享受水的润泽"，也是助推学生成长为合格应用型人才的珍贵财富。

③ "桶装水"。所谓"桶装水"是指学校和教师对社会服务中人才培养资源的积累。就教师而言，首先，教师在进行社会服务实践课程和项目之前，必须深入社会，把有关理论知识和实践知识有机结合起来，对服务对象进行深入的调查研究，从而制订出科学的社会服务方案，为服务工作和应用型人才培养做好充分准备。其次，在服务工作中，教师对整个过程作详细记录，注意收集各种信息，特别是总结好工作经验和存在的各种问题，提高社会服务指导能力和人才培养水平。最后，在每一次社会服务实践课程和项目完成后，教师都要及时撰写社会服务案例，甚至还要撰写调查报告和学术论文，作为进一步抓好社会服务和人才培养工作的资源储备。就学校而言，一方面要全面宏观地掌握学校社会服务培养人才的情况，研究总结工作经验和不足，明确工作方向，制订工作措施，为社会服务和应用型人才培养提供有力的保障；另一方面，要建立社会服务人才培养资源库，将教师在指导学生社会服务和培养人才的实践基础上撰写的论文、调查报告、工作案例等编辑成册并收集入库，使之成为教师在实践中和课堂上培养应用型人才的重要资源。

如何"灌田"？首先，学校要在办学思想的指导下，制订科学可行的应用型人才培养方案。学校制订人才培养方案时要特别注意三点：第一，要坚守大学根本，符合本科教育的一般规律，保证本科层次人才培养目标不动摇。一定要将应用型本科人才培养目标与高职高专的技能型人才培养目标区别开来，人才培养目标及层次变化会倒逼人才培养方案的变化，不能一讲应用转型就丢掉了"本科"属性。第二，要恰当调整课程结构，增加实践教学课程比例和课时量，保证社会服务之"水"能合适地进入人才培养之"田"。第三，要根据学校和地方发展特点，开发社会服务项目课程，丰富应用型人才培养资源，拓宽应用型人才培养路径。其次，要制订出人才培养方案的具体实施意见，并对人才培养方案所要求的条件给予保障。这个意见一定要在宏观上符合学校的办学理念和定位，同时要体

---

[1] 罗静，侯长林.地方高校社会服务反哺人才培养模式的构建 [J].中国高等教育，2020(5)：21-22.

现专业发展目标和特色，既不能偏离根本另行一套，也不能照抄照搬。

对于教师而言，作为人才培养的主体力量，无论是通识课程还是专业课程，教师都必须充分利用社会知识特别是当地的相关实例，将其与讲授的课程有机结合起来，使课堂教学接地气，充分体现生动性、现实性和时代性。在实践教学中，教师要根据课程和项目需要，制订好教学计划和活动方案，选择恰当的地点和素材，采取科学有效的方式，以培养学生实际应用能力为主，增强教学效果。在科学研究过程中：一方面，教师要特别注意将应用研究成果运用于课程教学，提升教学效果；另一方面，教师要让学生参加自己的应用研究项目，在研究过程中培养学生的创新能力，同时，教师要在社会服务中指导好学生团队和个人的科学研究，带领他们在社会实践中开展科研活动，教会他们如何"在大地上写文章"。

二、"引水灌田"模式下地方高校服务学习改革[1]

在推进协同育人过程中，产业欠发达地区高校如何基于社会服务职能更好地开展应用型人才培养？很显然，在树立较高服务意识、增强社会服务能力的基础之上，将高校社会服务职能与人才培养紧密结合，建立起教育和政府、教育和产业融合的协同育人模式，对具体的教育实践，特别是协同育人理念下高素质应用型人才的培养，具有较高的社会价值和深远的现实意义。

（一）服务学习的内涵

1.服务学习的基本定义

19世纪60年代，服务学习（service-learning）在美国兴起，不同学者或机构站在不同的角度，对其进行了解释。1990年，在美国时任总统乔治·沃克·布什（George Walker Bush）签署的《国家与社区服务法案》中，服务学习被定义为"社区、学校和社区服务计划中心相互配合，安排学生完成社区真正需要的服务，以帮助学生或参与者的学习或成长，培养学生的公民责任感，将学生的学术性课程与社区服务整合为教学单元，给学生或参与者一定时间去分享服务所得经验与心得"[2]。美国普渡大学《服务学习：教师课程设计手册》将服务学习定义成一种教与学的方法，一种基于课程、载有学分的教育经验。江西师范大学陈志忠对美国高校服务学习的内涵进行了解读，将服务学习划分成"作为一种哲学理念的服务学习""作为项目的服务学习"和"作为一种教学法的服务学习"3种不同

---

[1]该部分系冉耀宗、张新婷合著，曾以《"引水灌田"模式下地方高校服务学习改革》为题刊发于《铜仁学院学报》2020年第3期，本书收录时有修改。

[2]郝运，饶从满.美国高校服务学习的特点、实施程序及对我国的启示[J].东北师大学报（哲学社会科学版），2010(1)：163-167.

的类型。[1]华东师范大学张华总结了服务学习的 4 个基本特征：第一是明确而真实的学习目标；第二是适应真实的社区需要；第三是由儿童（或学生）做决定；第四是分析性反思。[2]

2. 服务学习的研究现况

服务学习现今已成为教育领域公认的一种有效的学习方法，并广泛运用于世界各地的各级各类教育领域。[3]国外尤其是美国积累了大量关于服务学习方面的研究文献，认为服务学习在学生价值发展方面有积极作用，如：高级思维、同理心、文化意识、个人与人际发展、参与社会问题的动机、学习动机、生活技能、自我效能感、学业成绩、个性及社会性发展、职业意识、公民参与/责任。

北京师范大学姚梅林、郭芳芳等组成的研究团队在 2015 年对中国 11 个省 17 个城市 39 所学校的 7000 余名大、中学生进行了调查，从学习理念认同、学习选择权利、交流反思活动、参与态度等方面对服务学习的成效进行了问卷调查，对如何达到有效的服务学习的质量标准并实现其功能及目标进行了分析。[4]

国内外众多高校均开展了特色鲜明、主题各异的服务学习改革，并产生了较为积极的影响。美国加州州立大学蒙特利湾分校的"土著人的回顾"服务学习项目（Return of the Natives，2019），意在为各年龄层的社区成员提供各种教育和户外体验，要求学生选择一个至少完成 22 小时服务的项目领域——教育、社区活动或绿色拇指项目。英国曼彻斯特大学开展了"曼彻斯特领导力"服务学习项目领导能力课程（Manchester Leadership Programme，2019），学生通过亲身参与学术活动和社区活动，更深入地了解成为一个负责任的全球公民意味着什么。中国的香港理工大学、香港中文大学、香港科技大学等 8 所公立大学，以及南开大学、华南师范大学、云南大学、汕头大学等高校，均开设有与课程相结合的服务学习项目[5]。铜仁学院于 2018 年 9 月开展的基于课程的服务学习改革项目，分别以"社区历史资料与人事档案整理""景区规划与服务"为主题，实施了为期 3 个月的服务学习活动，覆盖两个专业 140 多名本科学生。

3. 服务学习的理论基础

服务学习作为一种实践型教育教学的方式或模式，从教育哲学的层面对其理论基础进行窥探，对更深层次理解服务学习的教育目的及更有效地实施服务学习，

[1] 陈志忠. 美国高校服务学习的内涵与特质 [J]. 高教论坛，2019(3)：111-116.
[2] 张华. 论"服务学习"[J]. 教育发展研究，2007 (9)：1-8.
[3] 姚梅林，郭芳芳. 服务学习在中国：现实需要与推进策略 [J]. 北京师范大学学报（社会科学版），2015(3)：51-58.
[4] 姚梅林，郭芳芳. 服务学习在中国：现实需要与推进策略 [J]. 北京师范大学学报（社会科学版），2015(3)：51-58.
[5] 管弦. 香港地区公立大学"服务学习"的经验及反思 [J]. 高教探索，2017(4)：65-69.

具有十分重要的意义。

服务学习的理论基础主要来源于杜威的经验主义教育哲学。"经验"（experience）是杜威哲学体系的重要内容，"从经验中学习"（to learn from experience）或"在做中学"（learning by doing）等关于人们学习的一些主张，是其在教育上主张经验学习的核心概念。杜威的《民主主义与教育》一书涉及的关于教育的目的、教育的价值、教育中的反思、课程与教材等内容的论述都在经验的范畴。吴俊升曾指出："杜威论知识问题，不离经验的范围，并承认在知识的构成中知觉和感觉的功能……""在杜威系统中，感觉和观念都在经验之中有它们的自然的起源……"

第一，服务学习是一种从经验中学习的教育方式。杜威认为，经验不是认知的事情，而是一种经历并从经历中学习的过程，即一个人尝试做一件事情，在做的过程中或者做完后，该事情又反过来作用于这个人。在《经验和教育》一书中，杜威认为教育是一种"属于（within）经验""由于（by）经验"和"为着（for）经验"的发展。我们从服务学习的定义中不难看出，不管是"学生完成社区真正需要的服务"，还是"将学生的学术性课程与社区服务整合为教学单元""学生针对服务活动中的所见所为进行反思"，以及"分享服务所得经验与心得"，都具有十分明显的经验主义哲学特征——服务学习与社区服务需求之间相互作用。在参加服务学习活动过程中，学生深入社区主动发现并提出问题假说，在理论学习的基础之上，通过参与真实的服务实践和持续不断的反思与讨论，验证自己的问题假说，获得积极有效的经验。

当然，我们也不得不接受一个事实，那就是不管是传统的课堂教学，还是社区的服务学习，经验的获取只能一点一滴地完成。如杜威所言，"教育的改造，要使学生在运用智力进行有目的的活动中进行学习，这样的改造是一件缓慢的工作"。

第二，服务学习的重要目的是培养服务精神。杜威的重要教育观点"学校即社会"认为："当学校能在这样一个小社会里引导和训练每个儿童成为社会的成员，用服务的精神熏陶他，并授予有效的自我指导的工具时，我们将拥有一个有价值的、可爱的、和谐的大社会的最强大的并且最好的保证。"[1] 服务精神是民主主义的基本精神。教育基于民主主义的基本精神而组织起来的时候，必然会把培养服务精神作为公民教育的重要目的。在参加精心组织的服务学习活动过程中，人与人之间、群体与群体之间的自由互动，每一个人和群体都同时在"服务着"

---

[1] 约翰·杜威. 学校与社会：明日之学校 [M]. 赵祥麟，吴志宏，译. 北京：人民教育出版社，2005.

和"被服务着",服务精神的培养不再只把学生限制在学校与教室这样封闭的教学空间,而是将其置身于开放而复杂的现实环境和学习情景,积极获得经验和教训。如张华在阐述服务学习时所说,当教育与社会生活融合成一个有机的"连续体"时,不仅会带来"教育上的天国",而且会奏响社会的福音。[1]

第三,服务学习融合了知识科目与实用科目。杜威在《民主主义与教育》中把数学、物理、化学、历史、地理等有着自己学科逻辑体系的科目归类为知识科目,把诸如园艺、纺织、木工、金工、烹饪等与社会生活直接相关的"人类基本事务"归类为"主动的作业",即实用科目。杜威认为,知识科目的本质也需要学习者进行主动的操作或实验才能得以实现,而实用科目虽然以其实用性为出发点,但同时也是一个理性的、反思的过程。杜威基于民主主义的社会理想和经验主义哲学观,把知识科目与实用科目融合在一起,消解了传统教育学者对二者的对立。在教育史上,这两类科目曾长期分离,知识科目在价值上被无限拔高,而实用科目则被过度贬损。[2]这种人为的对立和分离,在当前高校人才培养过程中也时有体现。部分应用型高校的教师依然只重视学科知识的讲授,忽视应用技能的培养,人为地将学科知识和应用技能对立起来。服务学习将形式多样的服务内容与课程的学科知识融合在一起,将实用科目的学习实践有效融入知识科目的学习中,学生自觉将学到的新知识和技能用于解决社区服务中的实际问题时,参与服务活动和学习学科知识间的"对立"关系得以消除。

第四,服务学习是服务活动和反思行为的结合。杜威认为,有意识地努力地去发现所做的事和所造成的结果之间的特定联系,就是思维或反思。服务学习认为,探究、反思和解决问题是学习的本质。服务学习将学生置身于一个真实的社区环境,任何事物都处于仍在进行之中而且不完全的状态,学生在探究、观察和研究的过程中进行积极的反思。

杜威"经验即实验"的观点认为,"除非作为做的产物,否则就没有所谓真正的知识和有效的理解","人们如果想发现某种东西,就必须对事物做一点什么事;他们必须改变环境"[3]。这一观点把"属于(within)经验""由于(by)经验"和"为着(for)经验"有机统一起来了。杜威的观点不仅直截了当地解释了为什么服务活动是一种学习,还指出了服务学习必须具有的一个重要特征:服务活动要与分析反思结合起来。

(二)"引水灌田"模式

1."引水灌田"模式的基本内涵

[1]张华.论"服务学习"[J].教育发展研究,2007(9):1-8.
[2]张华.论"服务学习"[J].教育发展研究,2007(9):1-8.
[3]约翰·杜威.民主主义与教育[M].王承绪,译.北京:人民教育出版社,2001.

社会服务是高校三大基本职能之一。社会服务职能在美国威斯康星大学"为州服务"理念的办学思想下得以实践，并逐渐在世界各地的高校中推广开来。

近几年，在地方高校转型发展实践探索中，铜仁学院罗静、侯长林等构建了"引社会服务之水，灌人才培养之田"的社会服务反哺人才培养模式。[1] 该模式将高校社会服务职能反哺人才培养形象地比喻为"直饮水"和"灌装水"，并以此创新性地提出了社会服务反哺人才培养的两种具体途径。

2. "引水灌田"与协同育人

2017 年《国务院办公厅关于深化产教融合的若干意见》提出用 10 年左右时间形成教育和产业统筹融合、良性互动的发展格局，健全完善需求导向的人才培养模式。2018 年 9 月，习近平总书记在全国教育大会上进一步强调，要提升教育服务经济社会发展能力，调整优化高校区域布局、学科结构、专业设置，建立健全学科专业动态调整机制，加快一流大学和一流学科建设，推进产学研协同创新，积极投身实施创新驱动发展战略，着重培养创新型、复合型、应用型人才。2018 年 10 月，教育部联合多部委发布了《卓越工程师教育培养计划》《卓越农林人才教育培养计划》等系列卓越教育培养计划 2.0 版本，提出高等学校要以完善多主体协同育人机制、实施多主体协同育人工程为重要举措，全面推进新工科、新医科、新农科、新文科建设，提高高校服务经济社会发展能力。

教育部高等教育司原司长张大良曾说："协同育人是高等教育改革的一大亮点。人才培养是一个系统工程，需要方方面面的共同努力。"[2] 朱绍友、孙伟等认为，协同育人就是根据人才培养的目标定位，教育者合理配置和利用各方面优质资源，全方位合作与协同，有效组织教育教学活动，使受教育者综合素质得以提高的教育活动。[3] 但是，就应用型高校特别是地方应用型高校的现实情况而言，推进协同育人战略普遍面临的现实困难是：一方面，作为地方本科院校，重点服务对象主要集中在广大中小企业和地方政府机构，而此类中小企业又多处于产业链中低端，转型升级压力大、任务重；另一方面，地方本科院校的学科建设较普遍面临着发展基础差、定位不准、建设思路不清晰等问题，面对企业行业的新技术、新产业、新业态、新模式提出的新要求，师生的服务意识与能力均存在明显不足。[4]

[1] 罗静，侯长林.地方高校社会服务反哺人才培养模式的构建[J].中国高等教育，2020(5)：21-22.
[2] 访教育部高等教育司司长张大良高校人才培养呈现三大亮点[N].中国教育报，2014-11-10(9).
[3] 朱绍友，孙伟，章孝荣，等.对高校协同育人及其机制构建的若干思考：以安徽农业大学为例[J].高等农业教育，2015(7)：41-44.
[4] 唐林伟，汪牧扬.深化产教融合背景下地方本科院校工程学科建设[J].河北师范大学学报（教育科学版），2019，21(4)：101-105.

笔者的理解，高校实施协同育人战略，必须围绕社会对人才培养的现实需求，找准办学目标与定位，充分挖掘利用好高校自身的各种优势，主动革新教育理念，积极构建新的育人机制，整合社会各方面的优质资源，为人才培养的核心职能服务，为促进社会又快又好地发展培养和造就优秀人才。因此，地方高校实施协同育人发展，不仅要实现资源的优化配置，更重要也更急迫的是需要更新教育理念、变革教育方式和形式，提高人才培养质量。刘献君认为，所有大学都沿着"教学型—教学研究型—研究型"的路子走，不重视应用型人才培养，背离了国家战略需求。[1]他提出，"在我国，教学已经形成体系，科研也已经形成体系，社会服务没有形成体系"。应用型人才培养需要强调大学的服务职能，以服务发展需求为导向，需要牢固树立服务理念，并进一步将课程学习与社会服务、社区服务紧密结合，贴近生活，贴近职场，贴近社会，形成以学生为中心、服务学习一体的课程结构。[2]

"引水灌田"模式着眼于"引社会服务之水"，立足于"灌人才培养之田"，为高校如何强化社会服务职能、融合地方资源、反哺人才培养，系统推进协同育人，提供了一种理论模型，构建了地方高校与社会深度融合的一种新方式，是协同育人的一条新路径。

（三）"引水灌田"与服务学习

地方高校基于传统生产实习、顶岗实习等模式实施协同育人，普遍存在需求不对称、受限于人才培养模式等问题，有严重的"两张皮"现象。基于"引水灌田"模式实施服务学习，地方高校可充分发挥其社会服务职能的优势，使协同育人学习的内容与形式更具多样性，可配套深入开展学习活动的社会资源将更加丰富，服务对象也将更为具体多样，因而能更加有效地实施协同育人战略。具体来看，"引水灌田"模式下的服务学习有以下几个方面的特征。

第一，服务学习的全人发展目标得到进一步体现。关于服务学习价值的研究表明，服务学习在学生价值发展中的作用之一为"帮助学生形成公民责任感"。"引水灌田"模式下的服务学习强调培养健全的、具有社会创新能力的良好公民，其通过提升师生服务意识，积极引导学生参加服务和实践，强化学生作为社会公民的权利意识和主体意识，提升学生公民道德和社会责任感，使学生全面成长成才的目标得以凸显。

第二，服务学习的具体路径得到进一步优化。北京师范大学姚梅林、郭芳芳

[1] 刘献君. 应用型人才培养的观念与路径 [J]. 中国高教研究，2018(10): 6-10.
[2] 刘献君. 应用型人才培养的观念与路径 [J]. 中国高教研究，2018(10): 6-10.

曾经提出，国内开展服务学习改革依然存在路径不够丰富，学校阻力依然较大"引水灌田"模式下的服务学习主动适应社会、经济和科学技术大变革的要求，积极探索学校与社会的融合趋势，将教育教学阵地延伸到了特定的社会区域及所属企事业单位，扩展了学校人才培养的边界，打破了课堂界限，丰富了教学形式，有利于形成真正的产教融合格局。

第三，服务学习的社会属性得以进一步彰显。"引水灌田"模式下的服务学习，是师生开展真实社会服务活动获得学习经验的一种教育教学模式，学生学习活动基于特定的行政区域或企业开展，探究、反思、解决的都是真实的现实问题，其教学目标和内容、工作的场所以及工作的对象等，无一不体现了行业社会的现实需求，有十分明显的社会属性。

（四）服务学习的实践

自 2018 年 9 月以来，铜仁学院旅游管理、秘书学、视觉传达与设计、护理学、社会工作、体育教育、水产养殖学、园林学、食品科学与工程等专业，均实施了基于课程和社会服务项目的多轮次服务学习改革试点。在实施服务学习改革过程中，学校改变了粗放的合作模式，构建了基于真实社会区域及企业实际问题的服务学习内容，开展了面向社会区域真实问题的服务学习活动，与社区形成了真诚互信、民主互惠、平等合作的伙伴关系，兼顾了多方实体的本位利益和社会效益。2018 年 9—10 月，旅游管理专业组织实施了以"服务旅游"为主题的服务学习活动。该专业学生围绕铜仁市旅游发展大会举办地的现实需求，结合"旅游景区规划""导游词编撰实务""导游能力训练""礼仪培训"等多门课程的学习任务，在实地开展了旅游景点规划、旅游产品开发、景区解说词编撰、旅游解说等系列服务活动。2019 年 3—11 月，大健康学院以生态移民社区为出发点，围绕坞坭社区生态移民搬迁的特殊属性，组织社会工作、护理学、休闲体育等专业的学生参与社会服务公益项目，实施了以"生态移民社区校地联建"为主题的服务学习。学生围绕社区建设的诸多现实需要，根据坞坭社区群体属性的不同，分别开展了亲子活动、儿童公益课堂、心理健康咨询、"四点半"课堂、留守儿童关爱、邻里舞蹈队等服务学习活动，为社区工作提供了实质性的帮助。

在上述两个服务学习案例的实施过程中，学校组织开展了前期调研，基于专业课程、社会服务项目设计了服务学习方向，把社区的现实问题与学生的知识学习结合起来，为学生创建了一个真实的学习场景。学生在这一真实场景中，进行理论知识的学习、服务活动的开展及持续的分析反思，使自身的价值得到全面提升。与此同时，社区也得到了实质性的帮助。

在实施服务学习改革过程中，铜仁学院在顶层设计、管理机制、资源整合、课程重构等前期工作，以及实施过程中的资源保障等方面，均进行了积极有效的探索。

第一，创新顶层设计。学校构建了"山"字形人才培养模式，形成了"通识教育＋专业教育＋自主学习＋项目课程"的课程体系。在这一体系中，项目课程具有以项目为单位组织课程内容，以结果为导向，面向职场岗位需求的特征，旨在培养学生的应用能力，服务学生综合素养的提升。项目课程教育平台的建设，为"引水灌田"模式下基于课程或社会服务项目开展服务学习，学生饮用各种类型的"直饮水"，找到了"修学分"的切入点。

第二，完善管理机制。服务学习实施过程中涉及学生、教师、社区与企业等多方人员，健全完善管理机制是十分重要的前提与基础。学校教务处、社会服务中心、二级学院等部门基于各自分工，相应出台了系列政策，扫清了服务学习实施过程中的诸多现实障碍，如服务学习课程多样的授课形式带来的教学计划冲突、学生成绩的考核与学分认定、教师工作任务的安排与工作量认定、社会资源整合等。具体做法有：学校基于社会服务职能设立了校院两级社会服务管理机构——社会服务中心和社会服务科，并专门成立服务学习领导工作小组统筹推进工作；教务处制订实施细则和服务学习指南，强调了服务学习应该遵循的基本规范和工作流程；二级学院组成专门的服务学习工作小组，负责服务学习各环节工作的具体组织与实施；等等。

第三，重构课程内容。内容重构是将传统学科课程与服务学习有机融合构成"新课程"的关键环节。服务学习因参与方式、学习时长、活动场地等具有多样性，其课程的教学目标、教学内容、教学形式也应更具有多元性。传统学科课程须进行重构。在课程内容重构的过程中，学校成立了由教务处、专业负责人、课程负责人组成的服务学习课程开发小组，广泛深入社区挖掘课程要素，确定了更科学的教学目标、教学内容和教学形式，建设了一批行业课程和活页教材。相关专业制订了翔实的服务学习教学计划，对准备、行动、反思、总结与评价、成果展演等服务学习具体环节的教与学进行了设计。学生通过参与服务学习，使岗位技能、行业技能、综合能力和服务意识得到了提升。

第四，整合社会资源。服务学习是多方协同的全员育人模式。在市场供需的基础上，地方高校立足于应用型人才培养的办学需求，主动利用各种渠道整合社会资源，是实施服务学习改革的坚实后盾与保障。铜仁学院充分发挥社会服务中心职能，依托地方政府行政资源，以及主导成立的拥有150多家单位成员的创新发展联盟，为服务学习课程设计、活动开展提供了丰富的平台资源；二级学院根据服务学习各环节的实际需求和具体情况，组织师生调研团队多次深入相关区域及行业，确定每一期服务学习的具体行政区域和服务行业；社会服务中心、教务处、二级学院就具体专业具体时段的服务学习要求，比如权利与义务、组织与实施等具体问题，与资源方进行了多轮次的实质性洽谈。

三、"引水灌田"社会服务模式视阈下学生学习效果评价的设计研究[1]

对扎根地方、服务地方的应用型高校而言，在其发展过程中，需要构建起服务地方经济社会发展的应用型人才培养体系，发挥社会服务职能。但正如刘献君教授所指出的："我国高校的教学、科研已基本实现体系化，但社会服务离体系化相去甚远。"[2]鉴于此，应用型高校需要进一步研究社会服务体系的构建，开展社会服务育人模式的理论探索和实践创新。铜仁学院作为地方应用型高校，在发展过程中结合自身的实际，提出了"引水灌田"的社会服务反哺人才培养模式，通过建立激励机制，鼓励教师带领学生参加文化、科研、技术等服务，学生参与社会服务逐渐成为培养学生实践创新、责任担当的一种重要途径。在这样的背景下，如何对学生参与社会服务学习效果进行评价，成为亟待解决的问题。学生在参与的社会服务项目中，作为社会服务的全程参与者、学习体验者、劳力和智力贡献者，发挥了重要作用，对其学习效果的评价，关乎"引水灌田"模式能否真正落实到人才培养全过程，能否培养出高水平的应用型人才。但通过调研发现，目前学生参与的社会服务项目的评价体系尚未健全，在评价学生学习效果方面，更多地强调项目任务的完成，在衡量标准方面，多用社会需求方对项目验收的标准，忽视高校课程评价体系下学生的学习效果评价。基于此，在"引水灌田"社会服务模式视阈下，探讨学生学习效果评价的设计，关注学生参与社会服务学习效果的评价显得尤为重要。

（一）"引水灌田"社会服务模式的内涵及其价值意蕴

1. "引水灌田"社会服务模式的内涵

对"引水灌田"概念的理解，可以在很大程度上反映出利用社会资源反哺人才培养的内涵。"引"本义是开弓，又引申出招来、导致之意。对"社会服务"概念的认识可以从高校社会服务职能来理解，布鲁贝克在《高等教育哲学》一

---

[1] 该部分系张杰、罗红芳合著，曾以《"引水灌田"社会服务模式视阈下学生学习效果评价的设计研究》为题刊发于《铜仁学院学报》2020年第3期，本书收录时有修改。
[2] 刘献君.论高等学校社会服务的体系化 [J].高等教育研究，2014，35(12)：1-6.

书中指出"在此之前，高等教育的主要职能一直是保存、传授和发展高深学问，而现在它又担负起为公众服务的职能"[1]。潘懋元认为，高校的社会服务职能为"直接为社会服务"[2]。社会服务成为现代大学的职能，既是大学生存发展的基础，又是适应社会发展需要的必然。2019 年 12 月，国家发展和改革委员会、教育部等七部委在《关于促进"互联网＋社会服务"发展的意见》中将社会服务定义为"在教育、医疗健康、养老、托育、家政、文化和旅游、体育等社会领域，为满足人民群众多层次多样化需求，依靠多元化主体提供服务的活动"。这里的"多元化主体"显然包含高校。综合分析国内外对高校社会服务的定义，可以得出高校的社会服务主要是指学校派出师生，以政策研究、决策咨询、科技成果转化、技术指导等形式，为推动地方经济社会发展提供的服务，其目的是培养高素质应用型人才。

社会服务之"水"可以理解为社会具有的能为人才培养服务的"资源"。"资源"是一个经济学名词，是指一切可被人类开发和利用的物质、能量和信息的总称。能为人才培养所用的"资源"，即为教育服务的"资源"，是指"某一国家或地区依据自身教育事业发展的需求投入到教育活动中的人力、财力和物力的总称"[3]，以及"能够保证社会教育实践进行的各种具有社会教育意义的资源及条件"[4]。通过以上论述，可以得出，"资源"包括真实环境中的社会道德、法律法规、民俗民风、行业规定、生产设备、实验仪器、工作场所、技术方法、管理经验、企业文化等。那么"社会资源"即为师生在参与社会服务的过程中，发现、挖掘、利用社会存在的能为教育教学服务的"资源"。

"灌"有浇灌之意。"人才培养之田"概念可以界定为"人才培养的课程"，把项目"课程化"，通过课程的形式育人。课程是指"学校按照一定的教育目的所建构的各学科和各种教育、教学活动的系统"[5]。课程具有 5 个特征：一是课程有目的，即具有教育目标；二是有教学内容和教学方法，即具有明确的教学内容和因人而异的教学方法；三是有先后顺序，即先确定教育目标，再进行教学组织；四是有教学评价，以便于持续改进；五是没有空间的限制，校外实践教学、第二课堂等都属于课程的内容。因此，在"引社会服务之水，灌人才培养之田"内涵体系下，"教材"就是社会资源，"教室"就是真实的学习场所，"教

[1] 约翰·S. 布鲁贝克. 高等教育哲学 [M]. 王承绪，郑继伟，张维平，等译. 3 版. 杭州：浙江教育出版社，2001.
[2] 潘懋元. 高等教育学讲座 [M]. 北京：人民教育出版社，1993.
[3] 靳希斌. 教育经济学：修订本 [M]. 2 版. 北京：人民教育出版社，2001.
[4] 侯怀银，尚瑞茜. "社会教育资源"解析 [J]. 中国成人教育，2019(2)：10-15.
[5] 潘懋元，王伟廉. 高等教育学 [M]. 3 版. 福州：福建教育出版社，2013.

师"就是项目双方人员，既要体现教师主动把社会服务项目"课程化"，将自己的时间精力、教学思想、聪明才智、情绪情感投入课程教学活动中去，又要体现和争取其他利益相关方一起主动承担人才培养的权利和义务，聚焦人才培养的对象——学生。综上，"引水灌田"最显著的特征就是强调真实的场所和真实性学习，区别于传统课程学习任务、学习场所和考核方式，项目双方按照课程建设思路和培养目标，努力把社会资源"转化"成教育资源，在项目实施过程中完成人才的培养。

2. "引水灌田"模式的价值意蕴

《国务院办公厅关于深化产教融合的若干意见》提到要"推进产教融合人才培养改革""健全高等教育学术人才和应用人才分类培养体系"。基于"高校开展社会服务的目的不能单纯地看作为科技成果的转化和解决社会的问题，更重要的是要回归高等教育的初心——为人才培养服务"[1]协同育人的思想，铜仁学院社会服务工作者紧紧围绕学校创建"高水平应用型"的远景目标，进行社会服务理论和实践探索，"水到渠成"地提出"引水灌田"人才培养模式。同时为了彰显社会服务的育人功能，进一步升华社会服务与人才培养的关系，即"社会服务与人才培养由肩并肩地简单分割融合为手挽手的相互协调"，学校制定的相关文件明确指出将培养高素质应用型人才作为社会服务的首要目的，不断完善工作措施，将推动社会服务的育人过程作为项目课程的形式融合于应用型人才培养体系中，打破社会服务进入课程的最后一个"壁垒"，激励参与社会服务的学生在人才、文化、科技及创作、技术等服务中，按照"项目课程"的形式"修学分"。课程是专业建设的核心要素，而项目课程化的社会服务是实践教学、第二课堂的主要形式之一。为了让"引水灌田"人才培养模式落地生根发芽，学校又提出"灌装水"式和"直饮水"式育人模式："灌装水"式是指把撰写的社会服务经典案例放入教学资源里，丰富充实教学资源库；"直饮水"式是指师生直接参与社会服务项目的育人模式。可以说，"引水灌田"人才培养模式，是铜仁学院在深化产教融合过程中，从理论到实践、实践上升为理论的一次有益探索，是应用型高校教学改革的一次创新。需要指出的是，本节分析的学习效果评价主要针对"直饮水"式。

"引水灌田"模式作为一种基于"真实环境下进行学习"的人才培养模式，其价值意蕴主要体现在：第一，特别强调对情感态度、价值观的培养。利用社会资源对学生进行培养，目的是让学生认识、体验真实的世界。学生与真实生活之

[1] 罗静，侯长林.地方高校社会服务反哺人才培养模式的构建 [J].中国高等教育，2020(5)：21-22.

间的互动主要是通过体力劳动的付出、智慧火花的碰撞以及道德修养和社会责任感的养成进行的，这些都是《普通高等学校本科专业类教学质量国家标准》中专业培养特别强调"素质要求"规定的内容。教育的目的是"把一个人在体力、智力、情绪、伦理各方面的因素综合起来，使他成为一个完善的人"[1]，"引水灌田"模式能够实现学生审美、情感和价值观的培养。第二，重视学习环境对教学的影响。学生参与社会服务，无论是完成一件作品还是某个设计，都必须符合行业标准，用行业标准来评价学生的学习成果，以激发学生学习的责任感和主动性，尤其是自我反思能力和处理问题的能力。为了把行业的需求和标准融入教学活动中，教师在进行项目课程设计时，要提前告诉学生行业标准的重要性。学生通过行业标准和专业标准共同引导，才能不断改进自己的学习行为，在真实场景中成长成才。第三，体现学习的建构。学生参与项目后的专业知识及技能、能力提升，一定是学生本人在真实场景中与他人建构的。"引水灌田"强调教师只是帮助者和指导者，项目课程设计一定是学生自己和学习伙伴一起设计与执行的，正如建构主义学习理论所认为的"学习是引导学生从原有经验出发，生长（建构）起新的经验"[2]，"引水灌田"模式为学生参与真实性活动的知识建构提供了一个教学环境。

（二）"引水灌田"社会服务模式视阈下学习效果评价的困境

1. 研究社会服务职能评价较多，关注社会服务学习效果评价较少

通过文献查阅可知，在社会服务评价研究方面，国内外主要集中在社会服务绩效评价和职能评价的研究，国外研究者主要有巴德里（Badri）和阿卜杜拉（Abdulla）用数据包络分析方法、Hung Yi Wu用平衡计分卡法等进行的相关研究。国内研究者有郑挺从经济学成本和收益的角度提出高校科研为社会服务的效益评价及对策；张磊、谢祥和朱佳鑫主要关注高校社会服务定性与定量相结合的能力评价的问题；刘涛和油永华以山东省高校为例，利用结构方程模型构建学校社会服务能力评价体系；孙浩和徐文宇关注社会组织承接公共服务效能评价指标体系的构建；臧玲玲和吴伟用学术导向的措施研究美国大学教师社会服务活动评价等。综上，无一例外，社会服务评价研究主要集中在其职能评价和绩效评价的研究，对学生学习效果评价研究较少。

2. 项目实施与教学活动系统性不强，教学设计整体性不足

何为系统性？我们可以利用物理学中"质点系"的概念来探讨系统必备的几

[1] 联合国教科文组织国际教育发展委员会. 学会生存：教育世界的今天和明天 [M]. 华东师范大学比较教育研究所，译. 北京：教育科学出版社，1996.
[2] 李方. 教育知识与能力 [M]. 北京：高等教育出版社，2011.

个基本特征。特征一：两个及以上的质点构成系统，表明单个元素构成不了系统，系统的"边界"可以根据研究问题发生变化，即一个大的系统可以包含若干个子系统；特征二：质点与质点之间存在相互作用，表明元素与元素之间存在相互关联；特征三：外界对质点系内部作用时，质点系的能量、动量会发生变化，表明产生了整体功能。在系统科学理论下，课程体系就是一个系统，这样的系统就可以描述为"一组相关联要素组成的整体"[1]，要素就是课程。"引水灌田"模式下开展的社会服务，除了强调保质保量完成"顾客"的要求，还需充分利用社会资源完成育人任务，项目实施和教学活动构成系统中的两个非常重要的要素，教学设计和项目设计需同时兼顾，按照整体性进行设计。

但通过调查部分高校开展的社会服务，笔者发现项目的开展更多是按照社会需要方的要求进行思考和设计，围绕合同条款内容、要求、实施保障、甲乙双方的权利和义务等开展项目设计的，项目实施与专业建设、课程改革融合不够，忽视学生对知识、技能和能力的"诉求"，项目任务成为整个社会服务的主体，育人任务只是"顺带"完成，用项目设计代替教学设计，系统性思考和设计不足。项目实施过程中的各种资源、方法、手段等因为具有不同层次，影响到了教学质量的高低和人才培养的效果。例如，社会资源与人才培养的关联度和支撑度不高，很难实现在项目实施过程中对学生专业知识和技能、能力的提升，甚至会出现与人才培养无关的现象，这些必然会破坏教学过程中课程的整体性。

3. 评价指标内涵模糊，学习效果评价不足

由于社会需求存在不稳定性，社会服务项目的获取也存在不确定性。学校或者教师个人获取项目后，为了尽快完成项目，完成的质量标准往往是基于社会需求方的要求，对如何结合专业知识和课程教学要求较少，甚至存在部分教师认为学生参与教师组织的社会服务与人才培养无关的现象，以上因素往往会把社会需求方的评价简单迁移到对学生学习效果的评价。对于各个阶段的学习效果评价的意义，布鲁姆（Bloom）在"掌握学习"理论中提到，每个单元学习结束后，需检查学生学习效果后，才开始下一单元的教学。课程评估的主要作用是在实施教学过程中，及时发现问题，进一步提高教学质量。教学评估"要重视师生教学过程中的时间投入、精力投入、情感投入、意志投入以及教学创新等"[2]。但笔者通过调查某高校社会服务项目发现，存在项目实施完后不对学生进行总结性评价，过程性评价往往按照行业标准进行评价的情况。

[1] 巩建闽.高校课程体系设计研究：兼论 OBE 课程设计 [M].北京：高等教育出版社，2017.
[2] 李志义，朱泓，刘志军，等.用成果导向教育理念引导高等工程教育教学改革 [J].高等工程教育研究，2014(2)：29-34.

社会服务项目能够让学生在真实的场景中学习，是培养未来岗位能力的重要途径。从课程角度看，学生参与社会服务进行学习和能力培养，拓展了实践教学、第二课堂的教学形式，也是高校展示学科专业建设的重要平台。从学生的角度来看，评价学习效果的主要目的是鞭策教师时时不要忘记育人的任务，要随时检查项目课程进展情况，以便改进教学手段与方法。从控制论的角度来看，评价是衡量学习效果达成度的行为。教师根据评价结果不断地调整教学，确保参与的全体学生最终达到学习目标。所以说，证明教师带领学生在项目实施中学有所获，学习效果评价尤为重要。要对学习效果进行评价，首先要有评价标准。制订学习效果考核指标，可以培养学生良好的学习习惯。按照斯金纳（Skinner）"要进行强化，首先要判断哪些行为是需要鼓励的，哪些行为是需要控制的，对于不同类型的行为应该选择不同的强化办法"的观点，评价指标的选取是动态的，根据任务的进行和不同学生的学习状态不断调整。对学生参与社会服务项目的学习效果进行评价，还需要关注与学生学习有关的因素，如知识准备、学习兴趣、情感等，科学地制订评价标准，适时对评价标准和教学进行改进。斯塔弗尔比姆（Stufflebeam）认为，评价作为一种工具，"不是为了'证明'是否达到某种预先制定的标准，而是为了'改进'，从而不断接近理想化的目标"[1]。按照以上评价指标选取的观点，笔者对某高校社会服务项目进行调查发现，学生学习效果评价标准制订存在以下现象，例如把对社会服务能力评价等同于学生学习效果的评价，把项目资金的金额、项目来源的层次、项目类别等作为学生学习效果评价的标准，甚至存在不评价的情况。不解决学习效果评价的问题，社会资源再怎么丰富，教师再怎么引更多的"水"，单纯考虑项目本身而忽略教学活动的"灌田"，在人才培养上也是无法育出"好苗"的。

（三）"引水灌田"社会服务模式视阈下学习效果评价的设计

1. 设计学习效果评价方法的基本思路

产出导向理论指导学习成果的设计。"引水灌田"的人才培养模式为产出导向教育理论的实践提供了平台。1981年，产出导向教育理念由斯派蒂（Spady）率先提出，这一教育思想"逐渐成为美国、欧盟等国家教育改革的主流理念"[2]。2013年6月，中国正式加入《华盛顿协议》，之后开展的工程教育认证、师范类专业认证等都把产出导向教育理念作为追求卓越教育的方向。2018年1月，教育部发布《普通高等学校本科专业类教学质量国家标准》，该标准坚持三大原则，

[1] STUFFLEBEAM D L. The CIPP model for program evaluation[M]// KELLAGHAN T，MADAUS，G F，STUFFLEBEAM，D L. Evaluation Models. Dordrecht：Springer，1983：：117-141.
[2] 刘振天. 高校教学评估何以回归教学生活本身[J]. 高等教育研究，2013，34(4)：60-66.

其中之一就是突出产出导向。"教学设计和教学实施的目标是学生通过教育过程最后所取得的学习成果"[1]，产出导向理论为了保障学生取得特定的学习成果，要求学习成果的确定需从毕业要求反向推导得出，显而易见，无论是教学设计还是教学实施，它们的逻辑起点都应该聚焦毕业要求。站在学科视角，考核毕业生能否具有进一步学习和研究的能力；站在社会需求的角度，考核毕业生是否具备岗位提升的能力；站在人才培养的视角，学生在毕业时，高校对学生在知识要求、能力要求的承诺是否实现。"引水灌田"模式的切入点就是教师把学生带入社会，在真实场景中进行教学，最大的学习成果就是学科、社会需求和人才培养等对其能力要求的实现，而产出导向教育理论关注人才培养目标的实现，两者指向相同，前者为后者的落地提供平台，后者可以作为前者的理论支撑。产出导向理论关注"培养什么人和怎样培养人"的问题，而"引水灌田"模式非常明确地回答了"培养高素质应用型人才和通过社会实践育人"。产出导向理论能够为学习成果设计提供理论指导。比如：课程建设方面，需要创建科学合理的项目课程；教师方面，需要优化项目内容与教学资源，了解学生是否取得学习成果，就需要进行课程目标达成评价；学习成果评价方面，可按照反向设计原则，分阶段对项目实施过程中学习成果进行评价。

进行学习成果设计，必须弄清楚"培养什么人"的问题，即对学生学习期望的描述，预期学生能理解掌握的知识和能力。产出导向理论关于学习成果的理念就是"所有学生都能获得成果这一假设，是以人人都能学会为前提"[2]的。由此可见，教学观点从传统的"教师教了什么"转变为学生"学到什么"。按照产出导向理念中"反向设计、正向施工"的基本思路来进行学习效果设计，即"先确定最终学习成果，然后分析出各个阶段的学习成果，再给出课程的学习成果，最后设计出课堂的学习成果"[3]。

最终的学习成果涉及非本学科专业的知识、专业知识和技能以及能力 3 个方面：一是在非本学科专业的知识方面，学生完成社会服务项目后将具有多学科丰富的知识，能够在项目实施过程中使用这些知识，同时对本专业的应用具有较好的理解能力；二是在专业知识和技能方面，学生完成社会服务项目后能够分享项目实施过程中各种解决方案，遇到技术和管理问题时能够做出自己的判断；三是在能力方面，学生完成社会服务项目后能够在各种环境中学以致用，能够在不

[1] 龙立荣. 组织行为学 [M]. 3 版. 大连：东北财经大学出版社，2016.
[2] 查有梁. 系统科学与教育 [M]. 北京：人民教育出版社，1993.
[3] HARDEN R M，CROSBY J R，DAVIS M H，et al. AMEE Guide No. 14: Outcome-based education: Part 5-From competency to meta-competency: a model for the specification of learning outcomes[J]. Medical Teacher，1999，21(6)：546-552.

同环境中进行经验学习，能够在团队中有效地工作等。同时学习效果的设计短语通常使用行为动词，如识别、讨论、解释、确定、设计、分析、获得、开发、评价等，尽量避免使用"知道、理解、掌握、学会"这类动词。现以某高校"某湿地公园底栖软体动物资源调查"社会服务项目为例，介绍怎样进行学习效果设计。第一步，分析知识方面。在项目实施后，学生将具有丰富的理工科知识，以及在整个资源调查中使用的知识方法，对化学、地理及它们的应用具有较好的理解能力。第二步，分析专业知识和技能方面。在项目实施后，学生能够分析软体动物采集、分析遇到的问题并给出解决方案，能自信地开展软体动物资源采集和分析。第三步，分析能力方面。在项目实施后，学生具有对湿地公园环境包含可持续发展的必要性进行判断的能力，能够在类似项目中应用所学的概念和技能，能够在团队中有效工作，从项目实施过程中的不同角色获得经验学习等。

学习效果的整合式评价。评价是指教师根据课程目标，通过考核教学过程，以达到持续改进教学的目的。按照自动控制原理，评价是通过被控量与输入量进行比较的，"引水灌田"模式下的学习效果评价，输入量即学习效果评价标准内容和基于突发任务时提出的各种问题。教师应通过局部反馈信息修正教学设计和确定课程目标，再根据已确定的课程目标考核教学过程，不断调整教学行为，确保学生达成最终的学习效果。使用统计学方法来对测量学习效果评价的科学性和可靠性，只能满足相关性，在逻辑关系上的表现不足。"目前绝大多数学习效果评价方法来源于教师的实践经验，而非来自脑科学和学习科学"[1]，这道出了学习效果评价存在不可弥补的短板。社会服务项目是真实性学习、以真实问题为任务进而解决问题获得知识和培养能力的过程，学习效果评价是在真实性场所中进行的"实战"评价。同时，"引水灌田"模式特别强调教学活动与项目实施的有机结合，所以，真实性场所"实战"评价与传统课程评价有所不同，其中最显著的不同就是特别强调学生学习的体验。这些都决定了学习效果评价需要依赖教师的教学能力和社会服务经验，教师需通过若干社会服务项目的历练，在重视教学研究的基础上，不断完善优化学习效果评价。正如伦巴第（Lombardi）在《为了 21 世纪的真实性学习: 综述》研究报告中所强调的"学习效果需要整合式评价"，在借鉴传统课堂评价的基础上，对学习效果的整合式评价，实现定量评价与定性评价的有机结合，坚持学生在真实场景中学习能够促进学生全面发展，保证学生参与社会服务能够拥有一次有意义的学习体验。当然，制订整合式的评价指标显

[1] 赵炬明. 关注学习效果: 美国大学课程教学评价方法评述——美国 "以学生为中心" 的本科教学改革研究之六 [J]. 高等工程教育研究，2019(6): 9-23.

然比传统的课堂评价标准更有挑战性。

2. 构建学习效果质量保障的"靶心"模式

伯顿·克拉克在《高等教育系统：学术组织的跨国研究》一书中，提出国家权力、学术权威和市场的"三角协调模式"的思想方法，对于"引水灌田"模式下的学习效果质量保障体系的构建具有借鉴作用。"引水灌田"模式学习效果质量保障体系可以构建成社会资源、实施过程、人才培养、考核评价4个元素相互作用形成"靶心"模式（图6-1）。"靶心"模式的学习效果质量保障体系可以总结为"三个支撑"。第一，社会资源为人才培养形成支撑，即为人才培养提供了资源保障，引什么样的"水"、什么样的"水"是好"水"，评价的标准就是能否较好地为人才培养服务；第二，实施过程为人才培养实现支撑，实施过程是指项目实施和教学活动要融为一体，"同向同行、协同育人"地进行；第三，考核评价为人才培养提供支撑，把社会资源、实施过程、人才培养全部融入质量保障体系，即建立对社会资源、实施过程、学生学习效果过程性和总结性评价机制。简而言之，社会资源的获取、项目的实施需围绕人才培养进行，将考核评价贯穿整个过程。

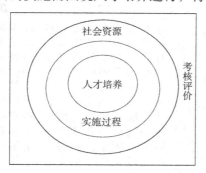

图6-1　"靶心"模式

3. 评价指标的选取及达成度计算

制定评价量表。评价量表是最广泛运用于学习效果评价的工具之一。评价量表主要包括：评价维度，在项目实施过程中培养目标的分解；评价等级，说明学生在项目实施过程中处于什么样的状态；评价标准，评价维度和评价等级两者交汇栏中的内容就是评价标准。教师在获得社会服务项目后，就要与学生充分讨论项目获得过程、预计怎样去实施、如何构建团队、项目成果的预期及其效应等。从课程目标考核的角度看，教师要事先设定本次项目课程学习效果，同时提出学习成果标准，评价维度的选择可以根据项目的特点形成，如外业调查、内业数据、图形处理、团队协作、标准制作、个人学习报告、素材收集、方案设计、测量绘制、现场指导、资料查阅、设备操作等指标点，让学生清晰了解自己参与项目的学习目标和评价标准。按照课程考核与成果目标相匹配的原则，教师在带领学生进行项目实施的过程中，随时通过小组讨论、现场提问、自我反思等形式进行形成性评价，不断修正和持续改进。经常开展形成性评价能够调动学生学习的主动性和积极性，为了开展有质量的评价，需选取学生自我评分和教师评分的形式进行综合评价，师生共同查看学习目标落实和达成情况，为了保证学习效果评价的有效性，可以邀请社会需求方的专家、技术人员、工作人员等参与。评价量表的制作没有统一的格式，需要反复地推敲和修改。史蒂文斯 (Stevens) 认为"构建量表的 4 个主要阶段：思考、列举、分组和标注、应用"，使用评价量表，教师可以采用相同的方法，对每一位参与项目的学生每个阶段的成果进行评价，从而快速地让学生清楚自己到底处于什么样的学习状况，为下一步改进指明方向。依然以某高校"某湿地公园底栖软体动物资源调查"社会服务项目为例，说明怎样利用评价量表进行学习效果评价（表6-1）。

表 6-1　"某湿地公园底栖软体动物资源调查"学习效果评价量表

学生姓名：略		评价时间：略		
项目指标	专家（3分）	学徒（2分）	新手（1分）	评分
外业调查	标本采集程序规范，采集范围较大，能使用手刷或链子收取标本，能完整带回实验室，能够非常容易鉴定底栖软体动物种类和能使用酒精溶液固定，同时完成生境、采集日期、采集人、采集地点等的详细记录	标本采集本可以设计得更高效，采集范围有限，大多数情况下能使用手刷或链子收取标本，大部分标本能完整带回实验室，基本能够鉴定底栖软体动物种类和使用酒精溶液固定，同时基本完成生境、采集日期、采集人、采集地点等的详细记录	标本采集本设计不规范采集范围单一，大多数情况下不能使用手刷或链子收取标本，大部分标本不能完整带回实验室，不能够独立够鉴定底栖软体动物种类和使用酒精溶液固定，不能完成生境、采集日期、采集人、采集地点等的详细记录	
标本制作	能够非常容易地记录样本数据和完成对底栖软体动物标本的鉴定	基本能够独立地记录样本数据和完成对底栖软体动物标本的鉴定	不能够独立地记录样本数据和完成对底栖软体动物标本的鉴定	
数据处理	能够非常容易地使用密度与生物量进行计算，能够对多种性的测定进行多样性指数的评价	基本能够独立地使用密度与生物量进行计算，基本能够对多种性的测定进行多样性指数的评价	不能够独立地使用密度与生物量进行计算，不能够独立地对多种性的测定进行多样性指数的评价	
团队协作	能够执行项目负责人的各项工作交代，与学习伙伴交往沟通愉快，而且在帮助他人解决问题时表现出领导力	基本能够执行项目负责人的各项工作交代，与学习伙伴交往沟通愉快，几乎没有表现出领导力	不能够执行项目负责人的各项工作交代，与学习伙伴交往沟通困难，与他人难以进行合作	

项目指标	专家（3分）	学徒（2分）	新手（1分）	评分
实验操作及分析	能够独立地操作实验，充分解释了实验结果并与文献资料中的数值进行了比较	基本能够独立地操作实验，解释了实验结果并与文献资料中的数值进行了比较，但不够充分	不能够独立地操作实验，未以合乎逻辑的方式解释实验结果或未与文献资料中的数值进行比较	

学习效果达成度计算。学习效果达成度评价主要采用定量评价与定性评价相结合的方法，具体可运用的评价方法包括调查问卷、讨论、提问、考核成绩分析法等。学习效果达成度评价旨在多层面了解与反馈项目课程建设与实施情况，根据不同主体的多样评价目的，综合运用多种评价方式匹配评价需求。对于学生参与社会服务学习效果评价，可以通过 Borich 需求评估模型来实现，BDN 为 Borich 差异数，即加权平均差异得分值，通过得分高低值进行评价，BDN 越大代表学习效果越没有达成，反之达成度越高。依然以某高校"某湿地公园底栖软体动物资源调查"社会服务项目为例，说明怎样进行全体参与学生学习效果达成度计算。基于量化表的数据采集，对参与学生学习效果评价，通过 BDN 的计算，可以得出表中排序为 1 的达成度最高，而排序为 5 的达成度较低，以此类推（表 6-2）。

表 6-2　学生学习效果达成度表

达成度排序	学习效果项目	BDN 均值	教师（社会需求方）评价	学生评价
1	外业调查	-0.16	-0.02	-0.09
2	标本制作	0.12	0.23	0.17
3	团队协作	0.49	0.56	0.53
4	实验操作及分析	1.04	0.65	0.84
5	数据处理	1.36	0.78	0.97
……	……	……	……	……

构建学习效果评价的质量监控系统。为了保证"引水灌田"模式下学生学习效果的不断提升，需要构建基于控制原理的反馈控制系统。反馈控制系统在现代科学技术的众多领域中，起着越来越重要的作用，"没有反馈的系统，要实现有效的控制，从而达到预期目的是困难的"[1]。社会服务项目在实施的过程中，容易受到环境、市场、政策、技术、人为、资金等外部因素的影响，内部又存在人员流动、身体状态、情绪情感等不稳定因素，这些不确定性因素，往往会导致

[1] 巩建闽.高校课程体系设计研究：兼论 OBE 课程设计 [M].北京：高等教育出版社，2017.

项目实施过程与人才培养渐行渐远。所以为了减少和消除项目实施过程中出现的偏差，建立反馈机制对提高教学管理水平和人才培养质量有重要意义。按照反馈控制系统原理，一个典型的反馈控制系统包括内反馈（内部评价）和外反馈（外部评价），根据反馈控制系统的基本组成，可以构建出"引水灌田"模式下的"两反两评"质量监控系统。"两反两评"质量监控系统包括两个关键要素：一是外部评价可以是社会需求方、学校、院、系等实施的评价，评价可以先对社会资源进行学习效果关联度和支撑度评价，及时把评价信息反馈给师生，以便于进行教学设计；二是内部评价是在项目实施过程中，以形成性评价的形式进行，为了解学生学习情况而进行的学习效果评价，目的是让教师随时了解项目课程与人才培养之间的达成度情况，及时把评价信息反馈给师生，促进学生更好地学习（图6-2）。

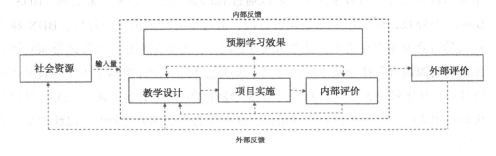

图6-2 "两反两评"质量监控系统

综合来看，对学生参与社会服务的学习效果进行设计和评价，目的是在"引水灌田"模式下鼓励教师更好地利用社会资源进行人才培养，同时也为社会服务管理部门的社会服务能力评价提供参考，应定量评价和定性评价兼顾，两者不可偏废其一。"过分数量化的评价体系容易导致绝对评价的后果，绝对数量的评价结果会导致对绩效评价的误导"[1]，反之亦然。

[1] 宋金宁. 科学计量与大学排行指标及问题分析 [J]. 上海教育评估研究，2017，6(1): 5-7.

第七章 结论与反思：贵州省应用型本科校政企耦合型社会服务模式的构建研究总结

在应用转型背景下，为促进贵州省应用型本科高校更好地服务贵州，凸显贵州应用型本科高校社会服务特色，研究贵州应用型本科校政企耦合型社会服务模式有重要意义，既符合我国高等教育改革发展的需要，也有利于这类院校理清办学定位、强化社会服务职能、培养应用型人才、提高社会服务贡献度。本书着眼布鲁贝克的高等教育哲学观的现实关照，基于共生理论，从应用型本科高校的实践逻辑、学科的哲学基础、学科成长逻辑等多个方面，构建了贵州应用型本科校政企耦合型社会服务模式的理论基础。立足本土，深入分析了贵州省应用型本科高校开展社会服务的现状及存在的困境等问题；放眼世界，梳理美国及日本高校的社会服务模式的演变历史、发展特点，并结合地方实情和国外经验，选取铜仁学院为典型案例，进行实践探索，开展行动研究，在理论分析、政策引导和实践探索的基础上，探讨具有地方特色的应用型本科校政企耦合型社会服务模式的构建，创造性地提出并实践了"引社会服务之水，灌人才培养之田"的模式。

一、研究结论

总体来说，本书从背景分析、理论探究、实践验证 3 个层面进行了归纳。

（一）背景分析层面：理清意义、掌握动态、归因问题

1.理清意义，三义彰显

近几年来，我国地方新建本科院校绝大多数都在朝应用型方向转型发展，应用型本科高校的阵营在迅速扩大，每一所应用型本科高校都要强化社会服务职能，这就从实践层面给社会服务模式的构建提出了迫切要求。置身贵州场域，目前贵州省有新建地方本科院校 13 所，其中确立了贵州工程应用技术学院、黔南民族师范学院、铜仁学院、遵义师范学院、六盘水师范学院、凯里学院 6 所院校为贵

州省应用转型试点高校。在应用转型背景下，为促进贵州省应用型本科高校更好地服务贵州，凸显贵州应用型本科高校社会服务特色，探讨贵州应用型本科校政企耦合型社会服务模式就有必要提上日程。所以本书将贵州应用型本科校政企耦合型社会服务模式构建作为研究课题，主要归结为以下三大意义的彰显：顺应国家高校应用转型的战略规划，加速寻找地方本科院校应用转型的突破口，弥补贵州省应用型人才缺乏的理想选择。

2. 研究动态，丰歉兼具

研究动态表明，目前已取得的有关应用型本科高校、社会服务方面的研究成果代表了国内在这些领域的高水平研究，但在研究内容、研究方法、研究视角、研究对象方面仍存在着一些不足。

对应用型本科高校社会服务模式构建的研究，到 2020 年 5 月能够查到的有：刘献君的《论高等学校社会服务的体系化》，李天源《应用技术型本科高校社会服务模式新探》，可供拓展和创新的空间还很大。也就是说，将贵州省应用型本科、校政企耦合及社会服务模式几个要素全部结合起来进行研究的几乎还是空白，即贵州应用型本科校政企耦合型社会服务模式研究是一个全新的话题。

3. 问题梳理，寻策解决

本书梳理了贵州省应用型本科高校的社会服务模式发展存在的问题。通过实地调研，结合 2017 年贵州省应用型本科高校转型发展现场会议和 2018 年贵州省地方本科转型发展推进会中各转型试点高校交流的文本材料，研究发现：当前贵州省的应用型本科高校都结合了地方经济社会服务的发展需求，在专业结构、人才培养模式、师资队伍建设、产教融合、校企合作等方面，都采取了相关举措来推动落实高校社会服务工作。但是，在肯定成就的同时，不可否认，这些转型试点高校受主客观因素的影响，在社会服务过程中还存在一些亟待补齐的短板，主要体现在：第一，社会服务意识薄弱。应用型本科高校能否真正落实"应用"二字，很大程度上取决于高校教师如何理解"社会服务"，没有教师群体的大力支持，高校服务地方社会的办学宗旨就难以实现。现阶段存在教师群体浅层次理解社会服务职能、片面解读社会服务活动的现象。第二，社会服务制度不健全。应用型本科高校的社会服务职能要真正落实，既需要一套完善的社会服务制度加以指导，也需要相应的机构给予支撑，更需要相应的管理人员充分发挥主动性，推进高校各项社会服务活动的顺利实施。但当前贵州省应用转型试点高校，在开展社会服务过程中，尚处于初步探索阶段，还未形成一整套完整的社会服务制度，也比较缺乏专门的社会服务机构和专门的社会服务活动管理人员参与其中。第三，社会服务效果不佳。首先，以企业为主体推进协同创新和成果转化的高校社会服务体系尚未完善，现有的应用型本科高校社会服务体系不足以从真正意义上落实社会服务，社会服务效果有待提高。其次，应用型本科高校的科技成果转化率较低。针对上述贵州省应用型本科高校社会服务存在的困境，本书从以下几方面着手：第一，理清应用型本科高校社会服务模式内涵，理清应用型本科高校社会服务发展思路；第二，明晰贵州应用型本科高校社会服务的现状及存在的问题，只有把应用型本科高校社会服务的现状及存在问题搞清楚，才能更好地构建贵州应用型本科校政企耦合型社会服务模式，发挥其社会服务职能；第三，结合贵州省的地域特点，立足本土，借鉴国外高校社会服务模式，构建起贵州应用型本科校政企耦合型社会服务模式。

（二）理论探究层面：内涵阐释、逻辑梳理

1. 内涵阐释

在贵州应用型本科校政企耦合型社会服务模式构建研究这一研究课题中，主要包含了应用型本科、耦合及社会服务模式 3 个关键词。本书基于国内外高校社会服务模式的发展经验，发现高校的社会服务模式发展到比较成熟的阶段后，开始与企业、政府进行合作，这说明校政、校企、校政企之间的合作是高等教育社会服务模式的高级阶段，进而得出校企耦合型社会服务模式、校政耦合型社会服务模式以及校政企耦合型社会服务模式。

校政耦合型社会服务模式是指通过将应用型本科高校与地方政府通过各种内在机制互为作用，而彼此影响以至联合起来，形成一体化服务社会的行之有效的规则、服务内容及服务程序等。应用型本科高校与政府的耦合关系主要表现在两个方面：一是应用型本科高校对政府的耦合关系，主要表现在应用型本科高校通过人才培养、咨询服务、科学研究对政府进行耦合。人才培养主要是通过与企业进行交流、沟通，了解企业所需要的人才，从而为企业进行"订单式"的人才培养，培养出政府可以直接运用的人才；为政府提供咨询服务，应用型本科高校作为地方的智库，其中的教师多是有理论基础的研究人员，因此，教师应该积极为政府的政策制定建言献策，由于高校教师主要以发表学术论文的方式呈现自己的研究成果，但是基层的公务人员很少有时间和兴趣研读论文，因此，教师应该直接参与政府的咨询活动中。高校在派遣教师到政府中参与咨询研究项目时应注意以下问题：应派遣研究领域相关的人员；建立相应的激励机制等。二是政府对高校耦合关系，主要表现在政府通过政策立法、经费投入、平台搭建等对应用型本科高校进行耦合。在政策立法上，由于应用型本科高校是近年来才发展起来的，

针对应用型本科高校发展的专门文件还比较欠缺，因此，政府应从宏观到微观层面为应用型本科高校的发展制定配套的发展法律，在制定法律政策的过程中应听取应用型本科高校的管理人员的意见和建议，不能按照自己的想法制定不符合应用型本科高校发展的法律政策。在经费投入上，教育是准公共产品，应用型本科高校作为教育的一种类型，政府的经费投入是促进其办学公益性的重要渠道。

校企耦合型社会服务模式是指通过将应用型本科高校与地方企业通过各种内在机制互为作用而彼此影响以至联合起来，形成一体化服务社会的行之有效的规则、服务内容以及服务程序等。应用型本科高校与企业的耦合关系，企业通过与应用型本科高校的耦合，优势互补，对企业有以下益处：第一，应用型本科高校通过输送人才为企业的人才梯队建设打下基础，一个企业要发展，不能永远是那么几个领头人，这是需要一个不断更替发展的过程，在这个过程中，人才梯队的建设是保障企业持续发展的一个重要链条，因此，应用型本科高校应承担起为企业储备人才的重要责任；第二，应用型本科高校通过对企业的员工进行理论知识拓展，提升企业员工理论素养，为企业做好前期培训工作；第三，企业可以直接向应用型本科高校寻求技术上的帮助，应用型本科高校应该集全校教师之力为企业解决技术难题；第四，应用型本科高校作为本科层次的职业高校，应用研究是其必要的责任。因此，应大力发挥应用型本科高校的应用研究，为企业的科技研发注入新鲜血液，为企业的创新发展提供导向，增强企业的核心竞争力。企业对应用型本科高校的耦合关系：第一，应用型本科高校与企业耦合，可以为应用型本科高校提供实践基地，学生可以进入企业，对所学习的理论进行直接的实践操作，增强学生的动手能力，从而为应用型本科高校培养高层次、高素质应用型人才提供助力；第二，由于应用型本科高校要凸显"应用"的特色，"双师双能型"师资队伍是必备的条件之一，基于教师长期蜗居于学校，理论知识掌握得比较好、实践知识较为缺乏的现状，教师可通过在企业挂职，为企业提供服务的同时提升其实践操作能力，这一方式可以成为应用型本科高校打造"双师双能型"师资队伍的重要路径；第三，由于应用型本科高校的"地方性"办学特征，在办学上还有很多硬件条件跟不上地方社会发展的需求，比如设施设备的缺乏，导致一些比较前沿的科研活动无法开展，与之相应，企业一般经费比较充足，为了发展，必须具备先进设备，所以，应用型本科高校与企业进行耦合，可以为师生解决学校的物质资源匮乏的难题；第四，应用型本科高校与企业进行耦合，有助于学校根据社会的需求调整自己的学科专业建设，打破企业招工难和学生就业难的局面，为企业培养对口的应用型人才；第五，应用型本科高校的科学研究只有在实践中得以运用，才能真正发挥出科学研究的价值，否则就没有实际意义。在企业与应用型本科高校进行耦合的过程中，师生可以直接为企业的需求进行科学研究，也可以将自己研究的成果在企业进行转化，为选题找到灵感，从而提升师生的科研能力和科研价值。总之，企业与应用型本科高校进行耦合可以提升应用型本科高校竞争力，促进应用型本科高校的快速发展。

校政企耦合型社会服务模式。在这个网络关系中，地方政府和地方企业为了推动社会政治经济的协调发展，就需要依赖应用型本科高校的人才、科技与知识优势，从而获得高质量的科研成果与优秀的人才支持。应用型本科高校需要依赖企业的经济实力，来赢取科研经费、资金的支持并提供教学实验、科研成果转化基地、生产性实习实训基地与产品孵化基地等。政府作为生活和社会生产的领导者与组织者，应用型本科高校的发展需要依赖政府提供宏观的指导、经费的支持与政策环境。

2. 理论探寻

理论是指导实践的基础，实践是检验真理的唯一标准。因此，要构建贵州应用型本科校政企耦合型社会服务模式首先要找到其发展的理论基石。本书以布鲁贝克的高等教育哲学观为构建贵州应用型本科校政企耦合型社会服务模式的哲学基础。笔者基于布鲁贝克的高等教育哲学观，审视应用型本科高校，发现应用型本科高校更加偏向政治论，其中"为国家服务"更多地体现在"为市（州）服务"上。应用型本科高校不能仅仅将社会服务看作一般的大学职能，还应该将其上升到统摄性的地位。学术性是应用型本科高校社会服务最明显的特色指向，因为应用型本科高校是应用型本科层次的学术共同体。校政企耦合型模式是应用型本科高校社会服务模式的最佳选择，具体包括应用型本科校政耦合社会服务模式、应用型本科校企耦合社会服务模式和应用型本科校政企耦合社会服务模式3种类型。高水平是应用型本科高校社会服务的价值追求，具体体现在：社会服务项目的高水平、社会服务项目要充分发挥反哺作用、社会服务要走向体系化、社会服务要建立适合的制度和机制，以及社会服务要建设与之相适应的文化等。

（三）实践验证层面：案例与策略、借鉴与启示

1. 案例与策略

以铜仁学院为案例，对铜仁学院的"引水灌田"模式做了系列研究。涉及应用型高校"引水灌田"模式形成及其价值、"引水灌田"模式下地方高校服务学习的实践、"引水灌田"社会服务模式视阈下学生学习效果评价的设计等。

从高校的职能要求看，"引水灌田"模式是落实"人才培养中心地位"的创

新之举。所以，在这个意义上，"引水灌田"模式本来就是高校社会服务模式的有机组成部分，或者说，就是高校社会服务模式的具体体现，即"应用型本科高校的社会服务不能仅仅是为社会服务而社会服务，社会服务的目的之一就是要反哺人才培养"[1]。应用型本科高校在社会服务工作开展过程中，无论是横向项目，还是公益性服务，在项目争取、方案制订、具体开展等工作中，都要尽可能让更多的学生有机会参与，并使其在参与的过程中能够接触社会、开阔眼界，学到更多的知识或技能，得到更多的锻炼。

2. 借鉴与启示

当前，应用型本科高校正处于国家高度重视时期，而对社会服务模式的研究还尚未成熟。借鉴和模仿有利于更好地促进贵州应用型本科高校的社会服务，发挥高校社会服务职能。

从院校层面，笔者通过对普林斯顿大学、巴黎高等师范学校、加州理工学院、浦项科技大学4所袖珍型世界名校的考察，得出我国高水平应用型高校的建设也应致力于打造核心竞争力：追求卓越，聚焦高水平；调整规模，关注质量；引进和培养并重，打造高水平的教学科研团队；重视本土国际化，营造国际氛围；培育特色文化，建设精神家园。

从国家层面，笔者通过对美国、日本高校的社会服务模式进行研究，得出如下启示：我国应用型本科高校提供社会服务时应强调其社会服务的"动态性"；应注重其社会服务的"针对性"；将"多元化"作为其社会服务的特色之路；把"学术性"作为其社会服务的价值选择；注重"规范性"的根本保障和"互惠性"的长期保障；注重"地方性"的短期目标和"国际化"的长远目标；制定相应法律政策，保障社会服务顺利开展；发挥政府职能，坚持适度施政原则；了解社会需求，探索多元化服务渠道；坚守服务底线，保障校园人员的优先权。

二、研究反思

（一）研究方法的局限性问题

本书虽然采取了一些诸如文献、案例等研究方法，但由于受研究对象的复杂性等客观因素的影响或限制，整个研究工作在研究方法层面仍存在很多不足之处，主要表现在整个课题基本以质性研究为主，而在实证研究或量化研究上还比较欠缺。

---

[1] 侯长林.应用型本科高校社会服务的理性审视 [J].职教论坛，2018(6)：6-11.

（二）案例样本的代表性问题

本书所针对的是贵州省所有的应用型本科高校，但是主要选择了铜仁学院作为调研报告观察点。因此，案例样本还存在代表性的问题。每所学校都有各自的特殊性，所以从样本的选取来看，以铜仁学院为参照对象，其区域代表性还有待加强。

（三）尚需深入研究的问题

本书着重对应用型本科高校的耦合型社会服务模式进行了构建，而对其他类型，如研究型、高职高专等学校的社会服务模式还没有涉及，因此，接下来课题组将会对不同类型高校的社会服务模式进行研究。

附　录

附录1　调查问卷

尊敬的老师：

　　您好！

　　为了满足课题研究之需，同时为了了解贵校社会服务模式构建的影响因素，本人编写了这份调查问卷，本次调查结果仅供论文写作之用，请您结合贵校的实际情况如实填写问卷，本问卷采用匿名形式填写，内容严格保密，请放心作答。这对本研究的有效性具有重大意义。请您在认可的答案序号上打"√"。衷心感谢您的合作！

基本信息：

　　1. 您的性别：

　　①男　　②女

　　2. 您的行政级别：

　　①科员　　②科级　　③处级　　④处级以上　　⑤无

　　3. 您的职称：

　　①教授　　②副教授　　③讲师　　④其他

　　4. 您的教龄：

　　①1年之内　　②1～3年　　③3～5年　　④5～10年　　⑤10年以上

　　5. 您的学历：

　　①本科　　②硕士　　③在读博士　　④博士　　⑤其他

　　6. 您所从事的专业技术领域属于：

　　①文科　　②理科　　③工科　　④其他

第一部分：服务理念

A1. 您认为目前制约贵校社会服务模式构建的主要因素是什么（多选）？

①社会服务理念　②学校办学思想　③社会服务经费　④学科专业建设

⑤师资力量　⑥硬件设施　⑦社会服务团队　⑧社会服务制度

⑨校园文化　⑩社会服务平台　⑪其他

A2. 在贵校社会服务开展过程中，您最希望得到帮助的是什么（多选）？

①社会服务理念指导　②社会服务制度的保障　③社会服务资源的健全

④师资力量的提升　⑤校园文化环境的优化　⑥社会服务平台的搭建

⑦硬件设施的完善　⑧社会服务团队的建立　⑨社会服务办学思想的彰显

⑩其他

A3. 贵校在为社会提供服务的过程中，主要提供了哪些服务类别（多选）？

①科研服务（科技成果转化、科技研发、软件开发等）

②技术服务（专家咨询服务、技术策划、技术指导、科技成果推广、制订企业标准等）

③人才服务（教职工到企业挂职、学生进入企业顶岗实习、专题授课等）

④资源服务（提供实验室、教学设施、科研设备、体育场馆以及各类活动场所等在内的全面设施设备）

⑤文化服务　⑥公益服务　⑦其他

第二部分：服务资源

B1. 贵校是否具备利于学校服务社会的理念？

①非常欠缺　②比较欠缺　③合格　④比较具备　⑤非常具备

B2. 贵校的办学思想是否利于学校为社会提供服务？

①非常欠缺　②比较欠缺　③合格　④比较具备　⑤非常具备

B3. 贵校是否具备足够的经费为社会提供服务？

①非常欠缺　②比较欠缺　③合格　④比较具备　⑤非常具备

B4. 贵校的学科专业建设是否具备对接地方产业发展实力？

①非常欠缺　②比较欠缺　③合格　④比较具备　⑤非常具备

B5. 贵校是否具备与之相匹配的师资力量（双师双能型教师）为社会提供服务？

①非常欠缺　②比较欠缺　③合格　④比较具备　⑤非常具备

B6. 贵校是否具备足够的硬件设施（图书馆、实验室、体育场所等）为社会提供服务？

①非常欠缺　②比较欠缺　③合格　④比较具备　⑤非常具备

B7. 贵校是否具备为社会提供服务相匹配的社会服务团队？

①非常欠缺　②比较欠缺　③合格　④比较具备　⑤非常具备

B8. 贵校是否具备为社会提供服务的平台（产教融合基地）？

①非常欠缺　②比较欠缺　③合格　④比较具备　⑤非常具备

B9. 贵校的校园文化是否有利于您积极参与社会的发展中？

①非常欠缺　②比较欠缺　③合格　④比较具备　⑤非常具备

第三部分　服务机制

C1. 贵校的薪酬制度（奖励等）是否有利于您积极为社会提供服务？

①非常不利　②比较不利　③无影响　④比较有利　⑤非常有利

C2. 贵校的人事制度（职位晋升制等）是否有利于您积极为社会提供服务？

①非常不利　②比较不利　③无影响　④比较有利　⑤非常有利

C3. 贵校的教学制度（课程设置、教材选用等）是否有利于您积极为社会提供服务？

①非常不利　②比较不利　③无影响　④比较有利　⑤非常有利

C4. 贵校的科研制度是否有利于您积极为社会提供服务？

①非常不利　②比较不利　③无影响　④比较有利　⑤非常有利

C5. 贵校的社会服务专门制度（社会服务业绩量化、评价、支持、激励与管理办法）是否有利于您积极参与为社会提供服务？

①非常不利　②比较不利　③无影响　④比较有利　⑤非常有利

C6. 贵校是否具备为社会服务管理的专门机构？

①非常欠缺　②比较欠缺　③合格　④比较具备　⑤非常具备

第四部分：服务利益

D1. 贵校社会服务开展措施对满足您的个人发展需求的影响：

①非常小　②比较小　③一般　④比较大　⑤非常大

D2. 贵校社会服务开展措施对实现您的社会发展目标的影响：

①非常小　②比较小　③一般　④比较大　⑤非常大

D3. 贵校社会服务开展措施对您的正常工作带来的影响：

①非常小　②比较小　③一般　④比较大　⑤非常大

D4. 贵校社会服务开展措施对您的人生发展规划的影响：

①非常小　②比较小　③一般　④比较大　⑤非常大

D5.贵校社会服务开展利益诉求渠道对您的利益的影响：

①非常小　②比较小　　③一般　　④比较大　⑤非常大

附录 2　访谈提纲

一、行政管理人员访谈提纲

1. 贵校在社会服务模式构建上做了哪些工作？

2. 您在推进社会服务开展的过程中遇到过哪些问题？您认为导致这些问题的原因是什么？

3.参与社会服务带给您哪些影响？怎样处理好行政、科研和社会服务的关系？

4.您认为解决当前问题的思路及措施有哪些？

二、教师社会服务访谈提纲

1. 您在开展社会服务的过程中遇到了哪些问题？（服务理念、服务资源、服务制度、服务利益）您认为导致这些问题的原因是什么？

2.参与社会服务带给您哪些影响？怎样处理好教学、科研和社会服务的关系？

3. 您认为解决当前问题的思路及措施有哪些？

三、学生访谈提纲

1. 您在学校参与了哪些社会服务？您参与社会服务的动机是什么？您在参与社会服务中遇到过什么困难？您是怎样克服的？

2. 您怎样处理学习与社会服务的关系？

3. 参与社会服务后您有什么收获？

4. 参与社会服务后，对您未来的规划有什么影响吗？

5. 您对开展好社会服务有哪些意见或建议？

四、企业访谈提纲

1. 为什么选择与铜仁学院开展校企合作？目前的合作取得了哪些效益？

2. 您认为学院在提供服务过程中还存在哪些问题？有哪些有利优势，存在哪些利益共同点？

3. 您有什么建议或意见？

参考文献

一、著作类

［1］阿什比.科技发达时代的大学教育［M］.滕大春，滕大生，译.北京：
　　人民教育出版社，1983.

［2］爱因斯坦.爱因斯坦文集：第三卷［M］.许良英，赵中立，张宣三，编译.北
　　京：商务印书馆，1979.

［3］爱德华·希尔斯.论传统［M］.傅铿，吕乐，译.上海：上海人民出版社，
　　2009.

［4］爱弥尔·涂尔干.教育思想的演进［M］.李康，译.上海：上海人民出版
　　社，2003.

［5］伯顿·克拉克.建立创业型大学：组织上转型的途径［M］.王承绪，译.北
　　京：人民教育出版社，2003.

［6］伯顿·R.克拉克.高等教育系统：学术组织的跨国研究［M］.王承绪，
　　徐辉，殷企平，等译.杭州：杭州大学出版社，1994.

［7］伯顿·克拉克.高等教育新论：多学科的研究［M］.王承绪，徐辉，郑
　　继伟，等译.2版.杭州：浙江教育出版社，2001.

［8］查尔斯·霍默·哈斯金斯.大学的兴起［M］.王建妮，译.上海：上海
　　人民出版社，2007.

［9］德里克·博克.走出象牙塔：现代大学的社会责任［M］.徐小洲，陈军，
　　译.杭州：浙江教育出版社，2001.

［10］大卫·科伯.高等教育市场化的底线［M］.晓征，译.北京：北京大
　　学出版社，2008.

［11］华勒斯坦，等.学科·知识·权力［M］.刘健芝，等编译.北京：生活·读

书·新知三联书店，1999.

［12］怀特海.教育的目的［M］.徐汝舟，译.北京：生活·读书·新知三
联书店，2002.

［13］卡尔·曼海姆.重建时代的人与社会：现代社会结构的研究［M］.张旅
平，译.北京：生活·读书·新知三联书店，2002.

［14］卡尔·雅斯贝尔斯.大学之理念［M］.邱立波，译.上海：上海人民出版
社，2007.

［15］卡尔.雅斯贝尔斯.什么是教育［M］.邹进，译.北京：生活·读书·新
知三联书店，1991.

［16］克拉克·克尔.高等教育不能回避历史：21世纪的问题［M］.王承绪，
译.杭州：浙江教育出版社，2001.

［17］克拉克·克尔.大学的功用［M］.陈学飞，陈恢钦，周京，等译.南昌：
江西教育出版社，1993.

［18］夸美纽斯.夸美纽斯教育论著选［M］.任钟印，选编.任宝祥，熊礼贵，
鲍晓苏，等译.北京：人民教育出版社，1990.

［19］迈克尔·吉本斯，卡米耶·利摩日，黑尔佳·诺沃提尼，等.知识生
产的新模式：当代社会科学与研究的动力学［M］.陈洪捷，沈文钦，
等译.北京：北京大学出版社，2011.

［20］中共中央马克思恩格斯列宁斯大林著作编译局.马克思恩格斯选集：
第一卷［M］.2版.北京：人民出版社，1995.

［21］彼得·德鲁克.非营利组织的管理［M］.吴振阳，译.北京：机械工
业出版社，2007.

［22］皮埃尔·布迪厄.实践感［M］.蒋梓骅，译.南京：译林出版社，
2009.

［23］皮埃尔·布尔迪厄.实践理性：关于行为理论［M］.谭立德，译.北京：
生活·读书·新知三联书店，2007.

［24］皮埃尔·布迪厄，华康德.实践与反思：反思社会学导引［M］.李猛，
李康，译.北京：中央编译出版社，1998.

［25］W.理查德·斯格特.组织理论：理性、自然和开放系统［M］.黄洋，
李霞，申薇，等译.北京：华夏出版社，2002.

［26］约翰·S.布鲁贝克.高等教育哲学［M］.王承绪，郑继伟，张维平，等译.
3版.杭州：浙江教育出版社，2001.

［27］约翰·杜威.民主主义与教育［M］.王承绪,译.北京:人民教育出版社,
2001.

［28］约翰·杜威.学校与社会:明日之学校［M］.赵祥麟,任钟印,吴志宏,
译.北京:人民教育出版社,2005.

［29］约翰·亨利·纽曼.大学的理想(节本)［M］.徐辉,顾建新,何曙荣,
译.杭州:浙江教育出版社,2001.

［30］亚伯拉罕·弗莱克斯纳.现代大学论:美英德大学研究［M］.徐辉,
陈晓菲,译.杭州:浙江教育出版社,2001.

［31］高平叔.蔡元培史学论集［M］.长沙:湖南教育出版社,1987.

［32］陈学飞.美国、德国、法国、日本当代高等教育思想研究［M］.上海:
上海教育出版社,1998.

［33］高宣扬.布迪厄的社会理论［M］.上海:同济大学出版社,2004.

［34］巩建闽.高校课程体系设计研究:兼论 OBE 课程设计［M］.北京:高
等教育出版社,2017.

［35］费孝通.乡土中国［M］.北京:北京出版社,2005.

［36］贺国庆,王保星,朱文富,等.外国高等教育史［M］.2 版.北京:人
民教育出版社,2006.

［37］侯长林.我眼中的大学实践逻辑［M］.湘潭:湘潭大学出版社,2019.

［38］侯长林.校园文化学导论［M］.修订版.南昌:江西人民出版社,
2018.

［39］侯长林.走向大学深处［M］.湘潭:湘潭大学出版社,2016.

［40］黄福涛.外国高等教育史［M］.2 版.上海:上海教育出版社,2008.

［41］靳希斌.教育经济学［M］.2 版(修订本).北京:人民教育出版社,
2001.

［42］李方.教育知识与能力［M］.北京:高等教育出版社,2011.

［43］罗家伦先生文存编辑委员会.罗家伦先生文存:第5册［M］.台北:
国史馆、中国国民党中央委员会党史委员会出版,1976.

［44］龙立荣.组织行为学［M］.3 版.大连:东北财经大学出版社,2016.

［45］联合国教科文组织国际教育发展委员会.学会生存:教育世界的今天和
明天［M］.华东师范大学比较教育研究所,译.北京:教育科学出版社,
1996.

［46］毛泽东.毛泽东选集:第三卷［M］.2 版.北京:人民出版社,1991.

［47］潘懋元．高等教育学讲座［M］.北京：人民教育出版社，1993.

［48］王岚．依托梵净服务发展：铜仁学院社会服务经典案例（第二辑）［M］.湘潭：湘潭大学出版社，2019.

［49］宣勇．大学变革的逻辑［M］.北京：人民出版社，2009.

［50］杨善华．当代西方社会学理论［M］.北京：北京大学出版社，1999.

［51］余东升，魏署光．中国院校研究案例（第五辑）［M］.武汉：华中科技大学出版社，2016.

［52］查有梁．系统科学与教育［M］.北京：人民教育出版社，1993.

［53］朱德全．教育研究方法［M］.重庆：重庆出版社，2006.

［54］FOUCAULTM.Thearchaeologyofknowledgeandthediscourseonlanguage［M］.London: TavistockPublicationsLimited，1972.

［55］MADAUS G F, SCRIVEN M S, STUFFLEBEAM D L, et al. The CIPP model for program evaluation[J]. Evaluation models: Viewpoints on educational and human services evaluation, 1983: 117-141.

二、论文类

（一）硕博论文

［1］陈昌芸．地方新建本科院校学科团队凝聚力影响因素及提升路径研究：以 G 省 T 学院为例［D］.贵阳：贵州师范大学，2018.

［2］陈梦．普林斯顿大学核心竞争力发展及其启示研究［D］.武汉：华中科技大学，2010.

［3］董立平．高等教育管理的价值问题研究［D］.厦门：厦门大学，2009.

［4］侯长林．技术创新文化：高职院校核心竞争力培植的生态基础［D］.重庆：西南大学，2011.

［5］孙丽娜．"资源依赖"理论视角下的美国创业型大学发展模式研究［D］.长春：东北师范大学，2016.

［6］王丽娟．民国国立大学学科价值取向流变研究（1912—1937）［D］.长春：东北师范大学，2016.

［7］徐梅．大学行政组织机构变革研究［D］.武汉：华中科技大学，2015.

［8］赵静．托马斯·杰斐逊与弗吉尼亚大学的创建［D］.保定：河北大学，2006.

（二）期刊论文

[1] 毕天云.布迪厄的"场域-惯习"论 [J].学术探索，2004（1）:32-35.

[2] 别敦荣，陈梦.普林斯顿大学的发展历程、教育理念及其启示 [J].现代教育管理，2012（6）:105-111.

[3] 曹丹.从"校企合作"到"产教融合"：应用型本科高校推进产教深度融合的困惑与思考 [J].天中学刊，2015，30（1）:133-138.

[4] 陈昌芸.对教学服务型大学服务社会的探讨 [J].铜仁学院学报，2017，19（2）:53-57.

[5] 陈贵梧.美国大学社会服务使命及其实现路径 [J].高等教育研究，2012，33（9）:101-106.

[6] 陈何芳.论日本高校的科学研究与科技园区建设 [J].高校教育管理，2008，2（5）:66-69.

[7] 陈劲，宋建元，葛朝阳，等.试论基础研究及其原始性创新 [J].科学学研究，2004，22（3）:317-321.

[8] 陈年友，周常青，吴祝平.产教融合的内涵与实现途径 [J].中国高校科技，2014（8）:40-42.

[9] 陈枝清.日本大学图书馆面向社会开放及对我国的启示 [J].图书馆建设，2008（9）:101-103.

[10] 陈志忠.美国高校服务学习的内涵与特质 [J].高教论坛，2019（3）:111-116.

[11] 董泽芳.高校人才培养模式的概念界定与要素解析 [J].大学教育科学，2012，3（3）:30-36.

[12] 范跃进，刘恩贤.以习近平高等教育思想为指导扎实办好中国特色社会主义大学 [J].中国高教研究，2018（1）:10-15.

[13] 冯军.我国理工科院校人文教育的误区 [J].高等工程教育研究，2005（5）:50-52.

[14] 冯向东，邹珊刚，曹安利，等.理工科院校办文科的指导思想 [J].高等教育研究，1986，7（2）:21-27.

[15] 冯晓云，夏有为.实践育人是大学的根本 [J].实验室研究与探索，2013（1）:1-4.

[16] 高路，林琳.变革中坚守传统：英国大学发达经验借鉴 [J].高等农业教育，2015（11）:125-127.

［17］龚静，张新婷.铜仁学院"山"字型人才培养模式的内在逻辑探析［J］.铜仁学院学报，2019，21（1）:38-45.

［18］龚云智，李冲.日本大学社会服务职能制度化浅析［J］.当代教育实践与教学研究，2017（11）:222.

［19］管弦.香港地区公立大学"服务学习"的经验及反思［J］.高教探索，2017（4）:65-69.

［20］郝运，饶从满.美国高校服务学习的特点、实施程序及对我国的启示［J］.东北师大学报（哲学社会科学版），2010（1）:163-167.

［21］贺国庆，何振海.传统与变革的冲突与融合：西方大学改革二百年［J］.高等教育研究，2013，34（4）:99-104.

［22］洪跃，王贵海.国外高校图书馆社会服务模式及借鉴［J］.图书情报工作，2013，57（14）:6-11.

［23］侯怀银，尚瑞茜."社会教育资源"解析［J］.中国成人教育，2019（2）:10-15.

［24］侯长林.没有国际教育的大学算不上真正的大学［J］.铜仁学院学报，2017，19（1）:53-55.

［25］侯长林.习近平高等教育思想解读［J］.贵州社会科学，2018（2）:19-23.

［26］侯长林.应用型本科高校社会服务的理性审视［J］.职教论坛，2018（6）:6-11.

［27］侯长林.大学的社会责任：对德里克·柯蒂斯·博克《走出象牙塔：现代大学的社会责任》的解读［J］.铜仁学院学报，2016，18（5）:36-42.

［28］侯长林.论大学的统摄性［J］.山东高等教育，2017，5（4）:47-53.

［29］侯长林，罗静，陈昌芸.地方院校"双一流"建设的策略［J］.高教发展与评估，2017，33（6）:1-8.

［30］侯长林，罗静.论教学服务型大学的哲学基础［J］.贵州社会科学，2017（1）:113-117.

［31］侯长林，罗静，叶丹.应用型大学视域下新建本科院校办学定位选择［J］.教育研究，2015（4）:61-69.

［32］侯长林，张新婷.对教学服务型大学的理性探讨［J］.铜仁学院学报，2015，17（3）:52-58.

［33］侯长林，陈昌芸.论教学服务型大学的实践逻辑［J］.高校教育管理，2018，12（5）:39-46.

［34］侯长林，陈昌芸.应用转型是在坚守大学根本前提下的转型［J］.教育发展研究，2018，38（17）:6-14.

［35］黄剑坚，王保前.我国系统耦合理论和耦合系统在生态系统中的研究进展［J］.防护林科技，2012（5）:57-61.

［36］黄瑶，王铭."三螺旋"到"四螺旋":知识生产模式的动力机制演变［J］.教育发展研究，2018，38（1）:69-75.

［37］金保华，刘禹含.地方高水平大学的社会服务职能:问题与改进［J］.教育探索，2015（11）:67-70.

［38］柯玲，庄爱玲.美国和日本高校社会服务模式比较研究［J］.西南交通大学学报（社会科学版），2013，14（4）:63-67.

［39］蓝劲松.小而精的学府何以也成功:对加州理工学院崛起的分析［J］.复旦教育论坛，2003，1（1）:66-70.

［40］李斌，刘佳.美国高校服务学习模式与中国大学生社会实践比较［J］.中国青年社会科学，2015，34（1）:114-117.

［41］李凤玮，周川.大学为社会服务:范海斯的知与行［J］.现代大学教育，2018（3）:68-72.

［42］李福春，李良方.美国高校服务 - 学习:审视与反思［J］.中国高教研究，2013（5）:43-49.

［43］李良品.关于构建"乌江学派"的几点思考［J］.长江师范学院学报，2018，34（3）:37-42.

［44］李明忠.韩国浦项科技大学的办学定位与特色发展［J］.高等工程教育研究，2012（4）:136-141.

［45］李明忠."小而精":后发新兴世界一流大学的特色发展战略——以韩国浦项科技大学为例［J］.中国高教研究，2012（8）:45-49.

［46］李培凤.不同省域政产学研合作体系的耦合效应比较［J］.科技管理研究，2018，38（9）:99-103.

［47］李石，陈桂云，韩立新.大学办学理念及其发展方略研究:以普林斯顿大学为例［J］.扬州大学学报（高教研究版），2016，20（3）:14-17.

［48］李硕豪.加州理工学院成功的原因及其启示［J］.长春工业大学学报（高教研究版），2003，24（3）:16-17.

［49］李天源.应用技术型本科高校社会服务模式新探［J］.呼伦贝尔学院学报，2017，25（2）:12-14.

［50］李小融.现代教育学研究应有多个逻辑起点［J］.教育理论与实践，1987，7（1）:46-48.

［51］李晓慧，贺德方，彭洁.美、日、德产学研合作模式及启示［J］.科技导报，2017，35（19）:81-84.

［52］李有刚，孙庆梅，于加东.美国高校参与产学研合作的模式、经验及启示［J］.管理观察，2016（12）:126-128.

［53］李志峰，高慧，张忠家.知识生产模式的现代转型与大学科学研究的模式创新［J］.教育研究，2014（3）:55-63.

［54］李志义，朱泓，刘志军，等.用成果导向教育理念引导高等工程教育教学改革［J］.高等工程教育研究，2014（2）:29-34.

［55］李周珊，侯长林.日本高校社会服务模式及其启示［J］.高教发展与评估，2019，35（3）:74-81.

［56］李周珊.美国高校社会服务模式对我国应用型高校的启示［J］.铜仁学院学报，2019，21（1）:55-65.

［57］李周珊.校政企耦合模式：应用型本科高校社会服务模式构建［J］.铜仁学院学报，2020，22（2）:39-47.

［58］李宗贤.略论大学生的"精神成人"［J］.现代大学教育，2008（6）:76-79.

［59］刘宝存.威斯康星理念与大学的社会服务职能［J］.理工高教研究，2003（5）:17-18.

［60］刘敏中.文化模式论［J］.学习与探索，1989（S1）:11-20.

［61］刘献君，吴洪富.人才培养模式改革的内涵、制约与出路［J］.中国高等教育，2009（12）:10-13.

［62］刘献君.建设教学服务型大学：兼论高等学校分类［J］.教育研究，2007（7）:31-35.

［63］刘献君.教学服务型大学在实践探索中发展［J］.高等教育研究，2016，37（7）:1-7.

［64］刘献君.论高等学校社会服务的体系化［J］.高等教育研究，2014，35（12）:1-6.

［65］刘献君.应用型人才培养的观念与路径［J］.中国高教研究，2018（10）:6-10.

［66］刘晓光，郭霞，董维春.日本高校社会服务：形式、特点及启示［J］.现代教育管理，2011（10）:122-125.

［67］刘原兵.实现区域与学生的共同发展:以日本大学志愿者教育为核心的考察［J］.洛阳师范学院学报,2014,33（1）:21-26.

［68］刘振天.地方本科院校转型发展与高等教育认识论及方法论诉求［J］.中国高教研究,2014（6）:11-17.

［69］刘振天.高校教学评估何以回归教学生活本身［J］.高等教育研究,2013,34（4）:60-66.

［70］罗静.教学服务型大学特色的形成、表现及培育［J］.铜仁学院学报,2016,18（1）:77-81.

［71］罗静,侯长林.地方高校社会服务反哺人才培养模式的构建［J］.中国高等教育,2020（5）:21-22.

［72］罗静.对铜仁学院"铜仁需求·国家标准"办学理念的解析［J］.铜仁学院学报,2016,18（6）:49-54.

［73］罗静.对现代职业教育体系中应用学科生态位的探讨［J］.铜仁学院学报,2017,19（5）:55-60.

［74］罗静.应用学科的内涵及发展方略［J］.贵州社会科学,2018（4）:96-102.

［75］马永斌,王孙禺.浅谈大学、政府和企业三者间关系研究［J］.清华大学教育研究,2007,28（5）:26-33.

［76］潘懋元.从"回归大学的根本"谈起［J］.清华大学教育研究,2015,36（4）:1-2,9.

［77］钱露.全球化时代"威斯康星理念"的更新与实践:以威斯康星大学麦迪逊分校为例［J］.中国高教研究,2017（4）:98-102.

［78］沈致隆.哈佛大学和MIT的人文艺术教育及其哲学思想［J］.高等教育研究,1999,20（2）:91-95.

［79］宋金宁.科学计量与大学排行指标及问题分析［J］.上海教育评估研究,2017,6（1）:5-7.

［80］宋旸.互补原理的哲学意义讨论［J］.才智,2014（17）:265.

［81］眭依凡,汤谦凡.我国高校社会服务30年发展实践研究［J］.中国高教研究,2008（11）:18-22.

［82］孙颉,叶勤.日本大学图书馆社会化服务及启示［J］.图书馆,2010（3）:60-61.

［83］唐林伟,汪牧扬.深化产教融合背景下地方本科院校工程学科建设［J］.

河北师范大学学报（教育科学版），2019，21（4）:101-105.

［84］陶培之．大学社会服务职能的理性审视［J］.学校党建与思想教育，2015（21）:81-83.

［85］涂双滨．地方高校社会服务的激励机制研究［J］.洛阳师范学院学报，2015，34（4）:122-125.

［86］王宾齐．关于政府、大学和社会三角关系的定量研究假设：对伯顿·克拉克"三角协调模式"的物理学解析［J］.黑龙江高教研究，2011，29（5）:13-16.

［87］王凤玉，单中惠．试论美国师范教育的转型［J］.教育研究，2006（11）:80-85.

［88］王建华．大学的常识、传统与想象［J］.高等教育研究，2011，32（5）:7-14.

［89］王岚．社会服务：地方本科院校应用转型的突破口［J］.铜仁学院学报，2018，20（4）:53-55.

［90］王晓华．大学服务职能拓展的世界性努力：美国和中国个案研究［J］.比较教育研究，2002，24（1）:43-47.

［91］王莹莹．高职院校校企耦合 - 互惠共赢的机制探讨［J］.武汉职业技术学院学报，2013，12（2）:9-12.

［92］武学超．模式 3 知识生产的理论阐释：内涵、情境、特质与大学向度［J］.科学学研究，2014，32（9）:1297-1305.

［93］谢凌凌，陈金圣．学科治理：地方高校学科建设的核心议题［J］.教育发展研究，2017，37（7）:38-45.

［94］谢维和．高等教育：区域发展的新地标［J］.中国高教研究，2018（4）:12-15.

［95］许惠英．美国产学研合作模式及多项保障措施［J］.中国科技产业，2010（10）:72-75.

［96］薛云，施琴芬，于娱．管理实践视角下的管理设计研究［J］.科技与经济，2015，28（3）:11-15.

［97］姚梅林，郭芳芳．服务学习在中国：现实需要与推进策略［J］.北京师范大学学报（社会科学版），2015（3）:51-58.

［98］姚云，唐艺卿．浦项科技大学"弯道超车"发展分析［J］.大学（研究版），2014（12）:45-50.

［99］俞涛，曾令奇.学科知识的逻辑与学科范式的构建：基于职业导向的高校学科建设分析［J］.职业技术教育，2014，35（7）:21-26.

［100］臧玲玲，吴伟.美国州立大学社会服务的新框架："大学—社区参与"［J］.外国教育研究，2018，45（7）:16-26.

［101］张大良.提高人才培养质量做实"三个融合"［J］.中国高教研究，2020（3）:1-3.

［102］张华.论"服务学习"［J］.教育发展研究，2007（9）:1-8.

［103］张杰.应用型本科高校社会服务合理存在的哲学基础［J］.铜仁学院学报，2018，20（4）:50-52.

［104］张笑涛.大学生"精神成人"：为何与何为［J］.现代教育管理，2011（9）:97-101.

［105］张艳红，董慧.学术力：大学生存与发展的核心动力［J］.河北师范大学学报（教育科学版），2015，17（2）:93-97.

［106］张应春，王成勇.地方高校学科建设发展策略探析［J］.广东社会科学，2006（3）:95-99.

［107］赵炬明.关注学习效果：美国大学课程教学评价方法述评——美国"以学生为中心"的本科教学改革研究之六［J］.高等工程教育研究，2019（6）:9-23.

［108］钟秉林，王新凤.我国地方普通本科院校转型发展若干热点问题辨析［J］.教育研究，2016（4）:4-11.

［109］周晨虹.美国大学社会服务的"大学社区参与"模式评析［J］.广州大学学报（社会科学版），2014，13（5）:59-64.

［110］周光礼，马海泉.科教融合：高等教育理念的变革与创新［J］.中国高教研究，2012（8）:15-23.

［111］周光礼，武建鑫.什么是世界一流学科［J］.中国高教研究，2016（1）:65-73.

［112］朱冰莹，董维春.大学知识生产的"动力源"探析：基于五国的比较研究［J］.复旦教育论坛，2013，11（2）:80-85.

［113］朱绍友，孙伟，章孝荣，等.对高校协同育人及其机制构建的若干思考：以安徽农业大学为例［J］.高等农业教育，2015（7）:41-44.

［114］顾秉林.促进人文、艺术、科学教育的融合追求真、善、美的统一［J］.清华大学教育研究，2002，23（4）:1-7.

［115］邹晓平.高等教育中的"应用型"概念辨析［J］.现代教育论丛，

贵州应用本科校政企耦合型社会服务模式构建研究

2015（4）:2-9.

[116] 曾蔚阳.从"威斯康星思想"到"相互作用大学"：我国新建地方本科院校战略发展启示［J］.教育评论，2015（6）:162-164.

三、报纸文章

[1] 陈丽萍.看外国大学怎样实践体制创新走出"象牙塔"［N］.中国教育报，2007-04-09.

[2] 习近平在中共中央政治局第九次集体学习时强调敏锐把握世界科技创新发展趋势切实把创新驱动发展战略实施好［N］.人民日报，2013-10-02.

[3] 李剑平.一些地方新建本科贡献大量"失业者"［N］.中国青年报，2013-10-21（3）.

[4] 习近平.青年要自觉践行社会主义核心价值观：在北京大学师生座谈会上的讲话［N］.人民日报，2014-05-05（2）.

[5] 梁国胜.黄达人：准确理解本科应用转型的内涵［N］.中国青年报，2014-06-16（11）.

[6] 侯长林.高校转型不能一哄而上［N］.人民日报，2014-08-08（18）.

[7] 唐景莉，万玉凤.高校人才培养呈现三大亮点：访教育部高等教育司司长张大良［N］.中国教育报，2014-11-10（9）.

[8] 侯长林.应用型大学不等于应用技术大学［N］.人民日报，2015-08-13（18）.

[9] 侯长林.新建本科转型应是"朵朵不同"［N］.中国青年报，2016-03-21（11）.

[10] 习近平致清华大学建校105周年贺信［N］.人民日报，2016-04-23（1）.

[11] 王顺洪.高校创新要对接国家战略［N］.人民日报，2016-05-16（5）.

[12] 张烁.习近平在全国高校思想政治工作会议上强调：把思想政治工作贯穿教育教学全过程开创我国高等教育事业发展新局面［N］.人民日报，2016-12-09（1）.

[13] 侯长林.应用转型应坚守大学根本［N］.人民日报，2017-03-30（18）.

[14] 张端鸿.高校调整学科专业利益应让位办学质量［N］.中国青年报，2017-05-24（2）.

[15] 习近平.在中国共产党第十九次全国代表大会上的报告［N］.人民日报，2017-10-18（1）.

[16] 习近平在北京大学师生座谈会上的讲话［N］.人民日报，2018-05-03（2）.

后　记

　　荀子在《劝学》中说："学莫便乎近其人。"自硕士入学师从侯长林教授伊始，我便和本书结下了缘，从书稿的撰写、排版、校对到出版我有幸全程参与，在完成了一系列的工作后，也让我对"学术研究"这个词有了更加深刻、系统的理解。我想，这便是良师带给我的学习捷径！

　　本书成书于 2020 年 10 月，是全国教育科学"十三五"规划 2017 年度单位资助教育部规划课题项目"贵州应用型本科校政企耦合型社会服务模式构建研究"（FIB170508）的研究成果，本书的成稿离不开团队成员集体智慧的贡献。本书的第一章由李周珊完成，第二章由龚静、张新婷、侯长林、陈昌芸完成，第三章由李周珊、张杰、杨忠华完成，第四章由侯长林、李周珊完成，第五章由侯长林、罗静、李周珊完成，第六章由罗静、扬天友、冉耀宗、张新婷、张杰、罗红芳、杨成光、左文完成。书稿的编排、校对等工作由李周珊、陈昌芸、蒋炎益完成。

　　至此，本书的编撰算是告一段落了。"在学术园地里，我们每个人都知道，我们所成就的，在十年、二十年、五十年内可能就会过时。这是学术研究必须面对的命运，或者说，这正是学术工作的意义。"在学术工作上，每一次"完满"，都意味着新"问题"的提出。虽然，本书的编撰接近尾声了，但是本书中所研究的问题还在延续，因此，本团队也将带着"新问题"出发，续写新的篇章！

李周珊

2022 年 5 月 20 日